DAVID LAPOUJADE

FICÇÕES DO PRAGMATISMO

Tradução de
Hortencia Lencastre

08 Introdução: **As relações**

FOCUS

28 **Os refletores**
Um mundo de reflexos – As duas perspectivas: a
luz e as sombras – O exemplo de "A volta do parafuso" – A composição triangular das narrativas
– "O desenho do tapete" e o "segredo" da narrativa

66 **Os ressonadores**
O paralelismo psicofisiológico dos irmãos James –
James, romancista do cérebro: o papel do "vago" no
pensamento – O corpo nervoso e o corpo animal
– Os efeitos de ressonância da emoção: as tonalida-
des – A nota do tempo e a "falsa posição" do corpo

96 **O ponto de vista**
A simetria nos romances de James – O tempo
como agente de simetria: o exemplo dos duplos –
Perspectiva e geometria projetiva – Os casais clandestinos e "o aperto do parafuso"

NEXUS

126   **O avesso do tapete ou as experiências puras**
A redução empirista: colocar tudo e não acrescentar nada – Descrição da experiência pura – Material e função: os signos – As duas dimensões do signo: diferença entre William e Henry James. O direto e o indireto

158   **Conhecimento e migração**
Conhecimento familiar e conhecimento "sobre" – Ideias condutoras e conhecimento ambulatório – Migração e simpatia ("O discípulo") – Um, dois, três, ou o conhecimento experimental – Anamorfose e interpretação

194   **Verificação e falsificação**
Os dois processos de falsificação: o delírio emocional de "A volta do parafuso" e o delírio intelectual de *The sacred fount* – Continuidade e exterioridade, os dois componentes da imanência – Conhecimento exterior e imersão no fluxo – A arte do patchwork

SOCIUS

226 Entre os atos
Os "atos" do social – A microssociologia pragmatista: competência, pertinência e performance (os enunciadores) – Os dois sistemas sociais: dívida e dom. O exemplo de *The outcry*. Contrato e convenção, conversa e silêncio – Pragmatismo e vitalismo

264 Memória e predação
A possessão dos indivíduos: os fantasmas e a dívida – O capitalismo e a despossessão das vidas – Vontade e caridade: o exemplo de "O banco da desolação" – Presas e predadores: cartografia do mundo da caça

298 O que é um celibatário?
As três figuras do celibato: a espera ("A fera na selva"), a comemoração ("O altar dos mortos") e a dúvida ("O grande bom lugar") – O "tarde demais" como quarta dimensão do tempo – Celibatários e estetas: a tesaurização – As jovens, simétrico inverso dos celibatários. Morte e traição – A única moral possível

334 Pragmatismo
O problema da escolha. As três figuras: inspiração, abstenção e hesitação – O problema da liberdade: o caso de "Retrato de uma senhora". A ideia do eu e dogmatismo – A "segunda vida": confiança e salvação: como agir? – "*The Middle Years*": continuidade e *amor fati*

INTRODUÇÃO
AS RELAÇÕES

Quero ir para lugares fabulosos onde ninguém se preocupe com a derradeira convergência de tudo.

ZELDA FITZGERALD

O mundo dos irmãos James é antes de tudo um mundo de relações. O mundo forma um imenso tecido de relações que se cruzam, se enredam em todas as direções. É um verdadeiro fluxo contínuo. Como escreve Henry James,[1] "é um fato universalmente reconhecido que as relações não param em lugar algum".[2] Uma coisa puxa a outra, depois outra, de maneira ilimitada. Qualquer "ponta" de experiência pode ser ligada a uma outra "ponta", prolongar-se ou bifurcar-se em algum lugar, de acordo com relações móveis e provisórias. "O sistema inteiro das experiências, tais como são imediatamente dadas, apresenta-se como um quase-caos, através do qual podemos seguir, partindo de um termo inicial, inúmeras direções e terminar, entretanto, no mesmo ponto de chegada, deslocando-nos gradualmente através de numerosos caminhos possíveis".[3] Não será esse, exatamente, o perigo? O mundo não corre o risco de mergulhar no caos se for submetido a uma dispersão de todas as suas partes? Pelo contrário, o que observamos é que as relações formam *sistemas* graças aos quais "tudo se encaixa".

1 As referências bibliográficas completas dos textos de William e Henry James citados estão no final do livro, em francês, sua origem. [N.T.] A tradução usará, no corpo do texto, os títulos em português publicados no Brasil. Os outros estarão no original em inglês. Nas notas serão mantidas as indicações do autor. Na bibliografia final, os títulos existentes em português também serão assinalados.
2 H. James, *La Création littéraire*, p. 21.
3 W. James, *Essais d'empirisme radical*, p. 70.

Primeiramente, existem "linhas de influência" elementares que se difundem através da imensidão do universo conferindo-lhe uma unidade relativa. "O peso, a propagação do calor, são algumas dessas influências que unem todas as coisas [...]. As influências elétricas, luminosas e químicas seguem linhas de influência similares".[4] A contiguidade e a causalidade também constituem relações elementares, na medida em que unem todas as coisas numa relação de dependência mútua. O conjunto desses sistemas garante ao mundo a coesão de um "universo". O universo não forma uma unidade por si mesmo, mas através de todas as relações que o compõem.

Essa coesão, porém, ainda se reforça no interior desses sistemas universais, "criamos, nós mesmos, constantemente, novas conexões entre as coisas, organizando grupos de trabalhadores, estabelecendo sistemas postais, consulares, comerciais, redes ferroviárias, telégrafos, uniões coloniais e outras organizações que nos ligam e nos unem às coisas, através de uma rede cuja amplitude se estende na medida em que as malhas se apertam [...]. Do ponto de vista desses sistemas parciais, o mundo inteiro vai se encaixando, gradualmente, de diferentes maneiras".[5] Não há como distinguir aqui entre as relações naturais e artificiais, entre o peso e o telégrafo, nem mesmo distinguiremos, por enquanto, entre interioridade e exterioridade. O trem que passa pela cidade também passa numa consciência como um desfile de sensações visuais, sonoras. Tudo está situado em um mesmo plano de experiência. "Uma mesma coisa pode pertencer a

---

4 Id., *Le pragmatisme*, IV, pp. 130-131 (tr. mod.). O autor usa a abreviação (tr. mod.) cada vez que modifica a tradução existente em francês.

5 Id., *Introduction à la philosophie*, p. 118 (tr. mod.).

vários sistemas, assim como um homem está conectado a outros objetos pelo calor, pela gravitação, pelo amor e pelo conhecimento."[6] Quer se trate da luz, da eletricidade, de uma rede postal ou comercial, das associações de uma consciência, o que observamos, primeiramente, é um fluxo contínuo de relações que se propagam em todas as direções. Por direito, tudo comunica. E se, nesse nível, as relações conjuram o caos em vez de favorecê-lo, é porque essas comunicações se distribuem de acordo com diversos "sistemas" concebidos exatamente para aumentar e favorecer a extensão, a densidade ou a "intimidade" das relações. Nesse sentido, tanto o pragmatismo de William James quanto os romances de Henry James são inseparáveis de uma ontologia *pluralista*. Em vez de universo, na verdade, devemos falar de "pluriverso", pois a unidade do mundo repousa sobre a comunicação de uma pluralidade de mundos ou de sistemas distintos.

Podemos, então, falar de um Todo da relação. Nada escapa da relação, "tudo está interligado". Não há nada no universo que esteja absolutamente isolado, separado.[7] Isso não quer dizer que as relações formem um Todo acabado e fechado sobre si mesmo do qual seria impossível sair. É até mesmo o contrário: é impossível manter as relações no interior de um Todo acabado, pois o Todo não é nada, a não ser a própria relação *se estabelecendo*, tecendo seus inumeráveis fios em todas as direções. E é a maneira pela qual as relações se tecem

---

6 Ibid.

7 Cf. H. James, *Portrait de femme*, p. 371 (tr. mod.): "Vocês nunca encontrarão um homem ou uma mulher isolados: cada um de nós é um feixe de pertencimentos. O que é que chamamos de nossa personalidade? Onde ela começa, onde acaba? Ela impregna tudo aquilo que nos pertence, e depois se retira."

que garante ao mundo sua relativa coesão. Os irmãos James encontram, nesse sentido, a distinção de Bergson entre o "Todo feito" e o "Todo se fazendo". O Todo não é a soma daquilo que é, mas o fluxo daquilo que está se tornando. É uma das características essenciais do pragmatismo: descrever a experiência *como ela está sendo feita*, como ela está produzindo relações em todos os sentidos. É menos um método genésico do que um método *construtivista*: como se constroem as experiências, os conhecimentos, as significações e os mundos? É uma das razões pelas quais William James se opõe tão diretamente ao racionalismo. O erro dos racionalistas foi ter querido conter as relações no interior de um Todo racional; eles supuseram que as relações são interiores às substâncias ou ao Espírito que as pensa. Como, porém, imaginar um Todo acabado, fechado sobre si mesmo, interior ao Espírito, já que haverá sempre novas relações para arrastar a mente para fora de si mesma ou para se prender por fora a essas substâncias? Supondo que haja um "Todo" da experiência, como ele poderia conter ele mesmo? "As coisas estão em relação umas *com* as outras de várias maneiras; mas não existe uma que as contenha todas ou as domine todas. Uma frase arrasta sempre atrás dela a palavra *e*, que a prolonga. Sempre há alguma coisa que escapa."[8] Nada escapa ao Todo da relação, exatamente *porque* a relação escapa a tudo que é fechado. Até mesmo o mundo mais fechado não pode impedir que as relações se façam. É isso que afirma, à sua maneira, a "pequena filósofa inexorável" de uma novela de James: "Observe atentamente, ela me diz certa vez, e pouco importa onde

---

8 W. James, *Philosophie de l'expérience*, VIII, p. 212 (tr.mod) e p. 213 (tr.mod): "Para o monismo, ao contrário, qualquer coisa, quer seja compreendida ou não, arrasta com ela todo o universo sem deixar escapar nada."

o senhor esteja. Pode ser dentro de um armário negro como um forno. O senhor só precisa de um ponto de partida; *uma coisa puxa a outra e tudo se encaixa*. Deixe-me trancada em um armário escuro e, algum tempo depois, observarei que alguns cantos são mais escuros que outros. Depois disso (se o senhor me der tempo), poderei lhe dizer o que o presidente dos Estados Unidos vai comer no jantar."[9]

Em um mundo de relações como o dos James, não há termo inicial ou final que não seja relativo; tudo é questão de intermediários. É sempre possível que uma coisa esteja ligada a uma outra: "Existem incontáveis espécies de conexões que coisas especiais podem ter com outras coisas especiais; e, no seu *conjunto*, não importa qual dessas conexões forma uma espécie de *sistema*, através do qual as coisas estão juntas. Assim, os homens estão ligados no interior de uma vasta rede de conhecimentos. Brown conhece Jones, Jones conhece Robinson etc.; *ao escolher adequadamente seus futuros intermediários*, você pode fazer chegar uma mensagem de Jones à imperatriz da China, ao chefe dos pigmeus da África ou a qualquer outro habitante desse mundo."[10] A unidade do mundo parece repousar assim sobre uma profunda *continuidade* que permite percorrê-lo em todos os sentidos com a condição de seguir os intermediários que convêm. Essa continuidade não é apenas dada, ela tem que ser continuamente criada, é a tarefa moderna por excelência. Esse método construtivista não deixa, aliás, de evocar a maneira pela qual, ao mesmo tempo, os Estado Unidos estão se construindo, se industrializando e desenvolvendo

---

9 H. James, "Le fantôme locataire", in *Nouvelles 2*, p. 65 (cf., também, *Nouvelles complètes 1*, pp. 1254-1255. Grifo do autor).

10 W. James, *Le pragmatisme*, IV, p. 131 (tr. mod.).

toda uma rede de infraestruturas através do continente, a segunda "fronteira". Como lembra Peirce, "as tentativas de realização da continuidade foram a grande tarefa do século xix. Ligar as ideias, ligar os fatos, ligar o conhecimento, ligar os sentimentos, ligar os objetivos do homem, ligar as coisas da indústria, ligar as grandes obras, ligar as coisas do poder, ligar as nações ao interior de grandes sistemas naturais vivos e duráveis, essa foi a tarefa que nossos antepassados deviam realizar, tarefa que está, atualmente, prestes a passar para uma segunda etapa mais avançada da realização".[11] A continuidade designa apenas aqui a possibilidade de uma relação ser prolongada, favorecendo a coesão de um sistema dado. É um dos traços gerais, comuns aos filósofos do pragmatismo americano – James, mas também Peirce e Dewey –, a instauração de um grande plano contínuo de experiência. Como diz Henry James: "Deus sabe que existe sempre continuidade na América – é a última coisa a ser rompida."[12]

Acontece, porém, que podemos cair sobre intermediários que não preenchem sua função e que desconectam conjuntos que antes estavam ligados. É possível enviar uma mensagem "a qualquer habitante desse mundo. Mas você é interrompido, como por um elemento não condutor, quando escolhe mal um dos seus intermediários durante essa experiência".[13] Isso não quer dizer que a relação se interrompa, mas ela se torna *disjuntiva*. Ela introduz a descontinuidade. Por direito, tudo pode comunicar, podemos seguir, como a "pequena filósofa", qualquer relação para atingir qualquer parte da realidade, o presidente dos Estados Unidos ou a

---

11 C.S. Peirce, *Le raisonnement et la logique des choses*, Cerf, 1995, p. 221.
12 H. James, *La Scène américaine*, p. 286.
13 W. James, *Le pragmatisme*, iv, p. 131 (tr. mod.).

imperatriz da China, mas, de fato, as conjunções se chocam o tempo todo com obstáculos, com "elementos não condutores" que engendram igual quantidade de relações disjuntivas. E ainda aqui não devemos distinguir entre natural e artificial, interior e exterior. O fluxo de luz irá se interromper diante de um corpo opaco da mesma forma que um trem diante de uma passagem de nível ou uma consciência diante de um enunciado indecifrável. Uma jornalista de uma narrativa de James, que não consegue acionar as redes de influência do seu meio, pode dizer, nesse sentido: "Sou uma influência fatal. Sou um material não condutor."[14] A fórmula não deve ser compreendida metaforicamente, mas literalmente: por ela nada passa nem se prolonga. Será preciso agir de outra maneira, criar em outro lugar as possiblidades de conjunções se quisermos prolongar a relação. Aos "e" conjuntivos se acrescentam os "ou" disjuntivos.[15] Qual é a função de todos os sistemas dos quais falam os James – telégrafo, correio, rede de "conhecimentos" – senão aquela de superar ou contornar descontinuidades de todo tipo, de *criar* relações conjuntivas além das relações disjuntivas? Atravessar os rios, sobrevoar as montanhas, afastar a "fronteira", preencher as distâncias para estabelecer comunicações. Inversamente, às vezes, é preciso introduzir disjunções para manter à distância um indiscreto, separar elementos muito emaranhados ou confusos, como numa análise química ou psicológica, para relançar as conjunções.

14 H. James, *Les journaux*, III, p. 61.

15 W. James, *Philosophie de l'expérience*, p. 214 (tr. mod.): "Sua realização depende da passagem que eles podem forçar, nesse momento, para preencher sua função de intermediário. A palavra '*ou*' exprime uma realidade positiva."

Enfim, conjunção e disjunção funcionam juntamente; elas são dadas e se constroem juntamente, em um sistema de perpétuo relançamento que impede de conceber um Todo acabado, fechado sobre si mesmo.

Dizemos que, nesse estágio, não se pode distinguir entre relações naturais ou artificiais, subjetivas ou objetivas, físicas ou mentais, pois elas se cruzam todas. É que a distinção essencial não passa mais constitutivamente por essas coordenadas. Nesse nível, todas as relações, todas as experiências são ao mesmo tempo subjetivas e objetivas, físicas e mentais. O trem passa tanto pela cidade quanto pela consciência, como um desfile de percepções. Mas, se seguirmos o jogo entre conjunções e disjunções, logo veremos aparecer uma diferença fundamental que atravessa toda a obra dos James. O universo se compõe de uma pluralidade de mundos subordinados [*sub-universo*][16] que são igualmente sistemas em um mundo vasto e aberto. É, portanto, evidente que quanto mais um sistema se consolida, mais os elementos que o compõem tornam-se solidários, mais ele tende, então, a se diferenciar dos outros sistemas. Basta observar, por exemplo, o todo formado por um sistema social. "Uma sociedade, que é aparentemente uma, é composta, na realidade, por uma multiplicidade de pequenos grupos, de pequenos mundos sociais que, às vezes, interferem, mas onde cada um vive uma vida própria e permanece, em princípio, exterior aos outros."[17] Mundo das artes, mundo dos negócios, mundo da cultura, mundo da família. Quanto mais a coesão se reforça

16 Id., *Principles of psychology*, XXI, p. 920.

17 Essa é uma das conclusões tiradas por Durkheim da leitura dos textos de William James. Cf. *Pragmatisme et sociologie*, Vrin, 4ème leçon, 2001, p. 69.

no interior de um grupo, mais se faz sentir sua divergência com os outros grupos. E isso já é verdade em um nível muito geral. A maioria das narrativas de James mostra essa diferença entre mundos, principalmente as narrativas ditas "internacionais" nas quais James confronta a "maneira de ver especificamente americana e a maneira de ver especificamente europeia".[18] Pode um americano decifrar os códigos sociais da velha Europa? Inversamente, pode um europeu compreender o comportamento franco e direto dos americanos? Não existe alguma coisa especificamente europeia que um americano nunca irá compreender, e reciprocamente? As grandes diferenças nacionais são mais profundas porque elas passam pelo interior dos indivíduos e ali se distribuem através de pequenas diferenças sociais, morais ou pessoais. Os indivíduos tornam-se assim os "elementos condutores" (ou não condutores) das diferenças constitutivas do seu grupo.

Por mais profundas que sejam, porém, essas diferenças não representam as disjunções mais separadoras, porque não pertencem aos sistemas mais unificados. Existem sistemas cuja continuidade é ainda mais forte e que, consequentemente, divergem de maneira ainda mais radical: "o fosso que separa dois espíritos talvez seja a maior fenda da natureza."[19] De fato, é no interior das consciências que o grau de união é o mais alto, que a continuidade é a mais forte, a mais "íntima". A intimidade não remete aqui a uma forma qualquer de interioridade, ela apenas qualifica o grau de densidade de uma rede de conexões. Cada consciência forma um fluxo contínuo no interior do qual o momento presente se prolonga no momento seguinte. Como escreve William James, os

18 H. James, *La Création littéraire*, p. 216.

19 W. James, *Principles of psychology*, ix, p. 231.

pensamentos de Paulo só pertencem a Paulo e não poderiam entrar diretamente em relação com os de Pedro; cada um segue a continuidade do seu próprio fluxo.[20] Cada "corrente de consciência" tende, consequentemente, a se tornar cada vez mais "pessoal". Aliás, é isso que conduzirá Henry James ao abandono progressivo da "vida internacional" como tema central das suas narrativas. Ela passará ao segundo plano para deixar lugar para diferenças mais tênues, embora talvez ainda mais profundas.[21] Tudo se passa, portanto, no nível das consciências e de suas diferenças "pessoais", e isso porque cada uma delas se envolve em torno das pequenas diferenças culturais, sociais, morais das quais elas são os indutores.

Isso quer dizer que a grande linha divisória está entre as consciências? Ou entre as consciências e o mundo? É verdade que partimos de um vasto mundo comum que se torna, progressivamente, cada vez mais "íntimo" para finalmente acabar em uma pluralidade de pequenos mundos privados. Será que está aí a diferença essencial entre um mundo comum e uma infinidade de pequenos mundos, "pessoais" ou privados? O que observamos, na realidade, é que a natureza da relação se modifica: nesse nível, *a comunicação não*

20 Cf. W. James, *Principles of psychology*, IX, p. 232: "Quando Pedro e Paulo acordam numa mesma cama e percebem que dormiram, cada um deles volta mentalmente para trás e estabelece uma conexão apenas com uma das duas correntes de pensamento interrompidas pelas horas de sono."

21 H. James, *La création littéraire*, p. 217: "assim, por exemplo, o tema de *As asas da pomba* ou de *A taça de ouro* não foi a pintura do comportamento de certos americanos como americanos, de certos ingleses como ingleses, de certos romanos como romanos. Os americanos, os ingleses, os romanos são, neste caso, agentes ou vítimas [...]. O tema poderia ter sido, em cada caso, perfeitamente expresso, se todas as pessoas envolvidas tivessem sido apenas americanas, inglesas ou romanas."

pode mais ser direta. Não podemos mais seguir o modelo do encadeamento causal dos fenômenos e fazer de conta que basta seguir a propagação dos movimentos, gradualmente, através da imensidade do universo. O encadeamento dos fenômenos não é mais de tipo causal, mas *mental* (ou cerebral). Não se trata mais de uma lógica cujo modelo seria mecânico ou físico, mas de uma lógica de ordem semiótica. A relação entre esses mundos "íntimos" só pode, de fato, se estabelecer por intermédio de *signos*. E, como esses signos exigem outros signos para serem compreendidos, é evidente que todas as relações se tornam indiretas. Ainda mais quando as consciências provêm de "universos" diferentes. As relações não unem mais partes do mundo a outras partes do mundo, mas signos a outros signos, de acordo com atalhos e encadeamentos de uma natureza totalmente diferente.

O que faz o caráter indireto de uma relação? Tudo depende do ângulo pelo qual tomamos a questão. Em um caso, podemos dizer que uma relação é indireta quando ela nos faz ter acesso a uma coisa por intermédio de outra. Só tenho acesso à dor do outro através dos signos que ele manifesta. No outro caso, a coisa é dada, é percebida diretamente, mas mostra outra coisa. Percebo o mobiliário de um salão que me informa, indiretamente, sobre o tipo de pessoa que mora ali. O indireto designa ora a *impossibilidade de ter acesso à coisa visada*, mesmo se tentamos, como escreve William James, atingir seus "efeitos mais próximos",[22] ora, pelo

---

22 W. James, *La signification de la vérité*, p. 89: "As ondas do éter e sua cólera, por exemplo, são coisas que meu pensamento nunca irá alcançar pela percepção, mas os conceitos que tenho delas me conduzem o mais próximo possível até os limites cromáticos ou às palavras e aos atos lesivos que são seus efeitos realmente mais próximos."

contrário, *a impossibilidade de se ater à coisa percebida* sem recobri-la, imediatamente, de interpretações. Ora devemos determinar qual é a "coisa" por trás dos signos percebidos, ora devemos determinar qual é a significação "por trás" da coisa percebida. Esses dois processos não param de se relançar um e outro, de acordo com um vaivém permanente, constitutivo das experiências indiretas.

Toda a obra dos irmãos James é construída sobre essa diferença entre relações diretas e relações indiretas. Talvez até, para além de tudo o que elas têm em comum, seja o que distingue profundamente a obra do filósofo da do romancista. De um lado, William James quer explorar a experiência naquilo que ela pode oferecer de mais direto, como à queima-roupa. O empirismo radical que ele reivindica é, antes de tudo, a exposição da "experiência pura", literal, a mais direta possível, em relação à qual todo conhecimento ulterior é necessariamente indireto, interpretativo. Se o indireto é importante para ele, é a partir da exploração repetida de uma experiência pura. Trata-se de destacar o "fluxo de vida" na sua forma mais imediata. James retorna a isso, constantemente, como se fosse a experiência mais fundamental e uma das suas descobertas essenciais. Mesmo quando ele descreve uma experiência tão complexa quanto a da leitura, é sempre para voltar ao que ela contém de elementos brutos. Da mesma forma, quando ele examina a relação entre as consciências, ele destaca, de fato, a distância que as separa e o fato de que elas não podem se comunicar diretamente, que elas devem passar por signos, mas logo ele volta, rapidamente, para a experiência primordial do *espaço* que elas têm em comum, como se recusasse, em nome do empirismo, explorar por ele mesmo o mundo das relações indiretas. Ele descreve, é verdade, o funcionamento delas, mas é sempre para retornar à base da experiência direta, como mostra, aliás, a inscrição das experiências no interior do modelo geral do arco reflexo. Partimos das percepções que nos conduzem a concepções, as quais nos conduzem, por sua vez, a ações. O mental é sempre apenas uma fase intermediária entre percepção e ação, um fenômeno intercalar tomado entre duas relações diretas. Inversamente, não encontramos em Henry James quase nenhuma descrição de experiência imediata. A esfera do romance se confunde para ele com uma imensa exploração do indireto. É o sentido da distinção essencial que ele estabelece entre realidade e ficção: "O real representa a meus olhos as coisas que não podemos *deixar de* conhecer cedo ou tarde, de um modo ou de outro [...]. O romanesco, por outro lado, representa as coisas que podem nos atingir apenas através dos belos circuitos e subterfúgios de nosso pensamento e do nosso desejo."[23] James parte da experiência mais indireta possível, como se o mundo não pudesse mais ser o objeto de uma experiência imediata, mas se tornasse o produto de uma longa decifração progressiva e incerta. Todas as experiências são saturadas de significação, na maioria das vezes tácitas, equivocadas, de modo que a menor delas exige outros signos para ser decriptada, os quais por sua vez exigem outros signos etc. Tudo se passa como se os signos se afastassem cada vez mais da base de uma primeira certeza. Aliás, esse é o sentido da crítica que William James faz a seu irmão: em vez de contar apenas uma história, sua narrativa se transforma cada vez mais numa "enorme atmosfera sugestiva".[24] Nenhuma

23 H. James, *La création littéraire*, pp. 47-48.

24 *William James. Extraits de sa correspondance*, p. 289.

questão recebe uma resposta definitiva que permita voltar para uma experiência primeira. No máximo podemos esperar alcançar uma certeza relativa. Mas, então, através de que signos saberemos tê-la alcançado? A curva não se fecha mais sobre a ação como derradeira fase de um arco reflexo, ela gira sobre si mesma de acordo com um movimento perplexo.

Esse aspecto é ainda mais reforçado pelo fato de que certos signos exigem tempo para serem decifrados. Pode acontecer, de fato, que um acontecimento se produza, mas que o personagem o considere insignificante, como se ele ocorresse cedo demais em relação à sua capacidade de captar seu sentido. Ele pressente que alguma coisa está acontecendo, mas é como se o acontecimento se desenvolvesse em um mundo do qual ele tem ainda apenas uma consciência obscura. "A cena formava um quadro que durou apenas um instante, como um fugidio lampejo de luz. Suas posições relativas, o olhar absorto que eles trocaram atingiram [a jovem mulher] como se ela tivesse percebido algo. Mas tudo acabou antes que ela o visse plenamente."[25] Esse tipo de descrição está sempre presente em Henry James. É o mundo dos pressentimentos, de todas as pequenas percepções que se situam nas "fímbrias" da consciência e cuja significação permanece muda. É preciso esperar uma percepção plenamente consciente, a integral de todas essas pequenas percepções, para ter acesso, finalmente, a uma significação completa e total da situação: "Agora que ela conhecia o segredo, agora que ela penetrava uma coisa que a interessava tanto [...], a verdade dos fatos, suas relações recíprocas, sua significação e o horror da maior parte

25 H. James, *Portrait de femme*, p. 573 (tr. mod.).

deles se erguia diante dela com uma espécie de amplitude arquitetural. Ela recordava mil ninharias que ressuscitavam diante dela com uma espontaneidade arrepiante."[26] É claro que, quando dizemos que é muito cedo para que o personagem perceba o que está acontecendo, é porque, na realidade, *ele só pode percebê-lo tarde demais*. Os personagens estão sempre atrasados em relação ao que lhes acontece. Em James, a percepção e a significação nunca coincidem, e criam constantemente efeitos de atraso, como se o "tarde demais" fosse a própria estrutura do tempo. Temos aqui um entrecruzamento de temporalidades paralelas, mas defasadas, assíncronas, que reforça o caráter indireto de todas as relações.

Como explicar esses fenômenos de dessincronização? Isso se deve talvez ao fato de que os personagens se fecharam progressivamente em sistemas de crenças que os impedem de perceber certos signos, e, por isso, são afetados por eles. Eles vivem no interior de um mundo de certezas que determina antecipadamente o conteúdo e o sentido de cada nova experiência. O perigo não é mais o caos, é uma ligação, às vezes mórbida, com um sistema de pensamento do qual não conseguimos nos desfazer. O indireto não designa mais apenas a multiplicidade dos signos intermediários que permitem atingir o objeto visado, ele designa todos os afetos, lembranças, fantasmas, preconceitos, todas as verdades preexistentes que impedem que as relações sejam feitas, se prolonguem fora dos limites de tal ou tal sistema. Os irmãos James não pararam de descrever as diversas maneiras pelas quais o pensamento e a vida podem se fechar no interior de sistemas, sejam eles

26 Ibid., pp. 723-724.

grandes sistemas metafísicos ou pequenos sistemas de pensamento individuais ou interindividuais. Todo o problema é saber se é possível liberar-se disso e através de que meios. É o problema mais geral do pragmatismo: através de que relações – diretas ou indiretas – podemos escapar dos sistemas que delimitam antecipadamente o que podemos dizer, pensar ou fazer? Talvez seja esse um dos problemas comuns aos dois irmãos: não apenas estabelecer relações, mas encontrar o meio de produzir *novas* relações, relações criadoras de novos modos de pensamento e de novos modos de existência, enfim, produzir relações que nos liberem desses sistemas que fecham as vidas no interior de "Todos" fechados sobre si mesmos. Quais são as experiências, quais são os materiais condutores que permitem produzir novos conhecimentos, novas verdades, novos modos de existência? Pensar tudo em termos de relações exige, exatamente, que sejam determinados os conceitos que permitam pensar o conhecimento, a verdade, os modos de existência enquanto eles estão se criando eles mesmos, isto é, *enquanto estão se fazendo*.

Existem, portanto, dois tipos de relações bem distintas. De um lado, as relações *diretas* onde as consciências têm uma experiência imediata do mundo. Elas estão mergulhadas nele, mas, ao mesmo tempo, estão inseridas como "intermediárias" eventuais no interior da trama das relações causais. É um mundo no qual as diversas partes do universo agem diretamente umas sobre as outras, de acordo com encadeamentos, relações de "influência" determinadas. Segundo um exemplo de William James, se pensarmos em tigres na Índia, podemos sempre ir até lá fazer a experiência diretamente.[27] Basta pegar os meios de transporte que nos conduzem até eles. E a narrativa que poderemos fazer será como um romance de aventuras, com suas reviravoltas e suas peripécias, variações de um regime causal universal. O romance de aventuras é o romance das relações "diretas" e seus avatares. É um mundo cujo "romanesco" se compõe de "barcos, caravanas, tigres, personagens históricos, fantasmas, falsários, detetives, mulheres belas e perversas, pistolas e facas".[28] É essencialmente um mundo de coisas e de movimentos, de ações e de reações.

É quando passamos para o nível das relações *indiretas* que tudo muda. É verdade que as consciências sempre fazem parte do mundo, mas temos a impressão do contrário; parece que, a partir de então, o mundo faz parte das consciências; ele é visado, representado, pensado; é ele que é tomado como "intermediário" para relações mentais que só se referem a ele de maneira secundária. Não seguimos mais sequências causais, mas procissões mentais que misturam impressões, ideias, emoções. É quase como se não existisse mais um mundo exterior onde agir diretamente; por outro lado, há mundos "interiores" ou mentais que agem diretamente uns sobre os outros. Poderemos objetar que uma consciência deve se submeter ao mundo para entrar em

---

27 W. James, "*Les tigres em Inde*", in *La signification de la vérité*, II, p. 52: "o fato de que nosso pensamento se dirige para os tigres nos é conhecido, simples e unicamente, como procissão de elementos mentais associados uns aos outros e consequências motoras que derivam do pensamento e que conduziriam, insensivelmente, se os seguíssemos até o fim, a algum contexto ideal ou real, talvez mesmo na presença de tigres [...]; o que aconteceria se fizéssemos uma viagem à Índia, com o objetivo de caçar o tigre."

28 H. James, *La création littéraire*, p. 48.

relação com outras consciências (William James); sim, mas ela também deve se submeter a outras consciências para decifrar seu sentido (Henry James).

Para dizer a verdade, da experiência direta para a experiência indireta o vaivém é incessante. Henry James invoca esse rápido e constante movimento de associações, "um vaivém passando por uma centena de portas abertas, entre os dois grandes quartos [...] da experiência direta e da experiência indireta".[29] Só temos acesso a uma coisa através de outra, como a jovem telégrafa de uma novela de James: "Ela só poderia ouvir falar dele através da senhorita Jordan, que tinha notícias dele por intermédio do senhor Drake, que só estava em contato ele mesmo com o capitão através de Lady Bradeen."[30] Conhecer não consiste mais em poder entrar numa relação direta com a coisa visada, mas em progredir de signos em signos – hipóteses, indícios, suposições – em direção a um termo que *não pode mais* ser conhecido diretamente. No caso dos tigres na Índia, podemos sempre verificar no local. Mas, no caso do conhecimento indireto, qualquer derradeira verificação tornou-se impossível. Não há mais nem caravanas, nem barcos, nem tigres. De modo que, se quisermos saber o que é um romance e de que se compõe o mundo da ficção para James, é das relações indiretas que precisamos partir.

29 Id., *Carnet de famille*, p. 316.
30 H. James, *"Dans la cage"*, pp. 232-233.

FOCUS

OS REFLETORES

O mundo dos James é um mundo de experiências. "Pedaços" de experiência sucedem a outros "pedaços" de experiência. É preciso que tudo possa ser explicado a partir desse postulado mínimo, expressão de um empirismo radical. É preciso conceber a experiência, em geral, como sendo composta de uma multiplicidade de experiências particulares, em relação umas às outras, de várias maneiras. Cada experiência forma uma unidade em si e por si de duração variável (*essa* percepção, *este* jantar, *aqueles* dez anos passados no exterior), mas sempre em relação a outros "pedaços" de experiência. Essas experiências não se confundem com os indivíduos, porque os indivíduos são eles mesmos apenas pedaços de experiência ligados entre si pelo fio das suas atividades mentais, emocionais, volitivas. Um indivíduo é um desfile de experiências de naturezas variadas, ao mesmo tempo que uma experiência pode reunir nela mesma vários indivíduos (esta conversa, esta reunião). Podemos dizer que cada experiência é um "pedaço" ou um "todo", que ela compõe uma unidade nesse sentido, mas não existe nunca isoladamente, a não ser por abstração. Ela é inseparável do curso geral das experiências do qual ela se distingue, ao mesmo tempo em que, exatamente, ela compõe *esse* "todo" indivisível em si e por si, o todo daquilo que é sentido, percebido, concebido naquele momento. A unidade elementar desse empirismo não são os átomos psíquicos do empirismo clássico, mas pedaços de experiência que William James chama, nos seus textos de psicologia, de "campos de consciência". É deles que devemos partir a cada vez, e não dos elementos dos quais eles se compõem.

Essas experiências não se sucedem sem aparecer, ao mesmo tempo, umas para as outras. Toda experiência pode ser percebida por uma outra experiência, numa relação de simultaneidade ou de sucessão. Tudo é legitimamente perceptível, mesmo se, de fato, nunca for o caso, pois é verdade que certas percepções estão sempre sendo um obstáculo para outras. Parece que estamos falando de Berkeley: ser é perceber, e ser – senão percebido – pelo menos perceptível.[1] É como se o mundo compusesse uma imensa fenomenologia nele e por ele mesmo. Só que não se trata de descrever como os fenômenos aparecem para uma consciência, mas de mostrar como "pedaços" de experiência aparecem uns para os outros, como eles se percebem uns aos outros, independentemente de qualquer consciência. Ou então, a consciência ela mesma é apenas um certo tipo de encadeamento entre esses pedaços de experiência. Essa concepção radicalmente empirista já está presente nos primeiros textos de psicologia de William James, nas suas descrições do "fluxo de consciência". O que é, de fato, um "fluxo de consciência"? É a relação contínua que une um "campo de consciência" a um outro; o que é uma maneira de dizer que "a" consciência não existe, se entendermos por isso uma entidade distinta (substância, *ego* ou ato reflexivo) que viria se sobrepor às experiências.[2] Aquilo que se acrescenta a uma experiência é sempre apenas uma outra experiência que a conhece. Novamente, as experiências não são, primeiramente, aquelas dos indivíduos, já que um indivíduo é ele mesmo composto de pedaços ou de fases de experiência que aparecem umas

---

1 Cf. homenagem a Berkeley in: W. James, *Essais d'empirisme radical*, p. 162.

2 Cf. W. James, *"La conscience existe-t-elle ?"*, in *Essais d'empirisme radical*. Em particular, p. 36: "Faz vinte anos que não acredito mais que a 'consciência' seja uma entidade; há sete ou oito anos sugeri sua não existência a meus estudantes, e tentei dar a eles seu equivalente pragmático em realidades de experiência."

para as outras (o que ele chama, precisamente, de sua consciência). Nesse nível, estamos lidando, portanto, com experiências que percebem, conhecem ou refletem outras experiências: experiências de experiências.

Ao dizer isso, já entramos no mundo das relações indiretas, ou seja, um mundo onde cada experiência se reflete numa outra. Não que as coisas não sejam vistas ou entendidas diretamente (primeira experiência), mas, ao fazer isso, elas *permitem que se veja ou que se ouça* outra coisa (segunda experiência). Entramos num vasto sistema no qual cada experiência se torna a imagem ótica ou acústica de uma outra. Não percebemos as coisas sem ver nelas, ao mesmo tempo, o reflexo ou o eco de outra coisa. Um homem espera em um salão e observa o mobiliário (primeira experiência). O que importa não é tanto o mobiliário em si, mas aquilo que ele reflete do seu proprietário, a imagem dele refletida (segunda experiência). "Era a própria casa que lhe falava, transcrevendo para ele, com uma amplitude e uma liberdade incomparáveis, as lembranças, as ideias, os ideais e as possiblidades da dona da casa. Ele tinha certeza de nunca ter visto tantas coisas tão unanimemente feias, tão eficazes e sinistramente cruéis [...]. Acima de tudo era a perfeição vã, os gastos inúteis, as provas de moralidade e de riqueza de uma boa consciência e de uma importante conta bancária."[3] As "coisas" não são vistas sem permitir que se veja ou se ouça outra coisa. As mais belas descrições de Henry James mostram, justamente, como as "coisas" se tornam imagens, a maneira pela qual elas refletem os vislumbres de seu próprio esplendor passado, pela qual permitem que se vejam ou se ouçam

3 H. James, *Les ailes de la colombe*, pp. 103-104. Cf. igualmente, *La muse tragique*, p. 254 ou *Les ambassadeurs*, pp. 550-551; 631-633.

fantasmas esquecidos. "Elas possuíam, enfim, aquilo que era necessário possuir numa velha casa onde muitas coisas, coisas em demasia aconteceram, onde as próprias paredes que elas tocavam e os próprios assoalhos em que se apoiavam teriam podido contar segredos e dar nomes, onde cada superfície enviava uma imagem confusa da vida e da morte, de tudo aquilo que fora suportado, conservado, esquecido."[4] O campo da experiência se transforma em uma galeria de espelhos, um mundo unicamente composto de imagens. Compreendemos então por que o mundo das relações indiretas se confunde para Henry James com o mundo da ficção.

É um mundo que não cessa de se estender e proliferar sobre ele mesmo. Quando William James se esforça, no seu empirismo radical, para alcançar uma "experiência pura", imediata, direta, não se trata de voltar para um mundo esvaziado de toda ficção, mas de mostrar, pelo contrário, como todos os "dados" que encontramos nele se refletem sobre essa experiência primeira. As distinções fundamentais do sujeito e do objeto, da matéria e do pensamento, da consciência e do corpo aparecem então como reflexos ou "projeções".[5] A hipótese metafísica de uma experiência pura mostra, paradoxalmente, a que ponto todas as experiências que se sucedem são reflexivas, indiretas. Poderíamos até mesmo dizer que o campo da experiência pura é apenas um imenso espelho destinado a mostrar como todas as nossas experiências são projeções ou reflexos umas das outras. Desse ponto de vista, não seria correto fazer do empirismo radical de James uma volta para o sabido, para a experiência imediata, a não ser para ver ali como o sabido se reflete em outra coisa,

4 Id., "La troisième personne", p. 81.

5 W. James, *Essais d'empirisme radical*, p. 124.

como ele já está sempre perdido. O empirismo é o dado perdido, mas recuperado na reflexão: um mundo de reflexos. Podemos dizer que o empirismo é uma filosofia da experiência, contanto que imaginemos a experiência como o campo genético de todos os reflexos que a compõem, um mundo de ficção. "Todo o campo da experiência é transparente de lado a lado, ou é constituído como um espaço que estaria preenchido por espelhos."[6] É um sistema ótico e acústico complexo no qual a propagação dos raios luminosos e das ondas sonoras se reflete ou se refrata de uma experiência para a outra, de acordo com uma espécie de reverberação universal.

Cada experiência se vê assim dotada de um poder de reflexão que lhe permite emitir imagens de outras experiências (ao mesmo tempo que essas outras experiências emitem uma imagem desta), de acordo com leis definidas de contraste ou de simetria. Em Henry James, esse é, em parte, o sentido das narrativas chamadas de "internacionais", que revelam certos contrastes entre a Europa e a América e mostram como as diferenças se revelam e se acusam quando se refletem umas nas outras. As características de "certos americanos como americanos"[7] são mais bem percebidas quando refletidas por um ambiente francês ou inglês, e inversamente. Essa mesma lei de contraste se observa em todos os níveis, social, estético, moral. É assim que a alegria dos seres inocentes torna perceptíveis os cálculos, os comprometimentos, a má consciência daqueles que os cercam. Certos personagens de James – as crianças, as mulheres jovens – têm o privilégio de ver, certamente, mas sobretudo de *mostrar* a baixeza, a cupidez, a maldade daqueles que são

6 Ibid., p. 168.

7 H. James, *La création littéraire*, p. 217.

refletidos por eles. Eles agem como profundos reveladores ou "intensificadores" da experiência.[8] Eles constituem uma espécie de grau zero que revela a ignomínia dos homens, ignomínia ainda mais terrível porque estabelece a semelhança entre eles e permanece despercebida, preservando assim sua impunidade. É talvez um papel como aquele representado pelo ignorante, o recém-nascido ou Adão, como personagens da filosofia empirista: incarnar idealmente a experiência no seu grau zero – a tábula rasa – para mostrar como se constroem as experiências mais complexas, como nos tornamos sujeitos de conhecimentos, de morais etc.

Inversamente, os personagens sombrios e maus podem revelar a ingenuidade, a credulidade ou a vulnerabilidade dos primeiros, de acordo com uma lei de distribuição das luzes e das sombras próprias do perspectivismo. Também acontece que certos personagens só refletem a si mesmos, hipnotizados pelo seu próprio reflexo. Em volta deles, só encontram a projeção da sua própria imagem. Eles só percebem a si mesmos, inclusive naquilo que refletem dos outros. Alguns não veem nada, e é essa cegueira que eles mostram; só mostram isso. E a seguir, é claro, há todos aqueles, cada vez mais numerosos, que se mostram, promovendo a si mesmos, semelhantes, em todos os aspectos, a periquitos barulhentos ou a vitrines de lojas e que são, para James, as assombrações de um mundo que faria publicidade de tudo, onde tudo seria exposto publicamente.[9] De um modo geral,

8 Ibid., pp. 232-233: "Essas multiplicações são esplêndidas para a experiência, sendo cada uma, à sua maneira, uma intensificação." Cf. igualmente, p. 165 sobre *Pelos olhos de Maisie*: "... o contato de uma criança com qualquer coisa que fosse desagradável aumentava esse aspecto desagradável."

9 Cf. H. James, *La scène americaine*, p. 30: "Uma espécie de publicidade

é cada indivíduo, através de um aspecto de si mesmo, que irá revelar um aspecto correspondente num outro indivíduo ou, o que dá no mesmo, determinado pedaço de experiência que irá revelar outro pedaço de experiência. O americano como americano, o inocente como inocente, o ignorante como ignorante, tantas experiências reduzidas à sua essência singular, e cuja irradiação deixa perceber horizontes mais ou menos extensos da experiência. Nunca sabemos com antecedência o que determinada faceta de um personagem revelará de um outro, suas características "nacionais", sua bondade, sua vulnerabilidade ou sua baixeza. Tudo é questão de luz, de reverberação e de ressonância, ou seja, de ótica e acústica.

Essas experiências não estão todas situadas no mesmo plano. Pode acontecer que a evidência de certas percepções esmague com seu peso outras solicitações mais sutis que logo se veem repelidas para a penumbra. Inversamente, certo gosto pela complicação pode, às vezes, ocultar as verdades mais simples, como na "Carta roubada" de Poe. Vários níveis de percepções existem numa mesma experiência e impedem umas às outras de aparecer. Talvez seja essa a razão pela qual há tantos segredos em Henry James. Os segredos nada têm de transcendentes ou inacessíveis, *eles são sempre apenas percepções possíveis impedidas por outras*, situadas num outro nível. Um segredo é sempre perceptível, mas para atingi-lo é preciso, às vezes, mudar de nível, passar por

---

sem mistura, a publicidade como condição, como fatalidade à qual não podíamos escapar; porque nessa ordem invertida, nesse plano inacabado, nessa confiança mal colocada, não havia nenhuma proteção elaborada, nenhum esconderijo misterioso e constituído, nenhuma complexidade de reserva."

experiências de outra natureza. Aliás, uma das questões essenciais dos irmãos James é saber quais são as experiências intermediárias pelas quais é preciso passar para atingir outras regiões da experiência menos acessíveis. Como *se dá* o conhecimento? Como passamos de um tipo de conhecimento para outro? Através de que meios podemos chegar àquilo que buscamos conhecer? Essas são perguntas comuns ao pragmatismo e aos romances de James.

Algumas dessas percepções talvez só se reproduzam em condições particulares, às custas de certos sofrimentos. Como diz um personagem: "O fantasma nunca aparece para uma pessoa jovem, feliz, inocente como você. É preciso ter sofrido para vê-lo, sofrido muito, e ter passado por uma triste experiência. Só então os olhos se abrem diante dele."[10] Certos períodos da vida mostram o tempo perdido, as ocasiões desperdiçadas, a ironia das repetições; eles mostram os acontecimentos próprios da ação do tempo naquela idade. Se a experiência, como escreve William James, é "um espaço preenchido por espelhos", isso acontece porque, na realidade, *o tempo* se revela ali o espelho mais profundo e mais poderoso: ele permite que as experiências se reflitam umas nas outras. É ele que permite decifrar os segredos mais complexos, mas também os mais simples. É através dele que as consciências *se* refletem, que elas descobrem o fantasma daqueles que elas conheceram, daquilo que elas foram ou daqueles que elas poderiam ter sido. É o tempo que, num mesmo indivíduo, permite que se comuniquem as experiências das quais ele é composto, e as faz entrar em sistemas de ressonância ou de eco.

10 Id., *Portrait de femme*, p. 223.

O mundo das relações indiretas se apresenta, portanto, como um mundo de imagens ou de "campos de consciência", coordenados de acordo com sistemas de relações variáveis. Toda experiência forma um todo nela mesma – o que William James chama de uma "experiência pura" – mas, ao mesmo tempo, ela está ligada a outras experiências que a percebem, representam ou interpretam à sua maneira. É um mundo que vai aumentando sempre sob o efeito de espelhos que transformam os dados brutos da experiência em imagens óticas e acústicas. Esse aspecto está presente até no estilo de Henry James, do qual uma das mais profundas descrições, embora cheia de críticas, é dada por William James: "Meu ideal é dizer as coisas em uma frase tão direta e explícita quanto possível, e depois não falar mais sobre isso; o teu é evitar dizer alguma coisa diretamente, mas de tanto querer ficar rodeando [...], você acaba suscitando no espírito do leitor [...] a ilusão de um objeto sólido que tem em comum com o fantasma o fato de que ele é feito de matéria impalpável, de ar e de interferências prismáticas de luz habilmente concentrada, através de espelhos, num espaço vazio."[11]

◊

Sabemos como se constituem esses reflexos: daquilo que o mundo vem refletir nas *consciências*. Cada consciência é como um "espelho vivo" do universo, como se fosse uma

---

11 *William James. Extraits de sa correspondance*, carta de 4 de maio de 1907, pp. 288-289. Cf. igualmente, as observações de J. J. Mayoux, *Vivants piliers*, Julliard, 1960, p. 102: "A consciência refletida, nesse mundo de espelhos, dispostos obliquamente, implica a luz que reflete, e é nesses jogos de luz e no modo pelo qual ele os integrou às suas obras que James colocou muito da sua arte."

mônada leibniziana. Como diz Henry James, as consciências são "reverberadores" ou "refletores".[12] O mundo vem se refletir na imaginação, na memória, na inteligência, na sensibilidade das consciências, engendrando assim uma proliferação incessante de reflexos. E é assim que definimos o método de Henry James, quando o apresentamos como o romancista do "ponto de vista". Cada narrativa é organizada de acordo com a perspectiva de uma consciência definida, de um personagem "focal". A propósito de um de seus romances, James pode dizer nesse sentido: "o interesse de toda a história é que se trata da *sua* visão, da *sua* concepção, da *sua* interpretação pessoal: estamos sentados à janela de sua vasta, sua suficientemente vasta consciência e, dessa admirável posição, 'assistimos' aos acontecimentos. Portanto, é ele que importa acima de tudo; todo o resto importa apenas na medida em que ele o sente, considera, aborda."[13]

Em um primeiro nível, podemos dizer que vemos o mundo "com" um personagem. Estamos debruçados sobre seu ombro e vemos o mundo assim como ele o vê, imagina, interpreta; seguimos os personagens que gravitam em torno dele, vemos a maneira pela qual sua percepção os reflete em função da sua sensibilidade, dos seus interesses, das suas escolhas. Desse ponto de vista, as narrativas de James possuem as mesmas características dos "campos de consciência" de William James: são visões em perspectiva

12 Cf. H. James, *La création littéraire*, p. 322: "Meus registros ou 'refletores', como eu os chamo tão comodamente (pois, na verdade, eles são geralmente polidos pela inteligência, a curiosidade, a paixão, a força do momento, qualquer que seja ele, que os dirige)."

13 Ibid., p. 53, sobre o romance *L'Américain*. Encontramos essas mesmas observações sobre Isabel Archer, heroína de *Retrato de uma senhora*, pp. 67-68.

com um primeiro plano, planos secundários, um plano de fundo, uma linha de horizonte. Cada narrativa se organiza em torno de um "núcleo central" cercado "por uma franja que se funde, insensivelmente, em algo de mais subconsciente".[14] Em todos os casos, trata-se de descrever o mundo tal como ele é percebido por uma consciência, traçar dele uma imagem "subjetiva". Mas isso não quer dizer que os romances de James sejam subjetivistas. Não se trata de ver subjetivamente o mundo através de uma consciência, mas de *mostrar objetivamente uma consciência* através da imagem que ela tem do mundo. O que importa na imagem não é aquilo que o personagem vê, é aquilo que ele mostra dele mesmo *para um observador exterior*. Não estamos "com" o personagem sem, ao mesmo tempo, observar igualmente de fora, "objetivamente". Tudo se passa como se houvesse dois reflexos na mesma imagem, como se a imagem fosse vista de "dentro", com o personagem, mas também de "fora", através de um narrador. O romance perspectivista de James implica, necessariamente, a coexistência de *dois* pontos de vista. Não podemos limitar James a um dualismo "subjetivista" ou fenomenológico do tipo: uma consciência e seu mundo. Pelo contrário, seu método narrativo implica, necessariamente, uma relação de *três* termos: um mundo, uma consciência e um observador exterior (o narrador).[15] Não há narrativa que não obedeça a essa regra geral.

Encontramos essa mesma distinção na psicologia de William James quando ele invoca, de um lado, a perspectiva do

---

14 W. James, *Philosophie de l'expérience*, p. 193 (tr. mod.).

15 Não podemos imaginar a narrativa "sem a presença de um observador no seu posto, sem, em outros termos, a consciência do artista" (H. James, *La création littéraire*, p. 63).

"psicólogo" que pode observar a consciência de fora, "objetivamente", no sentido em que ele a toma como objeto, e, por outro lado, a perspectiva da própria consciência, polarizada sobre um tema dado. O *tema* é aquilo que a consciência visa do interior, "subjetivamente", aquilo sobre o que se concentra toda a sua atenção do momento. O *objeto* do psicólogo é esse mesmo ponto de vista, mas percebido objetivamente na sua totalidade, das zonas mais claras às mais obscuras.[16] "Aquilo que a consciência percebe é apenas seu próprio conteúdo; aquilo que o psicólogo percebe é o conteúdo de pensamento, esse mesmo pensamento e, talvez, todo o resto do mundo."[17] A consciência percebe um mundo, o psicólogo percebe uma consciência no mundo. Desse ponto de vista, ele tem exatamente a mesma função de um narrador; ele pode observar a consciência ao mesmo tempo do interior e do exterior. Ele oscila o tempo todo de um tipo de descrição para o outro, de acordo com um movimento de vaivém que o coloca numa posição instável, mas rigorosa.[18] Esse duplo ponto de vista é o fundamento da psicologia em James. O mundo, a consciência e o psicólogo formam a tríade constitutiva da sua psicologia.[19]

16 Cf. W. James, *Principles of Psychology*, IX, p. 266: "o objeto de todo pensamento não é nada mais nada menos do que aquilo que o pensamento pensa, tomado exatamente como ele o pensa."

17 Ibid., VII, p. 196.

18 J. Pouillon já insistia no caráter instável da visão "com". Cf. *Temps et roman*, Gallimard, 1946; ed. aumentada, 1993, pp. 66-67, que termina assim: "O gênero 'com' é, portanto, um gênero bastante instável."

19 No artigo "*La fonction cognitive*" em *La signification de la vérité*, William James retoma essa tríade exposta nos *Principles of pschology* para mostrar que o processo de conhecimento não consiste numa relação sujeito/objeto, mas na *relação que une dois sujeitos a um objeto*.

A distinção tema/objeto é essencial, pois ela permite diferenciar em cada narrativa dois tipos de descrições: aquelas que vêm da atividade "temática" própria ao personagem focal, e aquelas que vêm da percepção "objetiva" do narrador. De modo geral, o "tema" é aquilo que dá título aos romances e às novelas. Desse modo, "Daisy Miller", a jovem americana independente, constitui o tema ou o núcleo central da consciência do rapaz apaixonado; "O discípulo", o rapaz de saúde frágil, constitui o tema da consciência do seu preceptor. *Os espólios de Poynton*, o luxuoso mobiliário de Poynton, constituem o tema central sobre o qual se polarizam todas as consciências.[20] Trata-se a cada vez de descrever como uma consciência organiza suas percepções em torno de um núcleo central – pessoa, situação, lugar ou "coisas" –, como esse tema vem ocupar o centro da sua atenção, até se tornar, às vezes, a questão de toda a sua vida, como em "O desenho do tapete" ou "A fera na selva". Cada narrativa é um "campo de consciência" cujo título é uma espécie de atributo noemático.[21] Podemos dizer, então, de acordo com a terminologia de William James, que todo *objeto* das narrativas de James é descrever como as consciências se relacionam a cada vez com um *tema* privilegiado. A dificuldade provém do fato de que a trama da narrativa está sempre misturando os dois tipos de descrições, passando de um ponto de vista para o outro,

20 Sobre *Os espólios de Poynton*, cf. H. James, *La création littéraire*, pp. 142-143: "O verdadeiro centro, como eu o chamo, a cidadela do interesse, em torno da qual o combate iria se acirrar, teria sido a beleza e o valor sentidos do objeto da batalha, as coisas, sempre aquelas coisas esplêndidas, colocadas em plena luz... Sim, é uma história de vitrines, de cadeiras e de mesas..."

21 Mesmo se certos títulos mostram uma perspectiva "objetivista", como *Os embaixadores*, *Retrato de uma senhora* ou "A volta do parafuso". Sobre a relação entre os títulos e o focal, cf. *A life in letters*, p. 317.

como mostra o recurso constante ao discurso indireto livre. O que é o estilo indireto livre, na verdade, senão o fato de que um personagem é, *ao mesmo tempo*, objeto e sujeito de um enunciado, e que cada enunciado incrusta as duas perspectivas uma na outra?[22] É nesse sentido que podemos falar de "focalização" da narrativa, porque ela supõe justamente a coexistência de dois regimes de descrições distintos.[23]

William James afirmava que a confusão entre essas duas perspectivas havia sido danosa para a psicologia. Também não teria sido igualmente prejudicial para a leitura de certas narrativas de James? Podemos ver isso, por exemplo, através do conflito de interpretação desenvolvido em torno de "A volta do parafuso",[24] história de uma jovem preceptora que tenta proteger duas crianças de um casal de fantasmas. Todo o conflito gira em torno da seguinte questão: os fantasmas que a preceptora percebe têm, na narrativa, uma existência real? De um lado, há quem afirme que os fantasmas existem objetivamente, pois eles se parecem com antigos empregados mortos em circunstâncias duvidosas que a preceptora não poderia saber (versão subjetivista); de outro, há quem afirme que eles só têm existência subjetiva,

22 Sobre esse ponto, cf. M. Baktine, *Le marxisme et la philosophie du langage*, Minuit, 1977, p. 161.

23 Genette explica que a focalização interna não se confunde com a perspectiva do personagem focal, mas implica duas perspectivas: "na focalização interna, o núcleo coincide com um personagem que se torna, então, o 'sujeito' fictício de todas as percepções, *inclusive aquelas que dizem respeito a ele mesmo como objeto*", *Nouveau discours du récit*, Seuil, 1983, pp. 49-50 (grifo do autor).

24 Há várias traduções no Brasil e podem ter títulos diferentes, como *A outra volta do parafuso*, ou *Os inocentes*. A tradução usará sempre *A volta do parafuso*. [N.T.]

já que só a preceptora os vê; são alucinações projetadas pela sua sensibilidade doentia (versão objetivista).[25] De que lado está a razão? Se nos limitarmos ao que *vê* a preceptora, é evidente que os fantasmas têm uma existência "objetiva". Toda sua atividade temática consiste exatamente em assinalar todos os indícios que testemunham sua aliança diabólica com as crianças.

O que importa, porém, não é o que a preceptora vê, mas o que ela *mostra* de si mesma nessa imagem do mundo, todos os sinais "objetivos" que testemunham sua loucura. Não se trata tanto de compor o quadro de um mundo assombrado por espectros, mas de elaborar o retrato da consciência terrificada que os percebe.[26] O objeto dos romances de James não é o mundo, são as consciências. É por isso que a questão de saber se os fantasmas existem realmente não tem nenhum sentido (a não ser para os personagens). James não se interessa pelo mundo no qual vivem as consciências, mas pelas consciências que vivem no mundo. E se, apesar de tudo, existe um mundo exterior, ele está ali unicamente para mostrar como uma consciência organiza-o, dobra--o, deforma-o para fazer dele o *seu* mundo. James compara com frequência seus romances a quadros. Ele tem uma concepção profundamente pictural ou cenográfica do romance. Mas seus quadros não são representações do mundo; são *retratos de consciência*.

25 Sobre a história desse conflito, podemos citar S. Feldman, *La folie et la chose littéraire*, Seuil, 1978. Ainda recentemente, M. Ozouf adere à versão "subjetivista" contra as leituras "freudianas" em *La muse démocratique*, Calman-Lévy, 1998, pp. 259-260.

26 Cf. H. James, *La création littéraire*, p. 190: "Conhecemos certamente tanto da sua natureza que podemos acreditar nela, se observarmos o quanto ela reflete [*reflect*] suas angústias e reflexões."

Em que consiste aqui o retrato da preceptora? Sob determinado aspecto, podemos dizer que seu ponto de vista ilumina toda a cena; ela vai mesmo se tornando cada vez mais "lúcida" à medida que descobre o horror da situação ("Sei muito bem que pareço louca [...], mas isso só me tornou ainda mais lúcida e me fez compreender muitas coisas").[27] É preciso, porém, introduzir um segundo ponto de vista que permita ver aquilo que ela só percebe vagamente, todas as pequenas percepções ocultas no fundo da sua consciência que determinam secretamente o curso das suas percepções claras. É preciso um segundo ponto de vista para destacar o papel ativo das zonas de sombra. Pois são as sombras que dão relevo e sentido a cada tema. Como diz Leibniz, "não poderíamos distinguir exatamente, pelo desenho, o interior de um círculo do interior de uma superfície esférica, limitada por esse círculo, sem o recurso das sombras".[28] Por isso, é preciso dois núcleos perceptivos, um para as formas, outro para o fundo; um para os contornos, outro para os relevos; um ponto de vista que espalhe a luz, outro que distribua as sombras como uma *Leçon de tenèbres*.[29] Em termos próximos de William James, podemos dizer: *o primeiro ponto de vista determina os contornos do "tema", o segundo ponto de vista exprime a indeterminação das suas "franjas"*. Juntos, eles compõem um retrato de consciência, o todo de uma perspectiva.

27 Id., *"Le tour d'écrou"*, p. 104.

28 Cf. G.W. Leibniz, *Nouveaux essais*, II, IX, 8, apud M. Serres, *Le systhème de Leibniz et ses modèles mathématiques*, PUF, 1968, pp. 163-164.

29 Sobre isso, Michel Serres, para o perspectivismo de Leibniz, invoca *duas* perspectivas: a que determina as formas e os contornos e a que destaca os relevos e as sombras, em função da dupla lição de Desargues, lição de perspectiva e *Leçon de ténèbres*. Cf. *Le systhème de Leibniz*, op. cit., pp. 163-164.

Aquilo que distingue uma figura, aquilo que permite individualizá-la ou elaborar seu retrato mais exato, mais fiel, são suas zonas de sombra. Só as sombras nos dizem, de fato, de que *natureza* é a clareza das consciências, de seus pensamentos, das suas emoções, das suas conversas. Por isso, tanto o romancista quanto o psicólogo devem descrever os "campos de consciência" naquilo que eles têm de vago, de obscuro ou de indeterminado. William James pode dizer, nesse sentido, que o projeto da sua psicologia consiste em "devolver ao vago e ao inarticulado o lugar que lhes cabe na nossa vida mental",[30] assim como Henry James pode afirmar por sua vez: "Encontro mais vida naquilo que é obscuro, naquilo que se presta à interpretação do que no grosseiro alarde do primeiro plano."[31] Cada estado mental, cada situação, cada enunciação, devem ser descritos por eles mesmos, assim como se apresentam "objetivamente". Como diz, por exemplo, William James sobre a enunciação, "se quisermos *sentir* essa idiossincrasia, devemos reproduzir o pensamento tal como ele foi enunciado, com cada uma das suas palavras cercadas de 'franjas' e a frase toda banhada nesse halo original de relações obscuras que, como um horizonte, estende então seu sentido".[32] É a sombra que nos diz de que natureza é a "clareza" ou a "lucidez" de uma consciência. É apenas através disso que uma figura vem a ser *individuada*;

30 W. James, *Précis de psychologie*, 5, p. 121.

31 Citado por Todorov na introdução das *Nouvelles*, Aubier-Flammarion, Paris, 1969, p. 16.

32 W. James, *Principles of psychology*, IX, p. 266. Cf. também, p. 246: "A significação e o valor da imagem estão inteiramente nesse halo ou nessa penumbra que a cerca e acompanha – ou, melhor dizendo, que se fundiu nela até se tornar o osso dos seus ossos e a carne da sua carne."

são as "franjas" que individuam o "tema". A descrição não deve ser mais geral do que aquilo que ela descreve, mas deve incluir tudo aquilo que está ali, inclusive a obscuridade. Só nessa condição o retrato é bem-sucedido.

É preciso então que as duas perspectivas *coexistam na mesma imagem*, já que cada uma delas constitui um aspecto (forma/fundo, luz/sombra, tema/ "franjas"). É preciso que na mesma imagem coexistam a validação de uma hipótese e sua denegação; que as certezas possam, ao mesmo tempo, serem percebidas como signos de um delírio; que os esclarecimentos possam ser percebidos como ocultações; que as afirmações possam ser percebidas como denegações, e a narrativa sofra sempre ínfimas torções, escorregões, curvaturas de uma perspectiva à outra, segundo se esteja passando da sombra para a luz ou do tema para as "franjas". Poder-se-á objetar que, em "A volta do parafuso", há apenas uma perspectiva, pois trata-se de uma narrativa na primeira pessoa. De fato, as narrativas na primeira pessoa não têm um estatuto particular na obra de James? Não são elas exceções ao método geral de composição das narrativas que acabamos de expor? O que desaparece, na verdade, é a presença de um observador exterior e, com ele, a pressuposição de um mundo objetivo. Trata-se apenas de uma narrativa "subjetivista" onde já não sabemos muito bem se a consciência é o reflexo de um mundo ou o mundo é uma projeção da consciência.

Mas sabemos muito bem que o observador não desapareceu, que ele está em algum lugar, no plano de fundo. Se ele se ausenta da narrativa é para deixar que cada "Eu" exponha melhor seu caso, projete sua confusão, sua vaidade ou sua loucura sobre o mundo a sua volta. Ele dá ao personagem a liberdade de conduzir a narrativa e se expor a si mesmo, esse último acreditando mostrar aquilo que viu (fantasmas, em "A volta do parafuso", simetrias perturbadoras em *The Sacred Fount*) ou aquilo que ele não soube ver (o segredo do escritor em "O desenho do tapete"), quando, na realidade, ele *mostra* outra coisa completamente diferente, não apenas suas zonas de sombra, mas a *relação de causalidade* entre essas zonas de sombra e sua percepção clara, a maneira pela qual sua percepção é determinada por ínfimos movimentos obscuros que lhe escapam. É a profunda ironia de James: na imagem que ele reflete do mundo, o personagem mostra apenas, de fato, uma imagem de si mesmo. Todas as narrativas na primeira pessoa são, nesse sentido, narrativas de *projeções*. Tudo se passa como se a narrativa na primeira pessoa fosse reescrita o tempo todo, diante dos nossos olhos, no discurso indireto livre, como se um *narrador virtual* estivesse por trás do personagem para observá-lo e alterar o sentido da sua narrativa. "Por trás da centralidade do personagem principal, existe ainda, em James, uma outra centralidade, se podemos dizer assim, mais recuada, que é a do próprio autor [...]. Ela é como uma consciência da consciência. Oculta, dissimulada no plano de fundo, nem por isso ela deixa de reinar em toda parte. Ela é o centro do centro. Do ponto de comando que ela ocupa, ela impõe, silenciosamente, ao seu universo, as interpretações do seu pensamento e as escolhas da sua vontade."[33] Essa consciência oculta ou virtual *pertence de total direito à narrativa*, mesmo quando ela deixa para um outro o cuidado de conduzir a narração. Ela é um efeito necessário da teoria dos refletores.

◊

33 G. Poulet, *Les métamorphoses du cercle*, Flammarion, 1979; reed. col. "Champs", 1999, p. 463.

Trata-se, então, a cada vez, de uma composição triangular na qual o mundo é, por assim dizer, percebido duas vezes, uma vez pelo personagem focal, uma vez pelo narrador (ou leitor). O universo dos James não é nem "subjetivista" (visão de uma consciência), nem realista ou objetivista (descrição de um mundo). Ele é perspectivista, no sentido em que ele compõe um espaço ótico e acústico a partir de uma relação de *três* termos, uma tríade: uma consciência (polo subjetivo), um mundo (polo objetivo) e um observador (polo perspectivo em variação). Se Dois é o número do subjetivismo ou do objetivismo, Três é o número do perspectivismo. O mundo se reflete numa consciência, mas essa consciência reflete essa imagem para uma outra. Se essa organização triangular está no centro da obra dos irmãos James, talvez seja por estar no coração do empirismo e do pragmatismo em geral. Tanto para um quanto para o outro, todo processo passa pelas coordenadas de um triângulo, de uma "Terceiridade", de acordo com o termo cunhado por Peirce. Foi Peirce, de fato, quem estabeleceu o caráter sistemático dessa composição triangular. Nesse sentido, ele distingue três categorias fundamentais: a Primeiridade ou a experiência imediata, captada na sua pura fenomenalidade, a experiência concebida nela e por ela mesma, como "todo" indivisível;[34] a Secundidade ou a experiência efetiva de um fato bruto como interação de dois termos, e apenas de dois termos (o choque entre dois corpos); e, finalmente, a Terceiridade ou o termo intermediário, o elemento mental que se acrescenta do exterior às relações binárias e que constitui a lei ou a regra daquilo e

34 Peirce e James se aproximam nesse ponto. O próprio Peirce favorece essa aproximação: "Seu 'empirismo radical' é aquilo que chamei de 'fenomenologia'" [8.295].

para aquilo que acontece. Ao seu modo, Hume já havia estabelecido uma distinção do mesmo tipo, quando demonstrava a impossibilidade de pensar a relação de causalidade a partir de apenas dois termos. "Suponhamos se apresentem a nós dois objetos, dos quais um é a causa e o outro, o efeito. É claro que, pela simples observação de um ou de ambos os objetos, jamais perceberemos o laço pelo qual estão unidos, nem seremos capazes de afirmar com certeza que há uma conexção entre eles."[35] É preciso, necessariamente, introduzir um terceiro termo, *exterior aos dois outros*, que os reúna numa lei (causalidade). Essa relação não é apenas a conjunção dos dois primeiros termos; ela introduz algo de novo que a dualidade não permite pensar, embora ela apresente o caso. Ora, o que o pensamento produz é um novo conhecimento. Poderíamos dizer: a Primeiridade, ou a experiência tomada em si mesma (mônada); a Secundidade, ou a conjunção de dois objetos na experiência de um choque (díade); a Terceiridade, ou a relação como regra geral (se... então) da qual essa dualidade torna-se o caso (tríade).

Um, dois, três: todas as narrativas de James obedecem a essa estrutura ordinal. De modo geral, podemos dizer: o Primeiro ou a consciência; o Segundo ou a consciência e o mundo; o Terceiro ou a consciência, o mundo e um observador exterior. Em outro nível, porém, podemos dizer também: o Primeiro ou a inocência, o Segundo ou a pequena rachadura provocada por um casal manipulador, o Terceiro ou a observação descentrada, no meio do caminho entre os polos do Primeiro e do Segundo. A narrativa seria apenas a narrativa do choque ou da conjunção entre dois mundos

---

35 D. Hume, *Tratado da natureza humana*, I, III, XIV §15, trad. bras.: Déborah Danowski. São Paulo: Unesp, 2009, 2. ed., p. 196.

– uma Secundidade – se não houvesse, exatamente, um observador exterior para estabelecer como esses dois mundos se comunicam. Essa é a função essencial do terceiro: ultrapassar a simples interação para mostrar uma relação "causal" entre dois mundos independentes por direito. O terceiro é a "consciência" da narrativa, *seu sujeito conhecedor* (ou delirante). Embora exterior ao drama, ele simpatiza com cada um dos personagens. Ele oscila constantemente entre o interior e o exterior, ao mesmo tempo "com" os personagens e estranho ao mundo deles. É ele que mostra as causalidades secretas – pois em James a relação de causalidade é sempre secreta. Mais do que isso, é só com o terceiro que os segredos aparecem, ou porque ele consegue adivinhá-los, ou porque eles lhe são escondidos. Sua presença faz desse espaço triangular "o espaço topológico do segredo".[36]

Encontramos essa configuração em cada narrativa. Por exemplo, "A morte do leão" é a história de um escritor cansado e doente que alcança subitamente a notoriedade e se vê invadido por um bando de admiradores, jornalistas e mundanos. Cada polo percebe e age de maneira independente. De um lado, o escritor, ao mesmo tempo abalado e seduzido por essas numerosas solicitações, se pergunta se poderá continuar a trabalhar como antes; de outro, os admiradores de última hora que refletem uma sucessão de interesses mundanos (serem vistos na companhia do

---

36 Cf. o belo estudo de L. Marin sobre as lógicas do segredo em *Lectures traversières*, Albin Michel, 1992, p. 251: "Portanto, o número canônico dos jogadores é o número três e a topologia do segredo é um triângulo do qual um dos ângulos estaria fora do campo no qual seu esquema está traçado: falta uma interseção, embora determinada, de dois lados, a menos que seja inventada, para essa geometria paradoxal, a noção de um ponto da figura que seria excluído para que ela pudesse ser construída."

romancista, obter um convite, uma entrevista). Nenhum dos dois polos vê que o escritor está morrendo. Ninguém se dá conta disso, nem mesmo o escritor. "Ele tinha a sensação de um incômodo e, principalmente, de uma grande renúncia; mas como ele poderia ouvir os sinos dobrando pela sua morte?"[37] É uma situação recorrente em James: acontece alguma coisa a um personagem, um acontecimento que só diz respeito a ele, mas ele não vê nada, não sente o que está para acontecer, ou só tarde demais. É um personagem exterior, "terciário", eis o narrador, que percebe o drama do exterior, mas em simpatia "com" o personagem. "Na maior parte do tempo, o escritor aspirava a plenos pulmões a comédia do seu estranho destino. Era através dos óculos, com os quais eu escolhia olhar para ele, que estava a tragédia."[38] Só ele se dá conta de que o escritor está morrendo. Só ele conhece o segredo. Ele se dá conta de que "os outros", através de suas repetidas aproximações, de uma vitalidade grosseira e insensível, lhe infligem ínfimos golpes mortais: ele toma consciência de que o estão matando. Ou seja, é ele quem estabelece e reflete a relação da "causalidade" entre os dois polos. É nele e através dele que a relação *se estabelece*. Talvez o escritor morresse de qualquer maneira, sua morte era inelutável, mas, sem o narrador, ninguém teria sabido o que a provocou. A morte é um fato bruto, uma Secundidade; refletida, porém, pelo narrador, ela se torna uma relação, uma Terceiridade: ela se torna um assassinato. O narrador é a consciência dessa relação, ou melhor, sua consciência nada mais é do que a relação entre esses dois pedaços de experiência independentes.

37 H. James, "La mort du lion", p. 165.
38 Ibid., p. 165.

A afirmação do empirismo clássico, segundo a qual as relações são exteriores a seus termos, encontra nesse sentido uma nova formulação nos James: a relação é *consciência*.[39] Isso não quer dizer que as relações sejam interiores à consciência que as percebe, mas que a consciência é exterior aos termos que ela liga. Portanto, correlativamente, uma nova definição da consciência, ou melhor, sua abolição como entidade distinta, *ego*, ato reflexivo ou interioridade: a "consciência" é *relação*, nada mais do que a relação entre dois "pedaços" de experiência. Dos textos de psicologia aos *Essays in Radical Empiricism*, a definição da consciência em William James não varia: a consciência se define como a "função de conhecimento" que liga experiências entre si. Só existe relação para uma consciência exterior ao que se passa. Essa é, aliás, a razão pela qual Henry James escolhe, invariavelmente, como "refletor" um personagem afastado do núcleo da intriga: uma criança entre os adultos, um preceptor numa família, um americano na Europa. A relação se faz sempre de fora, à distância. É exatamente a razão de ser do narrador de "A morte do Leão". Sua posição afastada permite que ele estabeleça uma relação entre dois "pedaços" de experiência independentes um do outro, o velho escritor de um lado, os admiradores do outro.

É possível que entre na percepção do narrador um certo ciúme que faz com que possamos perguntar se as coisas se passaram exatamente como ele as descreve. Talvez o escritor morra simplesmente de doença; talvez os admiradores

---

39 É Deleuze quem faz da exterioridade das relações (e da independência dos termos) uma das características essenciais do empirismo. Cf. *Empirisme et subjectivité*, PUF, 1980, p. 109 [ed. bras.: *Empirismo e subjetividade*, trad. Luiz B. L. Orlandi. São Paulo, Editora 34, p. 117].

não sejam tão invasivos quanto ele diz. Talvez esse conhecimento seja, no final das contas, apenas um delírio interpretativo, como em "A volta do parafuso", mas, justamente, isso só é perceptível a partir de *um outro ponto de vista*, o do autor ou do leitor, que redistribui o conjunto a partir de uma nova perspectiva. Ao primeiro triângulo – escritor, mundanos e narrador –, cujo vértice é ocupado pelo narrador, se sucede um novo triângulo, cujo vértice é ocupado pela perspectiva fantasma do autor ou do leitor (que observa a díade narrador/situação), o que é uma outra maneira de dizer que as relações são sempre exteriores a seus termos: ora a consciência é uma relação entre dois termos (o escritor e os mundanos), ora ela se torna um dos termos de uma percepção que lhe escapa. É o que resume, à sua maneira, um breve diálogo em *Os embaixadores*: "– O senhor vê muito mais coisas do que eu nessa história – ele retrucou imediatamente. – Claro: eu vejo o senhor ali, *o senhor*! – Que seja! O senhor vê muito mais coisas em mim... – Do que o senhor mesmo? É bem provável. Mas será que não temos esse direito?"[40] É impossível fechar as relações no interior de um Todo – espírito ou consciência –, pois sempre há uma outra consciência ou um outro espírito para observar do exterior aquilo que se passa na primeira. O mundo se reflete numa consciência; mas esta, por sua vez, é refletida como parte desse mesmo mundo numa outra consciência etc.

Podemos sempre nos interrogar sobre a natureza desses personagens "terciários" que só compreendem ou interpretam, sem nunca agir, tão inclinados que estão a observar aquilo que acontece na vida dos outros, a simpatizar "com" eles, mas sua função primeira consiste em compor a

---

40 H. James, *Les Ambassadeurs*, p. 517.

Terceiridade própria de cada narrativa. Eles são o elemento "terciário" das díades que povoam os romances de James. Desse modo, Maisie é a personagem que observa os confrontos e a simetria dos desencontros entre pais e sogros (mas, por sua vez, ela é observada pelo narrador na díade que ela constitui com essa família dupla). Em *Os embaixadores*, Strether é o personagem "terciário" considerado no confronto entre bostonianos e parisienses. Em "O discípulo", o preceptor é aquele que observa o que se passa entre seu jovem aluno e a família. Em "A volta do parafuso", a preceptora é quem estabelece a estranha relação causal entre as crianças e os fantasmas. Mas cada um desses personagens é, por sua vez, observado por um narrador impessoal na díade que eles constituem com aquilo que confrontam. Mesmo os incuráveis celibatários de James são acompanhados de uma alma gêmea que simpatiza com o que lhes acontece, enquanto os celibatários nada percebem por si mesmos. Eles constituem talvez a estrutura triangular mínima das narrativas de James: a Primeiridade ou o celibatário como um, por si mesmo; a Secundidade ou o celibatário que faz parte de um casal (ou um não casal) com uma alma gêmea; a Terceiridade ou o celibatário, a alma gêmea e o narrador impessoal que os observa do exterior.

James chegou até mesmo a escrever uma novela cujo tema – ou melhor, o argumento – consiste em estabelecer a impossibilidade de construir uma ficção que não reunisse pelo menos três termos.[41] Não podemos escrever a história de uma mulher tão pura, tão "honesta", que estivesse

---

41 Trata-se de "The story in it" – traduzido em francês por *"L'intrigue dans l'affaire"* – publicado em *L'Espèce particulière*. Podemos ver as notas de James nos *Carnets*, pp. 308-309.

apaixonada por um homem sem nunca confessar isso a ele, diz James. Onde estaria a narrativa? Onde estaria o "romanesco"? Teríamos apenas dois termos – a consciência e seu "tema" –, mas nenhuma relação efetiva. "Ela chama *isso*, diz ela, de romance. Mas como? Onde está ele? Um romance é formado por uma ligação entre dois seres, como... bem, como entre você e *eu*. Mas em que consiste – para *ela* – a ligação? Não existe."[42] Não poderia haver narrativa se nos limitássemos a uma relação dual (a consciência e seus conteúdos, *cogito* e *cogitatum*). Toda relação passa, invariavelmente, pelas coordenadas de um triângulo, de uma terceiridade. Ou melhor, é a própria relação que constitui o vértice do triângulo, como *tercium quid* ou consciência da ligação entre duas experiências. Veremos que o empirismo e o pragmatismo substituem as dualidades preexistentes do sujeito e do objeto, da matéria e do pensamento, do significante e do significado, da causa e do efeito, pelas terceiridades que mostram, a cada vez, a primazia da relação *enquanto ela se constitui*.

◊

Cada consciência é um "sistema de observação". É um centro relativo que organiza o campo da experiência de acordo com sua perspectiva, ao mesmo tempo que esse campo se reorganiza com a aparição de uma outra consciência como novo centro perceptivo. Ou seja, os centros são múltiplos e as descentralizações, incessantes, como mostra a superposição ou a ligação dos triângulos. A questão que logo se coloca é saber de que ponto de vista a narrativa deve ser organizada. *Quem* está na melhor posição para mostrar o

---

42 H. James, *Carnets*, p. 308.

que está acontecendo? Quais são os critérios que levam à escolha do personagem "focal"? Nesse ponto, a resposta de James não varia: é preciso seguir o personagem mais bem colocado, isto é, o personagem *que mostra mais*.[43] Invocamos, às vezes, o método do ponto de vista, em James, para explicar tudo aquilo que escapa aos personagens, todas as perguntas que permanecem sem resposta. É verdade, como lembra William James, que a consciência é antes de tudo um agente de seleção e de focalização; ela delimita um mundo que ela organiza de acordo com uma perspectiva definida.[44] Entretanto, raros são os textos nos quais Henry James examina os refletores invocando um princípio de limitação ou cerceamento. Seria adotar uma definição privativa do ponto de vista: o ponto de vista seria caracterizado pelo que ele percebe de menos em relação a uma visão mais estendida, postulada sobre um outro plano. Ora, não há outro plano a não ser o das experiências. O que interessa

---

43 Cf. H. James, *La création littéraire*, pp. 86-87: "De *Roderick Hudson* até *A taça de ouro*", James insiste na sua "preocupação em manter o interesse que consiste em colocar, no ponto mais vantajoso em plena luz, o mais polido dos espelhos capaz de refletir o sujeito [...]. Eu poderia dar uma longa lista de exemplos disso, passando por um 'espírito' de uma natureza tão plenamente objetiva quanto Newman, em *L' américain*, pela imaginação prolífera de Isabel Archer, em *Retrato de uma Senhora* [...] até exemplos tão evidentes quanto o de Merton Densher, em *As asas da pomba*, o de Lambert Strether, em *Os embaixadores* [...] assim como o do príncipe, na primeira metade, e o da princesa, na segunda metade de *A taça de ouro*... Eu observaria até que ponto os personagens estão, tanto quanto lhes permitem as outras paixões, todos *intensamente conscientes* da sua respectiva situação".

44 Sobre a consciência como agente de seleção, desde a seleção realizada pelos órgãos sensoriais até as escolhas realizadas pela consciência ética, cf. W. James, *Précis de psychologie*, 5, pp. 126-130.

a James não é aquilo que o ponto de vista percebe *de menos* em relação a um ponto de vista supostamente onisciente, mas aquilo que ele mostra *a mais* em relação a outras consciências, situadas no mesmo plano e confrontadas com a mesma situação.[45] James raramente se interessou por personagens que mostram poucas coisas. "Estamos relativamente pouco preocupados – nós, nossa curiosidade, nossa simpatia – com aquilo que acontece aos imbecis, aos seres grosseiros ou cegos; ou, no máximo, com seus efeitos, naquilo em que eles contribuem para precipitar o que acontece com aqueles que se interrogam profundamente, aqueles que realmente sentem."[46] Aliás, quando James critica o método de um autor, não é para reprovar a adoção de um ponto de vista onisciente, mas para lamentar a escolha de um refletor limitado demais, como acontece, por exemplo, em Flaubert.[47]

A narrativa é muito mais uma questão de limitação que de *condensação*. "Destacar quase tudo com organização é a própria vida da arte da representação."[48] Esse problema

---

45 Sobre esse aspecto em William James, cf. *Aux étudiants, aux enseignants*, pp. 186-193.

46 Cf. H. James, *La création littéraire*, pp. 78; 83.

47 "Temos que lamentar que Emma Bovary, apesar da natureza da sua consciência, apesar do reflexo tão exato que ela nos dá da consciência do seu criador, constitui, na verdade, um sujeito muito limitado... Por que Flaubert, ao se propor descrever certos comportamentos específicos da vida, escolheu espécimes humanos tão inferiores e, no caso de Frédéric, tão abjetos?" *Gustave Flaubert*, p. 49 (trad. mod.).

48 H. James, *La création littéraire*, pp. 244; 30: "Como reduzir tantos fatos no alambique, de modo que o resultado destilado, o aspecto produzido, tenham a intensidade, a luminosidade, a brevidade, todos os méritos necessários para o efeito que eu buscava? ... numa palavra, dar todo o senti-

é particularmente agudo em James, pois ele não cessa de lutar contra sua prolixidade natural. Que o romance obedeça a um princípio de organização não impede a prolixidade, pelo contrário, a exige. James tem, constantemente, que frear sua tendência ao desenvolvimento, ao mesmo tempo que essa tendência nasce do princípio que deve contê-la. De fato, na medida em que o personagem focal só vê o mundo a partir de uma posição afastada, ele não tem outra escolha a não ser interpretar, interpretar incansavelmente, levando-se em conta a distância que o separa do núcleo da intriga. Se existe, porém, condensação, é porque essas interpretações convergem todas para um ponto exato, assim como um aparelho óptico converge os raios luminosos para um dado ponto focal; elas curvam o horizonte, modulando-o de acordo com um ponto de vista determinado, "graças ao qual captamos através de um refletor muito pequeno, de um tamanho absolutamente mínimo para sua tarefa, uma quantidade totalmente improvável [...] do movimento da vida".[49] Tudo é visto em perspectiva, exatamente como um quadro é, ao mesmo tempo, a projeção e a condensação de um espaço tridimensional sobre uma superfície plana.

Se o personagem focal vê mais coisas do que os outros, é porque ele está numa relação particular de *simpatia* com a situação que ele reflete. Ele percebe mais intensamente do que os outros a abjeção de uma família que "vende" a filha

---

do sem dar toda a substância ou toda a superfície, e, desse modo, resumir de maneira a enriquecer e afinar ...".

49 Ibid., p. 283, sobre a novela "Julia Bride". Cf. igualmente, pp. 276-277: "Deus sabe que queremos que [a narrativa] seja clara, mas também queremos que ela seja densa, e obtemos essa densidade na consciência humana que a recebe, registra, amplifica e interpreta."

a um jornalista americano, ou o drama de ver dispersado o mobiliário de uma esplêndida propriedade, como a jovem de *Os espólios de Poyton*.[50] É a simpatia que dá ao personagem focal seu poder de refletir. É ela que está no princípio das narrativas de James.[51] Sob esse aspecto, se a concepção do indivíduo como "espelho" tem fortes ressonâncias leibnizianas, pode ser que ela esteja mais próxima ainda da concepção empirista de Hume, segundo a qual, "as mentes dos homens são como espelhos umas das outras, não apenas porque cada uma reflete as emoções das demais, mas também porque as paixões, sentimentos e opiniões podem se irradiar e reverberar várias vezes, deteriorando-se gradual e insensivelmente".[52] A simpatia é talvez o conceito onde se encontram, no empirismo, as leis da ótica e o mundo dos afetos, mesmo que, como precisa Hume, seja difícil "distinguir entre imagens e reflexos, em virtude de sua palidez e

50 Ibid., p. 145: "As 'coisas' irradiam, espalham ao longe toda a sua luz [...] e Fleda [...] vê e sente ao mesmo tempo, enquanto os outros apenas sentem sem ver."

51 No fundo, aquilo que James critica em Flaubert não é a falta de simpatia pelos personagens? "Na realidade, o livro nos diz [...] que Frédéric está feliz com a sua condição, e isso sem a ajuda de nenhum outro personagem 'simpático' de alguma consistência, nem mesmo de nenhum herói com o qual possamos diretamente nos comunicar." *Gustave Flaubert*, pp. 57-59. Ao que sabemos, apenas D. Cohn, em *La transparence intérieure*, Seuil, 1981, insiste no papel essencial da simpatia na construção das narrativas (pp. 140-149).

52 D. Hume, *Tratado da natureza humana*, II, II, v, §21, op. cit., p. 399. Para ilustrar essa tese, Hume toma o exemplo de um mobiliário que reflete, ao mesmo tempo, o prazer de seu proprietário e a imagem desse prazer recebida pelo "espectador" quando olha esses mesmos objetos. Cf. igualmente, Berkeley, *Princípios do conhecimento humano*, §140.

confusão".[53] De fato, como ser afetado por aquilo que afeta o outro sem se identificar com ele? E como distinguir entre identificação e projeção? Vimos que a maioria das narrativas na primeira pessoa mostra essa confusão; elas levam a simpatia até a identificação e a projeção, o que, aos olhos de James, faz da primeira pessoa "o abismo mais sombrio do romanesco".[54] Por isso, as longas narrativas exigem um narrador "impessoal" que não esteja muito próximo dos personagens (para não se identificar com eles) nem muito distante (para não ficar indiferente). Tudo é questão de distância. Nesse sentido, a simpatia constitui o ponto de equilíbrio instável e oscilante de toda perspectiva.

O refletor faz parte do princípio da narrativa; ele é até mesmo três vezes princípio. Primeiro, ele é um *princípio de organização* (delimitação de um campo e seleção de um "tema" cercado de "franjas"); em seguida, *um princípio de condensação* (concentração e curvatura das relações como se fossem raios sobre um ponto focal); finalmente, ele é um *princípio de dramatização* (intensificação dos afetos e percepção das suas relações por reflexão). É a confirmação de que o refletor é escolhido em função da extensão e da intensidade de seu poder de reflexão. Podemos até mesmo dizer que cada narrativa é o relatório da percepção mais extensa possível de determinada situação. É o que James destaca ao lembrar seu gosto por "tudo aquilo que tende a dar proporção e perspectiva, aquilo que contribui para *uma percepção de todas*

---

53 D. Hume, *Tratado da natureza humana*, ii, ii, v, §21, op. cit., p. 400. Sobre esse ponto, temos que remeter à análise de F. Brahami, *Introduction au traité de la nature humane de David Hume*, PUF, 2003, pp. 178-179.

54 H. James, *La création littéraire*, p. 342.

as dimensões".[55] Só que ainda podemos objetar que existem narrativas nas quais o refletor se revela incapaz de ver o que se passa. Não seria o caso, por exemplo, da famosa novela "O desenho do tapete", a narrativa de um jovem crítico literário que tenta descobrir o segredo de um escritor, sem nunca conseguir? Ao final, nem ele nem o leitor sabem em que consiste o famoso segredo. Como afirmar, nesse caso, que o refletor é aquele que reflete a imagem mais completa, mais profunda da situação?

Encontramos aqui a mesma confusão sobre "A volta do parafuso" e a maioria das narrativas na primeira pessoa. Pois se o segredo constitui o *tema* obsessivo da consciência do narrador, ele não se torna por isso o *objeto* da narrativa. A questão não é: qual é o segredo do escritor? Mas, sim, quais são as razões pelas quais o segredo está sempre escapando ao jovem crítico? Se o crítico continua sendo o melhor refletor, é porque só ele mostra essas razões. Só ele reflete a impotência de uma certa visão crítica que quer captar o núcleo vital de uma obra. Seu erro consiste, de fato, em acreditar que o segredo se reduz a um conteúdo teórico ou a um procedimento formal.[56] Se o segredo lhe escapa, é porque sua inteligência exige um conteúdo ou uma forma explícita, e não consegue alcançar essa zona microfísica onde nos tornamos sensíveis "às respirações inexplicáveis, às alusões secretas, aos ecos errantes de uma música escondida".[57]

---

55 Ibid., p. 170 (grifo do autor).

56 Cf. H. James, "L'image dans le tapis", p. 87: "Aquilo que ninguém percebeu na minha obra é um órgão de vida. – Eu vejo... é uma ideia sobre o sentido da vida... uma espécie de filosofia... mas pode ser também que seja uma figura de estilo, um efeito de linguagem."

57 Ibid., p. 95.

O personagem focal não tem como função refletir o segredo; o que ele deve refletir é justamente sua incapacidade de atingir essa zona onde o segredo é, finalmente, decifrável. É exatamente por não perceber nada que ele permite que se perceba mais.

Poderemos objetar que isso é apenas um primeiro nível de leitura. Como não ver, em "O desenho do tapete", uma imagem especular do leitor que está lendo "O desenho do tapete", já que, assim como o crítico literário, ele espera a divulgação de um segredo que nunca virá? Como não pensar então que esse segredo também é, num outro plano, aquele graças ao qual o próprio James constrói sua narrativa? Se ler "O desenho do tapete" é querer decifrar o segredo, é primeiramente porque escrever é expor a presença de um segredo. O segredo não nos deve ser revelado, o que nos é revelado é a função genética do "segredo" num plano metaliterário. O segredo seria a "causa ausente" que engendra a narrativa como tal.[58] "O desenho do tapete" seria, portanto, uma novela sobre sua própria gênese e sobre a criação literária em geral, a famosa *mise en abyme* (narrativa em abismo) que transforma a narrativa em totalidade autorreferencial. Muitas análises fazem essa torção nas narrativas de James. Para isso, basta *deslocar o refletor* e fazer girar o triângulo. Mas como não ver que um formalismo como esse – presente em muitos comentaristas de James – é pelo menos tão abstrato, tão separado do núcleo vital da obra, quanto as hipóteses do crítico? O problema dessas análises vem de que elas levam *para além*

---

58 Cf. a análise de Todorov, exemplar dessa tendência em H. James, *Nouvelles*, op. cit., pp. 11-12; 41: "A narrativa sempre se apoia na busca de uma causa absoluta e ausente [...]; a causa é aquilo que, por sua ausência, faz surgir o texto. O essencial está ausente, a ausência é essencial".

da narrativa, para um plano metaliterário puramente formal. O erro consiste em quebrar o triângulo, em colocar um dos seus ângulos nas alturas e invocar a transcendência de um segredo em si ou de uma "causa ausente". Então, o triângulo não remete mais duas vezes ao mesmo objeto, mas a dois objetos diferentes, um objeto interno à narrativa (o segredo do escritor) e um objeto que o transcende (o segredo como tema metaliterário, "causa ausente"). Transformamos a narrativa em parábola. Parábola e transcendência ou a narrativa que se tornou texto, o fim do romance.

O que criamos a partir do nada é a ficção de um segredo em si, formal ou estrutural, mais indecifrável porque o situamos num nível metaliterário (esquecemos que o segredo é decifrado por Corvick, o amigo sensível e apaixonado, para quem "a literatura, a vida, é uma coisa só"). Mas, em James, não há segredo em si, só personagens insensíveis aos pequenos sinais, às ínfimas vibrações microfísicas que permitem percebê-los. É quando a continuidade do triângulo é quebrada que as mais audaciosas interpretações começam a surgir, simbólicas, psicanalíticas, estruturais etc. Quebramos o triângulo para daí refazer um outro, sem continuidade com a narrativa e cujo vértice será, conforme a escolha, a literatura, a sexualidade, a família. A narrativa se torna jogo formal, cena primitiva ou romance familiar. Vamos nos sentir leitores mais profundos quanto mais nos desfizermos do domínio da narrativa para subordiná-la a um saber exterior. Em todos os casos, o que se perdeu foi a relação de imanência gerada pelo triângulo, uma relação tal que os *três* termos participam do mesmo processo transitório e refletivo, no interior de um mesmo campo de experiências múltiplas. Pois o observador exterior, mesmo quando permanece no plano de fundo, não tem como função levar a narrativa até uma reflexão sobre sua própria forma ou para um *cogito* de autor soberano. Pelo contrário, ele reflete sempre personagens que, por sua vez, refletem um mundo. Não saímos da narrativa; permanecemos no plano de experiência ocupado e delimitado pelas percepções dos personagens. O observador exterior pertence de pleno direito a esse campo, apesar da sua posição afastada ou oculta; seus objetos são os mesmos que aqueles dos outros personagens. É por isso que o mesmo objeto é percebido duas vezes, uma vez "subjetivamente" (tema), outra vez "objetivamente" (objeto), de acordo com o jogo das relações triangulares. Podemos supor que James e o personagem escritor da novela são um só, que os dois são os romancistas do segredo. Mas então, é preciso dizer novamente com o escritor e com James: aquilo que ninguém percebeu na minha obra é um órgão de vida. O limite das análises autorreferenciais é que elas negligenciam o profundo vitalismo de James.[59] Ao fazê-lo passar para o lado de um suposto conteúdo da obra, elas veem apenas na literatura uma reflexão sobre sua própria forma.

59 Sobre a relação essencial, em James, entre literatura e vida, cf., por exemplo, *La Création littéraire*, pp. 61; 82; 94 ou *Une amitié littéraire*, p. 77; 82: "Um romance, na sua mais ampla definição, é uma impressão direta, pessoal da vida; isso é o que determina, antes de tudo, o seu valor, que será maior ou menor segundo a intensidade dessa impressão."

OS RESSONADORES

O campo da experiência é composto de "consciências", isto é, de relações de conhecimento entre experiências, sendo que cada indivíduo é ele mesmo um certo grau de unificação sistemática entre suas experiências ou seus "campos de consciência". De um outro ponto de vista, porém, é evidente que as experiências também são aquelas dos *corpos*. Mais do que isso, o corpo é aquilo através do que cada sistema de experiência está situado. "O mundo que experimentamos (ainda chamado de 'campo de consciência') apresenta-se a todo instante tendo nosso corpo como centro, centro de visão, centro de ação, centro de interesse [...]. O corpo é o olho do furacão, a origem das coordenadas."[1] Os corpos estão sempre se afetando, agindo direta ou indiretamente uns sobre os outros. Desse modo, perceber um objeto, distingui-lo do resto do mundo, significa primeiramente "que ele produz sobre nós efeitos corporais imediatos, alterações do tom da voz, da tensão, do ritmo cardíaco, da atividade vascular e visceral".[2] A percepção é, primeiramente, o efeito que um corpo produz sobre o nosso. Mas esse efeito, por sua vez, produz um efeito na consciência, um efeito de efeito, se podemos dizer assim, como se fosse um eco. A consciência não percebe diretamente os objetos; ela os percebe através dos efeitos que eles produzem sobre nosso corpo. É por isso que ela os percebe "diretamente" como sendo agradáveis, desagradáveis, perigosos. Em toda percepção entra uma emoção: o efeito que produz um outro corpo – ou sua ideia – sobre o nosso. Ou seja, a consciência não reflete uma imagem do mundo sem refletir, ao mesmo tempo, o efeito

---

1 W. James, *Essais d'empirisme radical*, pp. 137-138n. "Tudo gira em torno dele, e é sentido desse ponto de vista."

2 Ibid., p. 125.

que ela produz sobre o nosso corpo, isto é, sem refletir *uma imagem da atividade do nosso corpo*.

Esse é o sentido geral do postulado psicofisiológico de William James: "as mudanças são tão indefinidamente numerosas e sutis que o organismo todo pode ser chamado de uma tábua harmônica que *cada modificação de consciência, por mais ínfima que seja, pode repercutir [reverberate]*."[3] Os "campos de consciência" são os reflexos da atividade do corpo; as consciências são os "reverberadores" ou os ressonadores do corpo. Não há percepção que não seja acompanhada por ínfimas vibrações, pulsações ou movimentos nervosos que atravessam o corpo no mesmo instante. Desse ponto de vista, é difícil levar a sério as análises que afirmam que o corpo está ausente das narrativas de Henry James. Considera-se que ele seja um autor puritano ou vitoriano, ou os dois ao mesmo tempo. É verdade que o corpo não é descrito em si mesmo, mas está onipresente nas suas narrativas. A que devem os personagens essa capacidade de vibrar ao menor sinal, a não ser ao fato de que eles têm um corpo? O que é a simpatia senão a capacidade de ser afetado pelas emoções que afetam os outros? De sentir primeiro, fisiologicamente, aquilo que afeta fisiologicamente os outros? Se as consciências são espelhos, os corpos são *prismas*, no sentido em que são atravessados por vibrações sensitivas, nervosas, cerebrais. O corpo vibra em todas as percepções, no timbre das vozes, no fundo de todas as emoções. Os personagens de James não são apenas refletores, mas *ressonadores*. O ressonador é aquele que permite ouvir as tonalidades que ressoam nas vozes, mas também nos lugares, nas coisas ou nas atmosferas, uma verdadeira arte das *Stimmung*.

3 Id., *Principles of psychology*, xxv, p. 1066.

Então, sim, podemos dizer que o corpo está ausente dos romances de James, no sentido em que ele não é percebido subjetivamente, nem descrito objetivamente. Mas ele está presente, perspectivamente, como *imagem acústica* ou eco, na consciência. Henry James adota, à sua maneira, o postulado psicofisiológico de William James: todo "campo de consciência" é um reflexo ou um eco da atividade do corpo naquele mesmo momento.

O que devemos entender aqui por postulado psicofisiológico? Não se trata da superposição de dois planos concebidos separadamente, dos quais um seria materialista e o outro espiritualista. Trata-se, pelo contrário, de fazer a correspondência entre *duas perspectivas* de uma mesma realidade, de um ponto de vista "objetivo" e de um ponto de vista "subjetivo", onde um reveza o outro, como uma espécie de discurso indireto livre próprio à psicofisiologia: as emoções que sentimos subjetivamente podem ser descritas, de fora, por um psicólogo, "objetivamente", como sendo atividades orgânicas, mas é para melhor mostrar como elas ressoam imediatamente na consciência. Ele percebe uma cobra, sua respiração bloqueia, ele sente, apesar do medo intenso que o invade, que não é o momento de perder o sangue-frio. Primeiro, o efeito da percepção da cobra sobre o corpo, em seguida, o efeito desse efeito sobre a consciência. Passamos, constantemente, de um tipo de descrição para o outro, como pelo avesso e pelo direito de um mesmo fenômeno. Outra maneira de dizer que o paralelismo psicofisiológico é um perspectivismo, *e inversamente*.

De que maneira esse postulado se manifesta nas narrativas? Nos James, o corpo não é carne, ele é totalmente nervos e cérebro. Não é encarnado, mas inervado e cerebrado. Se precisamos, primeiramente, invocar de modo específico o *cérebro*, é porque a descrição que William James propõe dele mostra uma ruptura com a fisiologia clássica. O cérebro não é mais apenas a sede de ações reflexas elementares ou de circuitos predeterminados, isto é, o substrato de atividades "inferiores"; ele é, de agora em diante, inseparável de zonas de indeterminação criadoras, de uma verdadeira potência plástica, como mostra a descrição das "franjas" da consciência, em termos de atividade cerebral.[4] Se a psicologia de James quer deixar para o impreciso o lugar que lhe pertence na vida mental é, primeiramente, porque *há algo "impreciso" no cérebro*. Essa imprecisão é paradoxalmente requisitada pelas ações da mais alta precisão. Ela se situa nas zonas mais imprevisíveis do cérebro, onde as rupturas do hábito cessam de exercer seu determinismo, onde os circuitos nervosos entram em sistemas instáveis. "As partes do cérebro mais perfeitas são aquelas cuja ação é a mais indeterminada. O fato de ser impreciso constitui sua vantagem. Elas permitem que aquele que as possui adapte sua conduta às mais ínfimas alterações das circunstâncias circundantes. Pouco importa qual dessas alterações possa ser para ele um signo e sugerir motivações distantes, mais potentes do que qualquer outra solicitação atual dos sentidos."[5]

4 Cf. W. James, *Précis de psychologie*, pp. 122-123.

5 Id., *Principles of psychology*, v, pp. 142-143: "As performances de um cérebro desenvolvido são como dados que jogaríamos indefinidamente sobre uma mesa." James indica que a consciência pode alterar os dados para favorecer lances vantajosos. Toda passagem é central. Desse ponto de vista, James antecipa pesquisas recentes que comparam o cérebro a um campo de probabilidades tal (de tipo quântico), que o espírito poderia agir sobre ele, alterar os dados através de "concentração mental". Cf. os trabalhos de Margenau e Eccles in J. C. Eccles, *Évolution du cerveau et création de la conscience*, Fayard, 1992, p. 252 sq.

Essa não é uma descrição rigorosa dos personagens de Henry James? "Adaptar sua conduta às mais ínfimas alterações das circunstâncias circundantes" não é exatamente o que caracteriza sua capacidade de vibrar ao menor signo? Não é sua apreciação profunda da complexidade das situações que lhes sugere "motivações distantes mais potentes do que qualquer outra solicitação atual dos sentidos"? Na sua própria indeterminação, as "franjas" da consciência refletem, na verdade, a intensa atividade que reina no cérebro quando ele é confrontado com situações complexas. Cada personagem desdobra uma verdadeira teia de aranha que vibra com a menor solicitação. Quanto mais sutil for o tremor, mais as "franjas" vibram intensamente, de acordo com um movimento que corre da periferia para o centro e inversamente. A experiência surge então como "uma imensa placa sensível, uma espécie de gigantesca teia de aranha, feita com os fios de seda mais tênues, suspensos na câmara da consciência e que retém na sua trama cada partícula que flutua no ar".[6] Qual é então essa trama senão a dos sistemas nervoso e cerebral? Ou talvez seja um tecido fino do qual não sabemos mais muito bem se ele é fisiológico ou psíquico. Só podemos perceber que todo "campo de consciência" é uma projeção da atividade cerebral e nervosa se, justamente, a observação descer ao nível micropsíquico dos tropismos, onde se desenvolve a atividade fervilhante das "franjas". Os irmãos James se encontram numa espécie de infrapsicologia na qual psicologia e fisiologia dificilmente se distinguem.

James talvez seja um dos grandes romancistas do cérebro; ele não é um autor intelectual, como disse a crítica,

6 *Une amitié littéraire*, pp. 84-85.

mas um autor cerebral e nervoso.[7] Talvez esse seja mesmo um dos aspectos mais profundos de seu estilo: seguir as ramificações das ondas nervosas ou cerebrais de acordo com as variações sintáticas complexas que correspondem, em William James, à descrição fisiológica das "franjas": "uma grande quantidade de processos nervosos, que nascem ou morrem, tão tênues e complexos que desafiam qualquer determinação exata."[8] Cada frase é testemunha desses movimentos incertos, desses equilíbrios instáveis, ao mesmo tempo pela indeterminação rigorosa das suas alusões e seus atalhos, mas também pela instabilidade das suas conexões gramaticais e pela complexidade da sua sintaxe.[9] A frase toma, com frequência, uma série de desvios e de perífrases, como se estivesse carregada de hesitações ou de bifurcações, à medida que avança, progredindo para a sua conclusão com uma incerteza constantemente aumentada. Ao mesmo tempo, essas bifurcações virtuais agem como raios fulgurantes que mudam sua direção e velocidade.[10] A atividade

7 Um dos primeiros leitores dos *Embaixadores*, hostil a James, percebera esse aspecto: "Sua trama é muito sutil e fina para obter a adesão geral. Ele é subjetivo, cheio de voltas e volteios, de uma contextura complexa na qual o leitor se perde se desviar a atenção por um instante" (*Carnets*, p. 409). É uma crítica simétrica que William James fazia a ele, quando lamentava a multiplicação dos reflexos indiretos.

8 W. James, *Précis de psychologie*, pp. 196-197.

9 Cf. o notável artigo de R.W. Short, "*La structure de la phrase chez Henry James*", in M. Zéraffa (Org.), *L'art de la ficition*, Klinckseick, 1978, p. 269: "Podemos observar que o caráter transitório ou conectivo das ligações é gramaticalmente bastante vago; o antecedente não é nem uma palavra, nem uma oração, nem uma frase, mas, em geral, tudo aquilo que pode ter se passado há algum tempo."

10 Cf. W. James, *Précis de psychologie*, 2, pp. 118-119: "Pensamos o cérebro

cerebral nesse caso é intensa; tudo passa por essas antecipações incessantes que nos fazem compreender antes mesmo que a frase termine, mas que não temos mais certeza de ter compreendido quando ela acaba.

É que as alusões, em James, não remetem a um conteúdo definido; elas se referem a um todo indeterminado, o todo daquilo que se passou "há um certo tempo", que vem se condensar nas preposições e nos pronomes. Todo leitor de Henry James sabe a importância que ele atribui aos termos transitivos pelos quais circulam as alusões e os subentendidos, "ela", "lhe", "aquilo", "então". "Você está dizendo que *isso* lhe deu forças? Posso lhe perguntar o que é esse *isso* maravilhoso?" Ela não teve, aparentemente, mais objeção a fazer do que dificuldade para responder. "Bem, o fato é que ele deixou que eu me aproximasse. *Isso* fez toda a diferença." Estava de acordo com o tom da realidade deles, tanto quanto se podia esperar; e foi provavelmente por essa razão que ele pôde apenas replicar: "Oh, entendi."[11] Esses termos não são simples articulações sintáticas, mas *os pontos de condensação da atividade cerebral*. É o sentido da distinção, em William James, entre termos "substantivos" e termos "transitivos". Os primeiros são como os pontos de fixação do pensamento (seus temas sucessivos), enquanto os segundos formam o halo ou a penumbra que circundam esses temas, a intuição de relações obscuras em ligação estrita ou longínqua com

---

como um órgão cujo equilíbrio interno está sempre mudando – essa mudança afeta todas as partes. Os impulsos da mudança são talvez mais violentos em certos lugares que em outros, seus ritmos mais rápidos em certos momentos do que em outros... A reorganização perpétua deve produzir formas de tensões que duram relativamente mais tempo, enquanto outras apenas passam."

11 H. James, *La tour d'ivoire*, p. 123.

seu núcleo central; essas zonas de sombra mostram um efeito de "ressonância psíquica".[12] Como diz William James, "deveríamos falar de um sentimento de *e*, de um sentimento de *se*, de um sentimento de *mas*, e de um sentimento de *por*...", como se a atividade cerebral se concentrasse mais sobre esses termos do que sobre os termos "substantivos".[13] William e Henry James concordam nesse ponto: não é sobre os termos substantivos que se concentra a atividade cerebral, mas sobre os termos aparentemente secundários que mostram uma efervescência de relações implícitas, evanescentes, como se a atividade do cérebro fosse dotada de uma velocidade de pensamento grande demais para a consciência.

Seria um erro acreditar que, em Henry James, o indeterminado é uma insuficiência ou uma "névoa" deliberada. Cada frase está carregada de indeterminação, mas *à força de precisão*. Não se pode mergulhar no indeterminado sendo aproximativo, multiplicando os indefinidos e os neutros, enfim, escamoteando as referências.[14] Pelo contrário, é à força de precisão, de endorreferências que dobram a frase sobre si

12 Cf. W. James, *Précis de psychologie*, p. 121: "Cada imagem mental é acompanhada da intuição das suas relações, próximas e distantes, do eco longínquo da sua proveniência, da intuição nascente do lugar aonde ela deve nos levar. A significação, o valor da imagem, está inteiramente nesse halo ou nessa penumbra que o cerca e o acompanha [...]. *Chamemos de ressonância psíquica ou franja a consciência desse halo de relações em torno da imagem.*"

13 Ibid. *Précis de psychologie*, p. 118, onde William James compara o funcionamento dessas preposições com a atividade caleidoscópica do cérebro. R. W. Short diz das frases de Henry James que elas "parecem quase sempre ter sido desmanteladas e reconstruídas com o único objetivo de transferir a ênfase, dos substantivos e dos verbos de ação, para as mais humildes preposições" (*L'art de la fiction*, op. cit. p. 268).

14 H. James, *La création littéraire*, p. 43: "Os reflexos sem nitidez são artisticamente detestáveis"; p. 342: "a imprecisão [...] nunca me interessou muito."

mesma, que a indeterminação cresce como um efeito necessário. A "imprecisão" não resulta de uma falta, mas, pelo contrário, de uma sobrecarga de especificação (que a sintaxe não pode exprimir sem se alterar). Assim como para a atividade cerebral, em William James, *o "vago" é um efeito da maior precisão*. Não existe nada mais exato, mesmo que possamos ser mais explícitos. Só que explicitar significa sacrificar a "rapidez mágica" das conexões cerebrais induzidas pela alusão.[15] Nesse sentido, é preciso, portanto, imaginar cada enunciação como a superfície de projeção da atividade cerebral no mesmo momento. E, de um modo mais geral, é preciso imaginar os quadros de Henry James segundo as duas dimensões que definem os "campos de consciência" em William James. É preciso ler seus romances ao mesmo tempo como *retratos de consciência* e como *visões em corte do cérebro*.

◊

Henry James é criticado com frequência pelo excesso de inteligência dos seus personagens. Mas, na realidade, sua intensa atividade intelectual é o sinal de uma ansiedade extrema. O excesso de inteligência é antes de tudo um sinal de *nervosismo*. Como não ver na loucura interpretativa de alguns deles o reflexo de uma sobre-excitação nervosa? Eles se apoiam nos nervos, mas com medo, a cada instante, de uma crise nervosa. Os momentos de grande intensidade psicológica são, ao mesmo tempo, momentos de grande excitação fisiológica, e são descritos como tais. "Era na realidade

---

15 Sobre a rapidez do cérebro, W. James, *Précis de psychologie*, p. 118sq. Em *Aux étudiants, aux enseignants*, p. 78, James compara a atividade do cérebro a "faíscas que correm sobre papel carbonizado".

uma questão de nervos: era exatamente porque estava nervoso que ele podia andar em linha reta; mas se seu estado se agravasse, ele certamente enlouqueceria. Resumindo, ele caminhava numa crista elevada, entre dois precipícios profundos, onde o importante – se ele aguentasse ficar ali – resumia-se a não perder a cabeça."[16] Essa descrição vale para muitos personagens. Eles se sentem tomados por uma loucura contida, por uma iminente crise de nervos da qual precisam sempre se afastar. É o naturalismo próprio de James, seu "nervosismo". As duas linhas – psicológica e fisiológica – não se separam uma da outra.

Não é o medo que faz ficar nervoso: é o nervosismo que engendra o medo (ou o excesso de inteligência). O medo é o próprio nervosismo. É preciso seguir a tese de William James sobre a emoção e reverter a ordem habitual da sequência: não é porque estamos tristes que choramos, mas é porque choramos que estamos tristes. O medo, a inquietude, a alegria, provêm das afecções corporais, não o inverso.[17] Quando vemos a cobra no gramado, o ritmo cardíaco se acelera, seguramos a respiração antes mesmo de sentir medo. Ou melhor, o medo consiste na percepção dessas modificações

16 H. James, *Les ailes de la colombe*, p. 334. Um dos primeiros textos onde a tensão nervosa aparece num plano paralelo ao das percepções é *"Un pèlerin passionné"*, in *Nouvelles completes I*, p. 667: "Ele tinha habitualmente maneiras tão contidas que a desordem do seu caráter pudera minar há muito tempo seu equilíbrio sem, no entanto, destruí-lo."

17 Cf. W. James, *Aux étudiants, aux enseignants*, p. 165: "Uma emoção de medo, por exemplo, ou de surpresa, não é o efeito direto sobre o pensamento da presença de um objeto; é o efeito produzido por um efeito anterior, ou seja, a reação corporal que o objeto provoca de repente. Desse modo, se suprimíssemos essa reação, não sentiríamos medo, mas acharíamos que a situação é *temerária*."

orgânicas. "Minha teoria é a seguinte: as mudanças orgânicas seguem diretamente a percepção do fato estimulante, e nosso sentimento dessas mudanças, no momento em que elas surgem, constitui a emoção."[18] Essa é a ordem que Henry James segue, por sua vez. Alguém faz uma pergunta a uma jovem. "Ela permaneceu silenciosa, pois essa pergunta foi como uma brusca fisgada aguda em um nervo sensível." Essa sensação nervosa se comunica a seguir com o cérebro, cujos efeitos ressoam simultaneamente na consciência sob a forma de uma intensa atividade intelectual: "Ela reteve a respiração, mas sentiu que deveria se alegrar, em seguida, por ter sabido escolher rapidamente, entre quinze outras respostas possíveis, aquela que seria a melhor."[19]

As narrativas nas quais o postulado psicofisiológico aparece da maneira mais manifesta são as narrativas fantásticas. Não é, como poderíamos imaginar, porque os fantasmas nos fazem ficar nervosos; pelo contrário, é *porque* os personagens estão num estado de tensão insuportável que os fantasmas aparecem, como se sua aparição permitisse liberar essa tensão dando-lhe "corpo".[20] É o que acontece, por exemplo, em "A bela esquina" ou "A volta do parafuso". Se "A volta do parafuso" se apresenta como uma narrativa de terror psicológico, onde se alternam ameaças, pressões, sugestões, a trama da narrativa é essencialmente fisiológica, visto que a aparição dos fantasmas corresponde à resolução de uma enorme

18 Id., *Précis de psychologie*, 18, p. 341.

19 H. James, *Les Ailes de la colombe*, p. 211.

20 Cf. por exemplo, a reação do personagem de "Un pèlerin passionné", depois de ter visto um fantasma: "Isso é viver! Meus nervos – meu coração –, meu cérebro! Eles vibram com a selvageria de uma miríade de vidas" in *Nouvelles complètes I*, p. 665 (tr. mod.).

tensão nervosa. Aquilo que James coloca no início da narrativa são exatamente as condições fisiológicas propícias para a aparição dos fantasmas (excitação, falta de sono). A jovem mulher passa por estados, ora de exaltação, ora de opressão ou de sufoco, como se temesse liberar as emoções contidas por muito tempo.[21] A resolução desse excesso de tensão nervosa encontra finalmente sua conclusão na aparição do fantasma. A ordem da sequência é, portanto, a seguinte: primeiro estou nervosa, em seguida vejo um fantasma.

Falta determinar o que deixa os personagens tão nervosos. Como explicar que eles estejam sempre à beira de uma crise de nervos, à espreita do menor sinal, olhar, inflexão de voz? Não é um medo determinado, mas um medo difuso, como se fosse um medo da vida, percebido ou sentido como uma energia cuja potência, finalmente liberada, poderia eliminá--los ou enlouquecê-los. É como se eles temessem que seu corpo tivesse de repente acesso a uma forma de potência autônoma, como uma fera escondida dentro deles prestes a saltar. Ou seja, não existem, para além das emoções variadas suscitadas pelos objetos exteriores, emoções mais profundas que se *devem ao próprio fato de terem um corpo?* Não é isso, *primeiramente*, o que os deixa nervosos?

Devemos explicitar. De um lado, há o corpo como ele é educado, ensinado, "policiado pelos costumes", um corpo constituído de hábitos, tomado entre as percepções que ele recebe e as ações que ele executa; mas, no interior desse corpo, há *um outro corpo*, composto de todos os instintos,

---

21 H. James, "Le tour d'écrou", p. 37: "Era a primeira vez, de certa forma, que eu aproveitava o espaço, o ar, a liberdade, toda a música do verão e todo o mistério da natureza [...]. Resumindo, eu não estava mais contida; eu podia me abandonar de olhos fechados."

pulsões, desejos impedidos pela edificação do primeiro, uma fera prestes a saltar ou a urrar. Não é mais um corpo que responde muscular e cerebralmente; é um corpo que reage visceralmente. É o corpo do estômago embrulhado, dos afluxos sanguíneos e das acelerações cardíacas, das crises de choro, é um corpo emotivo. É como se dois corpos coexistissem num mesmo organismo, um corpo doméstico e um corpo animal. Na realidade, a relação não é de coexistência, mas de luta, o primeiro corpo deve absolutamente dominar o segundo, "contê-lo": *ele é a jaula do animal*. É exatamente o papel dos nervos manter prisioneiro o corpo animal, amarrá-lo por todos os lados e avisar ao seu dono sobre o menor movimento suspeito. "Ele teve a impressão de ter se tornado o vigia de uma criatura repugnante e desconhecida, de uma criatura selvagem, apavorada, infeliz, com a qual, para dizer a verdade, ele não gostava de ficar, mas cujo comportamento não o trairia, não o comprometeria, enquanto ele fosse capaz de vigiá-la. Se essa criatura tivesse sido um macaco guinchante, de uma das espécies mais terríveis, ou uma jovem pantera ameaçadora, introduzida clandestinamente no grande hotel luxuoso e cuja presença deveria permanecer secreta, ela não exigiria dele mais atenção."[22]

Nos seus textos de pedagogia, William James mostra, justamente, como o aprendizado se esforça para preservar as impulsões primitivas do corpo substituindo reações inatas por reações cada vez mais complexas, através da aquisição de hábitos adaptados à variedade das significações sociais. É assim que o mundo natural dos instintos vê sua potência aumentar e seu horizonte se estender, em função da variedade das reações adquiridas transplantadas sobre impulsos

22 Cf. H. James, "Une tournée de visites", pp. 157-158.

iniciais para constituir um mundo social. Só que é longa a lista de todas as impulsões impedidas, ora contrariadas por impulsões mais fortes, ora inibidas pelas montagens educativas ou pela violência das emoções que elas provocam. São elas que constituem, progressivamente, o segundo corpo e logo fazem dele um animal enjaulado. É a fina textura do sistema nervoso que se mantém nos postos avançados e do qual cada ramificação representa o papel de sentinela inquieta. Se o primeiro corpo é uma espécie de envelope cerebral e nervoso, constantemente sob tensão, o segundo corpo é aquele que tenta forçar a passagem e exprimir a dor da sua imensa frustação. E, às vezes, consegue: "seu rosto escondido continuou forçando passagem através das lágrimas e ela soluçou numa paixão tão aguda e breve quanto a fúria de uma fera solta por um instante da sua jaula."[23]

Esse segundo corpo não é o deles, *não* pode ser o deles. Nunca é com esse corpo que os personagens se identificam, mas sempre com o primeiro. *Eles estão sempre do lado do cérebro*. Por isso eles se identificam com o vigilante e não com a fera prisioneira. Esses desejos, essas pulsões, não são eu, não podem ser eu. Eles pertencem certamente a um outro. Podemos adivinhar o que acontece: é a dissociação dos corpos no organismo que engendra os duplos e os "fantasmas" na mente, o que confirma o postulado psicofisiológico comum aos irmãos James: é *porque* existe um outro corpo no corpo que há uma outra mente para a mente. É o *alter ego*

---

23 Id., *L'âge difficile*, p. 534. Sobre a presença de uma fera, cf. "Le tour d'écrou", p. 38 "*Le coin plaisant*", p. 137; "*L'image dans le tapis*", p. 100. Sobre a fera enjaulada, cf. *Portrait de femme*, p. 283 e *La coupe d'or*, p. 496: "foi através das grades, grades ricamente douradas, firmes, embora discretamente presas, que ela teve, ao final, a impressão de ver Charlotte fazer um desajeitado esforço para escapar."

que o personagem da "Bela Esquina" projeta na penumbra, numa "tela virtual";[24] são os fantasmas que a preceptora de "A volta do parafuso" projeta nos recantos sombrios da propriedade. Os fantasmas ou os duplos são as anamorfoses, as projeções aberrantes, "depravadas" desse corpo instintivo e pulsional. Isso, porém, só é possível porque o corpo é percebido com uma tal obliquidade que o personagem não pode mais identificar seus desejos como sendo seus. É o caso de dizer que o paralelismo é um perspectivismo. Como diz William James, "uma das particularidades das irrupções da região subconsciente é tomar uma aparência objetiva e dar ao sujeito a impressão de que ele é dominado por uma força estranha a ele".[25]

Talvez seja isso que explique o grande interesse de William James pela psicopatologia, mas também pela parapsicologia, com seus estudos "espíritas" sobre a transmissão do pensamento, a vidência, a comunicação com as "aparições". Nos dois casos, o inconsciente não é mais concebido como a sede dos automatismos, mas como a presença de *uma outra consciência no pensamento*, com seu mundo próprio, sua linguagem, seus automatismos. "Nossa consciência normal é apenas um tipo particular de consciência, separado, como por uma fina membrana, de vários outros que esperam o momento propício para entrar em jogo."[26] Assim, por exem-

24 Cf. *"Le coin plaisant"*, pp. 168-169: "A penumbra densa e obscura servia de tela virtual para uma figura [...]. Ele viu, na sua grande margem cinzenta, brilhante, diminuir a imprecisão central, e sentiu que ele tomava a própria forma à qual aspirava há tantos dias sua curiosidade apaixonada. Isso ia se acusando, se desenhando sinistramente, era alguma coisa, alguém, o prodígio de uma presença pessoal."

25 W. James, *L'expérience religieuse*, xx, p. 427.

26 Ibid., p. 237 (tr. mod.).

plo, o interesse pelos fenômenos de escritura automática está menos no seu automatismo do que na autonomia que eles manifestam como signos emitidos por uma consciência marginal ou "subliminar".[27] Ou seja, a duplicação não é um caso entre outros de patologia mental, ele é a matriz de toda patologia, mesmo que James não chegue a subscrever as teses de um autor como Myers, para quem esse eu "subliminar" pode se livrar de qualquer condição orgânica e tornar-se um "espírito" ou um "fantasma".[28] James rompe tanto com a tradição do *autômato mecanicista* da fisiologia quanto com a concepção das *entidades espíritas* da parapsicologia. Tudo se passa justamente entre as duas, onde as desordens são fisiológicas e ao mesmo tempo psíquicas.

É exatamente esse novo fantástico que Henry James explora. À exceção de algumas narrativas como *"The third person"*, os fantasmas de James não são mais as almas dos defuntos que voltam para assombrar sua antiga residência, como no romance gótico, nem os mortos-vivos dos contos de Poe. Também não são mais os monstros autômatos de Shelley ou de Villiers de L'Isle-Adam. Não são nem *fantasmas espiritualistas*, nem *monstros mecânicos*. Também não são mais os mortos que voltam para assombrar os vivos,

27 Cf. *Principles of Psychologie*, VIII, p. 206: "Não é a um 'automatismo', no sentido mecânico do termo, que se devem tais atos: um eu os domina, um eu dividido, limitado e escondido, mas que é, entretanto, um eu plenamente consciente."

28 Sobre essa questão, cf. W. James, *Études et réflexions d'un psychiste*, e o estudo de J. Starobinski, "Freud, Myers, Breton" in *La relation critique*, Gallimard, 1970. Cf. igualmente a carta de W. James para J. Sully, de 3 de março de 1901 (*Letters of William James*, II, p. 141): "Acho seriamente que o problema geral do subliminar, como exposto por Myers, promete ser um dos grandes problemas, talvez mesmo o maior, da psicologia."

são os vivos que são assombrados por outros vivos ou pelo seu próprio passado.[29] Na sua vida passada, ou na dos seus antepassados, há realmente alguma coisa, uma dívida a ser paga, um desejo insatisfeito que exige sua parte, como sendo uma possibilidade de existência que vem contestar a legitimidade da sua existência real.[30] Tudo se passa como se uma parte do seu passado – captada por um eu escondido ou um inconsciente autônomo – se objetivasse num duplo possível ou virtual. Desse ponto de vista, os fantasmas que assombram as consciências são o correlato das feras ocultas no fundo do corpo. Eles são sua "emanação espírita" ou sua projeção psíquica. Feras e fantasmas descrevem o mesmo fenômeno de dissociação, cada um sob um ponto de vista distinto. E, de acordo com a ordem ressaltada por William James, é a fera que vem primeiro. É ela que segue diretamente a percepção, da qual é o efeito imediato; quanto ao fantasma, ele só vem depois, ele é um efeito de efeito.

◊

Por enquanto trata-se apenas do primeiro aspecto: a suposição de um naturalismo comum aos dois irmãos sob a forma de um paralelismo psicofisiológico que define a experiência como um campo percorrido por vibrações nervosas ou cerebrais que repercutem nas consciências. Falta determinar

---

29 Cf. H. James, *"Un pèlerin passionné"* in *Nouvelles complètes I,* p. 629: "Tudo aquilo que o senhor me diz significa que nunca saiu de si mesmo e que a casa está assombrada. Saia daí! Retome o gosto pela vida!"

30 Como já diz uma novela da juventude, "La vengence d'Osborne", p. 415 (tr. mod.): "Sua paixão insatisfeita o atormentava e pesava como um espectro sobre seus pensamentos".

como essas vibrações se condensam em "notas" ou em "tons", como elas se tornam *imagens acústicas* para uma audição que se tornou "ouvido mental".[31] É preciso imaginar as narrativas de James não apenas como quadros ou cenas, mas como caixas de ressonância ou câmaras de eco. Os personagens não são apenas "refletores" destinados a mostrar o que se passa, são também *ressonadores* que permitem ouvir a "tonalidade" própria de certas experiências. Encontramos sob uma outra forma os "todos" ou os pedaços de experiência dos quais partimos. Mas sua unidade não é mais pictural ou figural (quadro ou retrato), ela é musical ou tonal. A tonalidade de uma experiência se confunde precisamente com a qualidade emocional *dessa* experiência.

Esse é o sentido da distinção estabelecida por Dewey em *Arte como experiência*, quando ele pergunta o que distingue, no decorrer geral da experiência, *uma* experiência em particular, apesar da diversidade dos seus elementos constitutivos.[32] Dewey a descreve como uma "qualidade emocional", uma emoção "fundamental" que se comunica com todos os elementos que a compõem. "É até mesmo possível", precisa Dewey, "para cada atitude, cada gesto, cada frase, quase cada palavra, produzir mais de uma modulação na intensidade da emoção de base".[33] Os elementos podem ser disparates; eles participam, entretanto, de um mesmo todo

---

31 *"L'oreille de l'esprit"* aparece em *La scène américaine*, p. 328. "Oreille mentale" aparece em *Les ambassadeurs*, p. 574. Cf, igualmente *La source sacrée*, p. 181; *Carnet de famille*, pp. 301-302. Veremos adiante em que condições esse ouvido mental pode se tornar um "ouvido social colado ao solo" (*La création littéraire*, p. 94) e se aproximar da concepção bergsoniana da significação.

32 J. Dewey, *L'art comme expérience*, Farrago, III, 2005, p. 61 sq.

33 Ibid., III, p. 68 (tr. mod.).

qualitativo. Daí a necessidade de retomar a cada vez o *todo* de cada experiência para tirar dela a tonalidade própria, de acordo com um efeito de *ressonância interna*.[34] Se o momento não contém tudo aquilo que o constitui como tal, a unidade tonal (ou a própria percepção do tom) está perdida.[35]

No entanto, Dewey precisa que essas experiências são inseparáveis de uma tensão interna que as fazem vibrar; elas são *problemáticas*. Elas contêm uma indeterminação, uma irresolução que as constitui em problema. Sob a forma mais geral, o problema consiste na unificação da disparidade dos elementos que compõem essa experiência. Ou melhor, aquilo que liga esses elementos disparatados é sua participação em um mesmo problema. É justamente isso que, segundo Dewey, lhes confere um caráter *estético*. Podemos dizer que, em Cézanne, há uma profunda disparidade entre, de um lado, a "geometria teimosa" da natureza que tende a se concentrar e a se fechar sobre si mesma como um punho e, de outro, a força "expansiva" da cor que jorra e brilha por si mesma.[36] Isso constitui ao menos uma tensão entre forças

34 Sobre a emoção e a afetividade como fenômeno de ressonância interna, a partir de "franjas" pré-individuais, cf. G. Simondon, *L'individuation à la lumière des notions de forme et d'information*, Millon, 2005, p. 47; 247 sq.

35 Esse é o sentido da observação de Woolf in *L'art du roman*, Seuil, 1963, pp. 174-175: "Deixe seu sentido do ritmo se insinuar, circular entre os homens e as mulheres, os ônibus, os pardais – tudo aquilo que acontece na rua – até que ele os tenha ligado em um tom harmonioso. Talvez seja essa a sua tarefa: encontrar a relação entre coisas que parecem incompatíveis e que, no entanto, têm uma afinidade misteriosa, absorver toda a experiência que se oferece, sem medo e na sua plenitude, de modo que seu poema seja um todo, e não um fragmento."

36 Sobre essa dupla polaridade na obra de Cézanne, cf. H. Maldiney, *Regard parole espace*. L'âge d'homme, 1973, pp. 166; 183-184.

antagonistas, um problema interior à percepção. Encontrar a solução do problema consiste exatamente em criar uma forma suficientemente plástica para conservar nela a vibração dessa tensão.[37] Ou melhor, uma experiência emocional, para Dewey, é a unidade dramática e até mesmo narrativa do problema *e* de sua solução. Não se pode separar a solução do problema, pois um problema já é colocado convergindo para a sua solução, enquanto o sentido e a beleza da solução vêm do problema que ela resolve. A solução é o eco do problema, ela vibra com a tensão que ele carrega. As experiências emocionais se constroem, portanto, como dramas ou intrigas, com a exposição inicial de um problema, um ponto de tensão culminante e a resolução final, cada episódio ressoando no seguinte como as modulações de uma única e mesma tonalidade fundamental. "Todas as emoções são as qualificações de um drama e mudam à medida que o drama se desenvolve [...]. A natureza íntima da emoção se manifesta na experiência daquele que assiste a uma peça de teatro ou lê um romance. Ele acompanha o desenvolvimento de uma intriga; e uma intriga exige uma cena, um espaço para se desenvolver e um tempo para se fazer e se desfazer. A experiência é emocional, mas não existe nela coisas separadas chamadas de emoções."[38]

---

37 Desse ponto de vista, as descrições de Dewey antecipam as observações de Simondon, quando este último afirma que "a individuação resolutiva é aquela que conserva as tensões no equilíbrio de metaestabilidade, ao invés de eliminá-las no equilíbrio da estabilidade" (op. cit., p. 206).

38 J. Dewey, *L'art comme expérience, op. cit.*, III, p. 66 (tr. mod.). Cf. igualmente W. James in *Essais d'empirisme radical*, pp. 145-146: "Os encadeamentos mentais são feitos de pensamentos cujos membros agem uns sobre os outros; eles bloqueiam, sustentam e introduzem... Em cada uma das séries de atividades, um pensamento, uma vez desenvolvido, é um

Se seguirmos as observações de Dewey, isso significa que uma narrativa deve possuir uma unidade emocional, um "tom" específico do qual deve depender sua própria estrutura narrativa. Mas não é isso mesmo que Henry James afirma sobre *Os embaixadores*, quando ele o apresenta como um livro no "tom" de Strether, seu personagem principal? "Explicar Strether e seu 'tom particular' *era como me tornar o senhor da estrutura inteira* [...]; ele não se deixaria levar a utilizar seu tom particular sem razões; seria preciso estar numa situação difícil ou numa posição falsa para lhe dar uma acentuação tão irônica. Não passamos a vida toda observando 'tons' sem reconhecer uma falsa posição ao ouvi-la."[39] Em que consiste essa tonalidade particular da qual os seres e as coisas ressoam e à qual sempre volta James? A pergunta é ainda mais importante porque o "tom" é aquilo que permite que ele "se torne o senhor da estrutura" da narrativa.

Quando James diz que Strether está numa "posição falsa", isso confirma que o "tom" desse último é inseparável de um *problema* do qual ele é o ressonador. Strether está, de fato, numa posição falsa de várias maneiras. Primeiro, ele está uma posição falsa como emissário de uma comunidade bostoniana em Paris. Como valorizar seu senso moral numa cidade ostensivamente voltada para os prazeres? A tonalidade em que vibra a atmosfera de Paris, e na qual logo ressoa a alma de Strether, é essa atração generalizada

---

desejo ou o pensamento de um objetivo, e todos os outros pensamentos adquirem uma tonalidade de sentimentos em harmonia ou desacordo com ele. A interação dessas tonalidades secundárias [...] entrelaça a intriga na série mental."

39 H. James, *La création littéraire*, pp. 335-336 (tr. mod.) Grifo do autor. Sobre a tonalidade, podemos igualmente citar, além dos textos de ficção, a passagem importante sobre o tom de Hawthorne em *Carnet de famille*, p. 298.

pelo prazer e pelas "aparências", teatros, bistrôs, restaurantes, recepções. Seduzido pela vida parisiense, ele está então numa falsa posição em relação às exigências da sua embaixada bostoniana. Como conservar, na visão moral de Boston, a mesma autoridade, a mesma "realidade", quando sentimos renascer no fundo de nós mesmos essa atração pelo prazer? Inversamente, como sentir o menor prazer, se continuarmos a obedecer aos imperativos da moral bostoniana? Qualquer que seja a posição que ele ocupe, na linha que vai de Boston a Paris, sentimos que ela será sempre "falsa". Cada um dos dois mundos emite signos, encontros, cartas, festas, que fazem vibrar nele ora um tipo de emoção, ora outro, como se cada mundo fizesse reagir nele dois corpos distintos. O personagem está *entre duas séries*, entre os dois eus que correspondem a cada série, ou entre os dois corpos aos quais correspondem esses dois eus;[40] isso é apenas o fenômeno da sua ressonância interna. Ou seja, é em relação a ele mesmo que sua posição se revela ainda mais falsa, como mostra sua maneira de se atrasar sempre nos acontecimentos. Ele nunca está no tempo em que os acontecimentos se produzem. "Estou sempre pensando em outra coisa... outra coisa que não seja o acontecimento presente."[41] Ele entende tarde demais o que acontece, assim como compreende tarde demais que não viveu plenamente a vida. A tonalidade fundamental do livro que ressoa desde

---

40 Cf. H. James, *Les Ambassadeurs*, p. 474: "Ele se curvava sob o fardo de uma consciência dupla e estranha, era melhor confessar logo."

41 Ibid., p. 484, e mais adiante, p. 527: "Tudo aquilo que ele queria se resumia, aliás, numa única graça: o dom, a arte vulgar (e inacessível) de tomar as coisas como elas vêm. Ele se via como alguém que teria dedicado a vida a saborear as coisas como elas não vêm."

as primeiras páginas, e cujo eco se faz ouvir até o final, é a do "Tarde demais". *Tarde demais é o eco da dissociação dos corpos*. O problema que acompanha Strether, ao longo do drama, não é outro a não ser saber se ainda dá tempo, se não é tarde demais para salvar o que pode ser salvo. Ou seja, o que ressoa através do livro é, retomando o título de uma novela de James, "a nota do tempo".[42]

Nas emoções recentes, são, na realidade, antigas emoções que ressoam; são elas que dão o "tom" e compõem a imagem acústica que reverbera de todo o passado do personagem. O tempo representa o papel de uma abóboda elíptica que transforma cada personagem em câmara de eco e faz ouvir a nota do "tarde demais" em suas vidas.[43] É o momento em que os personagens se elevam a uma consciência renovada deles mesmos, ao mesmo tempo que descobrem que passaram ao largo da vida. O tempo se revela como afeição de si por si mesmo, ou então como afeição do eu pelo seu "outro". É exatamente o que permanece inexplicado em Dewey. A emoção é aquilo que unifica a experiência, aquilo que se espalha nela e lhe confere sua tonalidade. Mas como explicar que ela tenha essa pregnância, que ela possa unificar e qualificar as experiências, a não ser porque ela *dura* e continua ressonando através das percepções que, no entanto, muitas vezes não têm mais nada a ver com ela?[44] "O peso dos anos

42 Essa novela está na coletânea *Le dernier des Valerii*. Trata-se também ali de fazer vibrar a nota do tempo pela colocação de séries em ressonância.

43 H. James, *Les ambassadeurs*, p. 534: "Pois, aquilo que as velhas arcadas emitiam para esse ouvido íntimo, atento nele, era, diríamos, o eco fraco e distante de um bater de asas loucas."

44 Essa concepção conserva influências leibnizianas na medida em que as mônadas não se definem apenas como espelhos, mas também como núcleos de concentração acústica. Cf. sobre esse ponto M. Serres, *Le*

passados – apagados, ignorados – revivido no próprio som das suas palavras, como os acentos de uma música não estudada, mas ressuscitados por um choque."[45]

Toda emoção forma um "todo" *sui generis* ao mesmo tempo que ela é o reflexo ou o eco de uma emoção mais profunda que, por sua vez, não passa e continua ressonando através de todas as outras. Um melancólico pode sentir uma alegria passageira, mas acentos melancólicos subsistirão na própria tonalidade da sua alegria.[46] Sabemos muito bem de onde vem essa tonalidade mais profunda. Ela não resulta, justamente, *do próprio fato de termos um corpo?* Essa tonalidade fundamental não é a impressão que produzem sobre nós as potências do corpo? É preciso distinguir entre um corpo doméstico que vibra em função dos encontros (personagens, ambientes, situações etc.) e um corpo animal que vibra sobre si mesmo com sua própria potência. Um corpo vibra interiormente em função daquilo que ele pode (ou não pode, não pode mais, teria podido etc.), e é isso que determina, ao mesmo tempo, sua *posição* (ou sua "falsa posição") e a natureza do seu *gosto* (ou do seu desgosto) pela vida. Ou seja, não existe um prazer ou uma vergonha, um cansaço, um medo ou um orgulho fundamental que se deva ao fato de termos um corpo? Na nota do "tarde demais", que ressoa na vida de Strether, não existe ainda uma outra nota que se

---

systhème de Leibniz, op. cit., II, p. 745. Esse aspecto está igualmente em Hume. Hume descreve, de fato, o espírito animado de paixões como um "instrumento de cordas, em que, após cada toque, as vibrações continuam retendo algum som, que se extingue gradual e insensivelmente" (*Tratado da natureza humana*, II, III, IX, §12, trad. bras.: Déborah Danowski. São Paulo, Unesp, 2009. 2. ed., p. 476).

45 H. James, "La note du temps", p. 355.

46 Cf. W. James, *Précis de psychologie*, 10, pp. 224 sq.

faz ouvir, de uma *vergonha* profunda que o acompanha ao longo da narrativa, uma vergonha surda que o impede de extrair das suas experiências a menor fruição ou o menor prazer como tais? A vergonha de ser atraído pelo prazer, de ter prazer com o que acontece e sentir uma certa alegria de existir:[47] o corpo como jaula de um outro corpo. É ainda curioso opor ao prazer noções como o desprazer ou a dor, pois elas se compõem com ele para aumentá-lo ou diminuí-lo. O verdadeiro oposto do prazer, concebido como *self-enjoyment*, não seria por acaso a vergonha? Não vamos objetar que existem prazeres vergonhosos apenas quando há prazer, nesse caso, para triunfar um instante sobre a vergonha e cobrir-se dela a seguir: prazeres com a vergonha e *em vista* da vergonha. O que é, então, a vergonha senão a própria "falsa posição"? É verdade que cada corpo ocupa uma posição definida, ele está no centro de cada perspectiva; ou melhor, ele faz de cada perspectiva uma série de experiências situadas. Mas os personagens de James tendem a se colocar numa "falsa posição" *em relação ao seu corpo*, como se uma outra perspectiva tivesse substituído a deles. Eles nunca estão onde deveriam estar; inversamente, eles estão sempre onde não deveriam estar, a própria vergonha.

47 Cf. H. James, *Les Ambassadeurs*, p. 664, onde Strether tem "o sentimento de viver vergonhosamente todos os dias" (e também pp. 497, 529 e 770). Cf. igualmente as observações essenciais dos *Carnets* sobre o primeiro esboço dos *Embaixadores*, p. 255: "A figura de um homem de idade que não 'viveu', nem um pouco, na ordem das sensações, paixões, impulsões, prazeres e que – diante de um grande espetáculo humano, uma grande organização elaborada tendo em vista o Imediato, o Agradável, própria para satisfazer a curiosidade, a experimentação e a percepção, resumindo, a potência –, melancolicamente, se dá conta disso *ao final* ou perto do seu final. Ele nunca aproveitou de verdade – ele viveu apenas para o dever e a consciência."

Não vamos supor que todos os prazeres se tornaram prazeres vergonhosos ou que todo prazer desapareceu das suas vidas. Só que o prazer passou quase por inteiro *para o lado da atividade cerebral*. É por isso que suas fruições são antes de tudo de ordem intelectual. Os personagens só sentem prazer quando se sentem inteligentes, isto é, quando se sentem excitados cerebralmente. Desse ponto de vista, o grande livro de James sobre a fruição intelectual é incontestavelmente *The sacred fount*. As emoções intelectuais do personagem principal são mais intensas porque elas impedem a manifestação de qualquer emoção corporal, e ele se sente então livre para usufruir de todo o poder do seu pensamento.[48] Talvez seja isso que explica a importância, às vezes inquietante, do *cérebro* em James. Tudo se passa como se o cérebro, ao subordinar o sistema nervoso, impedisse a expressão de qualquer outra atividade orgânica autônoma, a fim de garantir a constante fruição da sua própria atividade. O cérebro toma para si todos os prazeres de modo que o *self-enjoyment* do personagem passa a consistir apenas na contemplação da sua própria atividade intelectual.

Invocamos a vergonha, mas a emoção mais frequente entre os personagens de James é provavelmente o medo. O medo é uma jaula ao menos tão terrível quanto a vergonha. Vemos isso, por exemplo, em "A fera na selva", onde a longa vida de espera do personagem principal se resume, na realidade, a um medo da vida, como diz James nos seus *Notebooks*:

---

48 Id., *La source sacrée*, por exemplo, pp. 103-104: "Pensei, então, que quanto mais eu reunia elementos, maior era o sentido, sob todos os pontos de vista, que eles tomavam – observação da qual eu tirava uma exaltação extraordinária [...]. Talvez só houvesse beleza para mim: a beleza de ter tido razão."

"ele estava sempre ocupado em poupar, em preservar sua vida, em protegê-la (sempre, no fundo, com medo e tendo *em vista* o medo)."[49] O que ele teme é a fera escondida no fundo dele mesmo, ou seja, a integral dos inúmeros sacrifícios, privações, renúncias, engendrados pela sua própria espera. Seu medo é, justamente, ver essa prodigiosa frustação lhe saltar no rosto. E talvez cada emoção profunda dê o "tom" de uma vida e engendre um modo de existência correspondente. Não fazemos a experiência da vida diretamente, mas por intermédio das emoções que ela provoca em nós e cujo eco não para de repercutir nas consciências, maneiras de ficar emocionado através delas (envergonhado, assustado, confiante, cansado, admirativo) e às quais correspondem *modos de existência* determinados. Assim James pode dizer sobre um personagem: "Era uma admiração emocionada da vida que ela encarnava, cuja jovem pureza e a riqueza parecia significar que o verdadeiro sucesso era parecer com isso, viver, se desenvolver, apresentar a perfeição de um tipo sutil."[50] Essa relação com as potências da vida, a maneira pela qual elas nos afetam, constitui talvez a *disposição* fundamental sobre a qual vêm se refletir todas as percepções, e essa disposição é a própria curvatura do personagem em um "caráter".

Nesse sentido, toda emoção é politonal, sempre envolvida em tonalidades que emanam de profundas vibrações vitais, sempre envolvendo notas ocasionais, mais leves ou mais sutis. São verdadeiros acordes dos quais o ouvido mental deve determinar, a cada vez, a nota dominante. E o que garante a comunicação das emoções umas com as outras são, justamente, as "franjas" como processo de "ressonância

49 Id., *Carnets,* p. 346.
50 Id., "La leçon du maître", p. 33.

psíquica", de acordo com os termos de William James.[51] É o que se passa na derrocada final do herói de "A fera na selva". A simples visão de um homem devastado pela tristeza, numa alameda de cemitério, provoca nele, de repente, uma total reviravolta da relação que ele mantinha até então com sua própria vida. Por ocasião de uma derradeira experiência, ele finalmente tem acesso, pelo reflexo daquele desconhecido, à emoção da sua própria vida, emoção ainda mais violenta porque faz ressoar o imenso vazio de toda a sua vida; ele, que até então estava como morto, muito próximo da matéria indiferenciada,[52] pode, enfim, captar o próprio afeto da vida. Mas a vibração é forte demais, violenta demais: resta-lhe apenas um instante para sondar aquilo que sua vida nunca foi – "tarde demais" – antes de sucumbir.

◊

Vemos destacar-se, portanto, uma dupla organização geral. Sob determinado aspecto, a narrativa ou a experiência pode ser concebida como um espaço ótico povoado de "refletores" que operam a cada vez no interior de uma organização triangular. Cada termo é independente dos outros e a relação que os une é exterior a eles. *Independência dos mundos* e *exterioridade das relações* são as duas características do espaço ótico. É uma concepção pictural ou figural do romance, no sentido

---

51 W. James, *Principles of psychology*, IX, p. 260.

52 H. James, "La bête dans la jungle", pp. 170-171 : "A terrível verdade era que ele havia perdido – ao mesmo tempo que todo o resto – o traço distintivo da sua personalidade; como é que as coisas que ele via não seriam banais, no momento em que aquele que as olhava tinha se tornado banal. Ele era agora apenas uma delas, confundido na poeira e sem a mais íntima marca de diferença."

em que cada narrativa é a cenografia desses triângulos, ao mesmo tempo que um retrato da consciência que está no seu ápice. Sob um outro aspecto, porém, a narrativa ou a experiência pode ser concebida como um espaço acústico no qual cada personagem é um ressonador dos outros e de si mesmo, no interior de uma continuidade, não mais triangular, mas *serial*. Cada ressonador é uma espécie de abóboda elíptica cujas emoções entram em ressonância com outras, de acordo com movimentos recíprocos de simpatia. *Comunicação dos mundos e continuidade entre as experiências* são as duas características do espaço acústico. Essas duas dimensões – ótica e acústica – unem-se para compor a unidade própria de cada narrativa ou de cada experiência; elas formam um bloco de espaço-tempo ou um "pedaço de vida".[53] Descer até o fundo dos personagens e recolher suas vibrações profundas e vitais para depois mostrar como elas repercutem, de acordo com um jogo de reflexos no interior do espaço-tempo circunscrito pelos triângulos, constituem os dois aspectos de um mesmo processo. Talvez seja finalmente isso que define um "fluxo de consciência" para os irmãos James; não o fluxo verbal de um monólogo interior, mas um composto de vozes e de visões, de imagens acústicas e de imagens óticas cujas tonalidades subterrâneas e as pequenas percepções formam o número secreto.[54]

53 Id., *Carnets*, pp. 128-129: "*É preciso que seja uma ideia* – não poderia ser uma 'história' no sentido comum da palavra. É preciso que seja um quadro [...]. Transformar historietas desse tipo em verdadeiros *pedaços de vida* é um projeto bastante gerador de inspiração."

54 Sobre essas questões, ver D. Cohn, *La Transparence intérireure* (op. cit., pp. 96-97), que mostra que o "fluxo de consciência", em William James, não se confundiria com a técnica do monólogo interior. Cf. igualmente, a crítica de Sarraute do monólogo interior de Joyce, em *L'Ère du soupçon*, Folio "Essais", 1987, p. 100.

O PONTO DE VISTA

FICÇÕES DO PRAGMATISMO

É a dissimetria que cria o fenômeno.

Pierre Curie[1]

S abemos que o método romanesco de James está coloca-do sob o signo do perspectivismo: cada narrativa é organizada por um ponto de vista composto de acordo com a perspectiva de um personagem "focal". A narratologia destacou claramente a estrutura dessas narrativas "focalizadas" nas quais um narrador se coloca por cima do ombro de uma testemunha privilegiada, "refletora" ou "reverberadora". O narrador, "representante do autor impessoal",[2] dispõe, com o personagem focal, de um espelho que reflete para ele o conjunto da situação que está narrando. De modo que o jogo incessante das projeções, desdobramentos e simetrias, antes de receber um sentido psicológico ou psicanalítico, pode ser concebido como um conjunto de operações vindas da geometria ótica. Aliás, esse é o sentido de certas críticas feitas a James. Lamenta-se o caráter artificial e abstrato de seus personagens – principalmente nos romances do último período – porque vemos ali figuras deduzidas *more geometrico*[3] apenas das necessidades da composição.[4] Se há,

---

1 Citado em G. Lochak, *La géométrisation de la physique*, Flammarion, coll. "Champs", 1994, p. 167.

2 H. James, *La création littéraire*, p. 351.

3 "*more geometrico*", segundo o método geométrico. [N.T.]

4 Assim, por exemplo, J. J. Mayoux, no seu belo estudo sobre James, lamenta essa tendência para a geometrização: "A obsessão pictural da composição pela qual ele começou vai cada vez mais tomando conta dele, seus livros tendem, cada vez mais, a serem arranjos nos quais a disposição abstrata dos personagens em relação, e depois seus movimentos recíprocos para formar novos arranjos, representam a exigência dominante" (*Vivants piliers*, op. cit., pp. 111-112).

de fato, um autor para quem o espaço romanesco se organiza, antes de tudo, como um espaço geométrico, é Henry James. Mas isso quer dizer que essa geometria ultrapassa o agenciamento ótico da "focalização" própria de cada narrativa. Talvez as descrições estruturais da narratologia não sejam suficientes para dar conta do profundo perspectivismo que anima sua obra, limitando-se à estrutura interna de cada narrativa (focalização em *Os embaixadores* ou em *Sob os olhos de Maisie*), sem compreender como ele se desdobra e opera *de uma narrativa para a outra*. Sob vários aspectos, estamos numa situação análoga ao que se passou no campo da geometria, quando as propriedades das figuras (círculo, elipse, parábola) eram estudadas por elas mesmas, mas sem que pudessem ser coordenadas numa ordem superior. Foi preciso esperar pela geometria projetiva de Desargues para organizar essas figuras isoladas, no interior de um espaço ótico, e dar conta da sua variedade: elas se tornavam projeções no interior de um cone de visão cujo vértice constituía "o ponto de vista". Não se tratava mais de figuras isoladas, justapostas umas às outras, mas das variações de uma única e mesma figura que se metamorfoseava de acordo com a inclinação do plano sobre o qual era projetada. Podemos fazer a mesma inversão em James? Não mais destacar o sistema de focalização interna de cada narrativa considerada isoladamente, como faz a narratologia, mas tentar destacar um núcleo de composição mais profundo ou mais elevado, um "ponto de vista" graças ao qual as narrativas se correspondem entre si, como se fossem metamorfoses de uma mesma figura central.

No interior de cada romance, a geometria é concebida, essencialmente, sob o signo da *simetria*. Em seus textos sobre método, James insiste na necessidade de introduzir simetrias ou "antíteses" que dão equilíbrio à narrativa.[5] É verdade que a dissimetria é e continua sendo mais importante; ela é o germe de cada narrativa, é ela que "cria o fenômeno", mas quando essas dissimetrias se acrescentam e se superpõem, surge então uma estrutura simétrica. Diríamos que cada personagem *a* encontra sua aplicação em um personagem *a'* que responde a ele (simetria bilateral), ou que cada relação *ab* encontra sua aplicação numa relação *a'b'* (simetria de translação), como se o mundo se dividisse em dois planos que se correspondem simetricamente. Tomemos, por exemplo, o caso de *Retrato de uma senhora*. As alternativas que se apresentam a Isabel Archer, a jovem heroína, se correspondem de maneira curiosa, como se cada personagem encontrasse sua imagem invertida em um outro. De fato, o romance parece se dividir em dois mundos distintos, de acordo com a bipolaridade Europa/América que estrutura a maioria das narrativas "internacionais". De um lado, duas figuras inglesas, Ralph Touchett (*a*), o jovem tuberculoso prestes a morrer, e o rico lorde Warburton (*b*), pretendente apático de "olhos calmos" e "cansado da vida"; do outro, duas figuras americanas, Henrietta Stackpole (*a'*), a jovem jornalista independente, e o rico Caspar Goodwood (*b'*), pretendente superativo, animado por uma "energia vigilante no fundo de seus olhos claros". Exteriormente, tudo opõe lorde Warburton e Caspar Goodwood, o aristocrata depressivo e o homem de negócios maníaco. Mas, na realidade, eles estão ligados por uma mesma morbidez que partilham secretamente e que faz deles reflexos invertidos um

---

5 Cf. H. James, *La création littéraire*, p. 34 (tr. mod.): "Somos governados pela lei segundo a qual, para serem eficazes, as antíteses devem ser, ao mesmo tempo, diretas e completas."

do outro; os dois formam *uma unidade maníaco-depressiva* da qual cada um exprime uma dimensão ou uma "orientação". E, apesar de viverem em mundos opostos, exercem pressões da mesma natureza sobre a jovem heroína.

Essa simetria invertida prolonga-se, evidentemente, no paralelo entre os dois amigos próximos da jovem: de um lado, o jovem herdeiro tuberculoso que deixa para ela uma parte da sua imensa fortuna e lhe oferece o sonho de uma vida que ele não poderá viver; de outro, a jovem jornalista que o exorta a viver, na "triste realidade", a fim de preservar sua força moral.[6] O mundo se divide em duas imagens invertidas: de um lado, o mundo quase irreal da depressão e da doença, povoado de personagens já mortos ou moribundos cuja fortuna os mantém numa espécie de narcose, fora do curso da história (os ingleses); de outro lado, o mundo da "realidade" e do senso comum, povoado de personagens independentes, enérgicos, superativos, mas nem por isso mais vivos (os americanos). Tudo opõe os dois pretendentes e os dois amigos, assim como a mania se opõe à depressão, a América à Europa. Mas, se esses dois mundos podem se superpor, é porque eles estão situados em um *volume* – exatamente como as mãos direita e esquerda não mais parecem invertidas quando as juntamos uma na outra em um volume, em vez de superpô-las sobre um plano. Somente num espaço de *três* dimensões, de acordo com o eixo de simetria que os liga um ao outro, eles podem se superpor, eles se tornam *os mesmos*. Ou seja, a simetria

6 H. James, *Portrait de femme*, p. 385: "Qualquer que seja a vida que levamos, é preciso colocar nela nossa alma, se quisermos ter o menor sucesso, e no momento em que nos aplicamos nesse sentido, a vida deixa de ser um romance, lhes garanto, para se tornar uma triste realidade."

só aparece na relação com um terceiro termo, um elemento "terciário" que constitui seu eixo. Qual é então esse eixo de simetria senão o personagem focal, Isabel Archer? É através dela que as simetrias se estabelecem, que os personagens se superpõem e se comunicam secretamente com sua imagem invertida. Eles se correspondem uns aos outros, de um lado e de outro de um cenário dividido no seu centro, como reflexos em um espaço fechado.

Essa simetria não é apenas de ordem geométrica; é também, e primeiramente, *física*. Ela se organiza de acordo com *polaridades* ou "orientações" (direita/esquerda, leste/oeste, Europa/América) relativas a um campo de forças. É a pressão dessas forças saídas de cada mundo que fecha, progressivamente, a jovem mulher no interior da alternativa formada por seus contrastes. Mania e depressão não são mais duas patologias opostas, mas uma única e mesma patologia da qual somente as polaridades (+/-) se invertem.[7] Como os polos norte e sul em um campo eletromagnético, elas se correspondem de um extremo ao outro e exercem uma pressão cada vez mais forte sobre ela. Ou seja, a jovem não é um ponto mediano indiferente cuja única função seria dividir um mundo em dois hemisférios simétricos. Pelo contrário, é como se essas forças a submetessem a um movimento helicoidal. A simetria em um espaço polarizado supõe, de

---

7 Cf. a observação do físico e químico H. C. Œrsted, citado em G. Châtelet, *Les enjeux du mobile*, Seuil, 1993, p. 228: "O elo mediador próprio através do qual as duas forças podem ser colocadas, ao mesmo tempo, como não idênticas e, entretanto, como reunidas pela intuição, não é a linha ou a superfície, mas o próprio espaço, isto é, a grandeza estendida em três dimensões." Seguimos aqui as belas análises de G. Châtelet sobre a constituição de um espaço eletrogeométrico, próximas, em muitos casos, daquilo que se passa em Henry James.

fato, que a distinção entre os polos esteja "ligada à orientação de um parafuso". Em rotação sobre ele mesmo, o ponto mediano engendra então uma "simetria espiral" no interior de um espaço em torção.[8] Em *Retrato de uma senhora*, assistimos, de fato, a um insidioso "atarraxamento" progressivo: uma volta de mania, uma volta de depressão, uma volta de mania... Como diz Gilles Châtelet, "há uma crueldade e uma perplexidade em atarraxar e desatarraxar... O axial perfura o espacial para extrair dele graus de penetração. [Ele] desatarraxa o longitudinal para levá-lo ao helicoidal".[9] Encontramos aqui o famoso motivo do "aperto do parafuso" que aparece em muitas narrativas de James, e não apenas em "A volta do parafuso". Veremos que esse movimento de atarraxamento, essa torção sobre si mesmo da maioria dos personagens principais de James, é inseparável do problema da *escolha*. De fato, como escolher quando as alternativas são mania ou depressão? Como escapar desse atarraxamento progressivo? Escolher é talvez uma questão de "latitude" ou de "amplitude", mas sempre acompanhada de um profundo movimento de atarraxamento. A hesitação que precede a escolha não é um ponto situado entre dois polos,

8 H. Weyl, *Symétrie et mathématique moderne*, Flammarion, 1964, p. 13. A concepção de espaços dotados de torção aparece com a geometria diferencial e os trabalhos de E. Cartan. Sobre esse ponto, cf. A. Lautman, *Symétrie et dissymétrie en mathématiques et en physique*, Herman, 1946, pp. 12-13.

9 Cf. G. Châtelet, op. cit., p. 236. Trata-se, para Châtelet, de opor duas concepções da relação entre polos, uma concepção estática ou "transitiva" (ligação vetorial dos dois polos) e uma concepção genética ou "axial" (gênese dinâmica dos polos a partir de um eixo em rotação), um ponto de vista "polar-elétrico" e um ponto de vista "axial-magnético". De um modo geral, Châtelet destaca a importância do modelo do "parafuso" como um "estratagema alusivo" na formação do eletromagnetismo (p. 259).

nem uma linha sinuosa que oscila de um polo a outro, é um movimento de penetração, uma espécie de turbilhão cuja espiral é descrita por cada grande narrativa.

Mas cada romance de James não obedece assim a regras de simetria complexas? O caso é evidente em *The tragic muse*, no qual James coloca em paralelo a simetria do destino de um irmão e uma irmã, mas também de duas vocações de artistas, de duas ambições políticas, de acordo com jogos de projeção variados. Ou ainda as simetrias que organizam o entrecruzamento dos casais, em *Sob os olhos de Maisie*, em torno da jovem, imprensada no meio, sofrendo os "atarraxamentos" relativos a sua posição intermediária. Não encontramos também as mesmas simetrias em *Os embaixadores*, entre o mundo dos bostonianos e o dos parisienses, em que cada personagem encontra sua imagem invertida num outro? Nós a vemos correr, ao longo da narrativa, distribuindo os lugares de uns e de outros. A digna bostoniana, Mrs. Newsome, invisível, mas onipresente, não encontra sua imagem invertida em Mme. de Vionnet, a parisiense que também age de maneira invisível sobre seu amante? As duas mulheres se encontram em Chad, que elas disputam a distância – uma querendo fazer com que ele volte para Boston, a outra, que ele fique em Paris. Mesma simetria invertida para as duas moças (Jeanne, a filha de Mme. de Vionnet, e Mamie, a filha da família Pocock) que refletem, respectivamente, a perfeição dos sistemas de educação parisiense e bostoniano. Mesma coisa ainda para os dois amigos do personagem principal: de um lado, o bostoniano bitolado que confessa não entender nada da Europa (Waymarsh); do outro, a americana cosmopolita que circula entre os mundos dos quais ela possui todos os códigos (Maria Gostrey).

Ainda, o personagem principal é o dispositivo ótico pelo qual esses dois mundos se tornam imagens invertidas um do outro, mas também polos opostos que lhe "atarraxam" a alma. Ele passa de um mundo para o outro, ou melhor, fica imprensado entre os dois, entre a imagem real e a imagem virtual que coincidem nele, sem saber mais o que é "real" e o que não é: a falsa posição.[10] Ele também está submetido a um movimento helicoidal cujo produto é exatamente a inversão dos polos. A vantagem da sua posição indecisa lhe permite no entanto revelar, no seu percurso, todas as simetrias invertidas que o sinalizam (Mrs. Newsome/Mme. de Vionnet; Waymarsh/Gostrey [ou Bilham]; Mamie/Jeanne), como para acentuar sua função de refletor.

Talvez essa simetria se aprofunde ainda mais se considerarmos o personagem de Strether como o único "espelho de uma prata verdadeiramente milagrosa e a mais notável, acho eu, quanto àquilo que nos interessa".[11] Pois ele é não apenas aquele através do qual o mundo se desdobra em simetrias inversas, mas aquele através do qual *o tempo* se revela ser o espelho que mais reflete. Strether passa pelo inverso de si

---

10 Essa oposição é particularmente sensível quando Pocock chega a Paris, o que constitui para Strether um aperto suplementar, como se o "real" de Boston viesse contestar a realidade parisiense. Cf. H. James, *Les ambassadeurs*, p. 716: "Era ele que [...] vivia em um mundo falso, um mundo construído simplesmente de acordo com a sua conveniência? E essa leve irritação que ele sentia naquele momento [...] não era o grito de alarme de um mundo de vaidade ameaçada pelo contato com a realidade [*of the real*]? Essa contribuição do real talvez fosse a missão dos Pocock?" Mas um novo aperto vem logo reequilibrar sua visão: "Não achariam, definitivamente, que por ele ter se comportado como um tolo com essas pessoas estaria mais no sentido da realidade [*made more for reality*] do que se comportar como homem lúcido com Sarah Pocock e Jim?"

11 Id., *La création littéraire*, p. 87.

mesmo para encontrar, na idade madura, a vida que ele não viveu. Os outros personagens se tornam, então, marcas ou idades no interior dessa revelação da passagem do tempo nele. Waymarsh, o rígido representante dos costumes bostonianos, representa aquilo de que Strether se afasta progressivamente desde o começo da narrativa, o ponto fixo que permite medir a distância que separa progressivamente Strether de seu passado recente. No lado oposto, Chad representa talvez um hipotético ponto de mira, a figura indecisa e fugidia daquele que ele gostaria de ter se tornado, se fosse mais jovem. Mas aquele com quem ele se sente voltar a ser jovem, ao mesmo tempo que percebe agora que já é muito velho, é Bilham, o jovem artista americano. Bilham aparece como um duplo daquele que Strether teria podido ser, se tivesse vivido sua vida, aquele a quem ele confia suas mágoas: "Viva com todas as forças [...]. Vejo isso agora. Não tinha visto antes. E agora sou muito velho! Velho demais, em todo caso, para aquilo que se oferece a mim."[12]

Waymarsh é a figura do passado que ele não foi verdadeiramente; Chad, a figura do futuro que ele não pode mais ser;[13] Bilham, a revelação da vida como ocasião perdida. Temos a impressão de que Strether é a imagem virtual daquilo que os outros são na atualidade, como se ele vivesse em um tempo paralelo ao tempo presente efetivo de cada um. Podemos dizer a mesma coisa dos personagens femininos, cada

12 Id., *Les ambassadeurs*, p. 615.

13 Sobre Chad e sua companheira: "Eles são jovens, todos dois, os parceiros do meu casal, mas não direi que eles estejam absolutamente, em todo o frescor do termo, na flor da sua adolescência; pois isso não tem nada a ver. O importante é que eles são a minha adolescência. Sim, eles são a minha juventude; pois Deus sabe por que, no momento certo, nunca houve outra oferta" (Ibid., p. 697).

mulher encarnando uma figura do tempo que participa da composição da figura geométrica de Strether: Mme. de Vionnet é a figura de um presente que lhe escapa, a jovem Mamie é a figura do tempo perdido, Mme. Newsome é a figura do passado, mas cujo fantasma ainda reina no presente, e Maria Gostrey é a figura da passagem entre o passado e o futuro. No entanto, Strether não está comprometido em nenhum desses tempos, embora esteja no princípio da sua circulação. Ele não sabe mais se encontra uma segunda juventude ou se oscila definitivamente para a velhice, nem de acordo com que "idade" ele deve viver no presente, perdido nessa topologia que faz coexistir nele essas diferentes temporalidades: "espelho milagroso". De um modo geral, a composição simétrica consiste não apenas em fazer refletir espaços ou segmentos de espaço uns nos outros, mas, em um outro plano, fazer do tempo o eixo de simetria mais profundo. O aturdimento de Strether não seria, aliás, o sinal de que o tempo constitui, na realidade, a dissimetria inicial, aquela que justamente "cria os fenômenos"? O que é o "tarde demais", de fato, senão a revelação da irreversibilidade do tempo e a impossibilidade de compensar as perdas sofridas pelos futuros ganhos, a impossibilidade de manter uma simetria que só tem sentido se for projetada em um espaço de representação que se esforça para manter um equilíbrio ilusório.

Finalmente, é o tempo que agencia todas as simetrias e faz surgir personagens de várias faces, *volumes* compostos de relações de projeção com os outros personagens. É o sentido de um texto no qual William James considera o indivíduo como um poliedro irregular do qual cada face pode servir de base. "Poderíamos então comparar as lutas e as revoluções da alma com os deslocamentos e as inversões desse poliedro. Suponhamos que ele se apoie, primeiramente, sobre a face *a*, na qual seu equilíbrio é estável, e que o erguemos lentamente com a ajuda de uma alavanca.... Se o levantarmos a uma altura suficiente para que a vertical do centro de gravidade atinja a aresta que serve de limite, ele será, por ele mesmo, arrastado por seu próprio peso, e cairá sobre uma outra face, que chamaremos de face *b*."[14] Os personagens de James são como esses poliedros. Apresentam perfis diferentes, de acordo com o movimento que lhes é imposto pela "alavanca" das suas emoções. Elas os fazem oscilar para um novo plano no qual tudo se redistribui, como é o caso de Strether, que rola sobre si mesmo e explora "faces" desconhecidas dele mesmo, como um poliedro de temporalidades coexistentes.

E talvez seja também o caso da maioria dos *duplos* que encontramos em James. Sabemos que toda consciência tende a se desdobrar, o eu presente tendo um conhecimento "sobre" o antigo eu que ele era um instante antes. Trata-se do desdobramento próprio a todo *cogito*, a introdução de um intervalo de tempo que reflete um momento da consciência no momento seguinte. O tempo permite que a consciência se torne consciência refletida, no sentido em que um pedaço de experiência reflete um outro. A partir do momento em que, por uma razão ou por outra, essa reflexão é impedida, o *cogito* acaba se dividindo e se desdobra efetivamente. No primeiro caso, trata-se de constituir um *cogito*; no segundo, de produzir dois. "A dificuldade vem de que eu sou dois homens

14 W. James, *L'expérience religieuse*, pp. 229-230. Cf. igualmente, as concepções geométricas do pai, em H. James, *La coupe d'or*, p. 113: "Você está curvado, meu rapaz, você está *inteiramente*, diversa e inesgotavelmente curvado, embora você tivesse podido, correríamos esse risco, estar abominavelmente quadrado [...]. Imaginemos que você tenha sido formado por inteiro por uma quantidade de pequenos losangos piramidais..."

ao mesmo tempo; é a coisa mais estranha que possa existir [...]. Sou dois seres completamente distintos que não têm nenhum ponto em comum, dos quais um nem ao menos se lembra dos sucessos ou das aventuras do outro."[15] Mas isto que aqui ainda é apenas uma tendência para o desdobramento, sob forma de hesitação ou de interrogação sobre si, pode se realçar e engendrar verdadeiros duplos, como se a inversão das simetrias afetasse até a própria natureza da dissociação dos personagens (assim, em "A volta do parafuso", os espectros vão se tornando mais perversos à medida que a consciência que os percebe fica mais moralista).

O que surge, então, não é mais um antigo eu, mas um outro irreconhecível, uma imagem invertida de si mesmo, aquele que temíamos nos tornar ou que gostaríamos de nos ter tornado (ou que gostaria de estar no nosso lugar). É o que acontece em *The sense of the past*, onde o personagem principal, que vive em 1910, se identifica com um jovem aprisionado num quadro do mundo de 1820. O personagem principal (*a*) aspira a viver no mundo passado do jovem, enquanto este último (*a'*) aspira a viver no mundo atual. "Tudo [...] consistia na troca das nossas identidades; arranjo muito fácil, visto que sua semelhança comigo é extraordinária e que, por ocasião do nosso primeiro encontro, cometi até mesmo o erro de tomá-lo por um maravilhoso reflexo – em um espelho ou sei lá o quê – da minha própria forma."[16] O que permite essa troca de identidade é o fato de

---

15 H. James, *La muse tragique*, p. 215. Cf. igualmente, p. 228. Ver também "*La maison natale*", pp. 33-34.

16 Id., *Le sens du passé*, p.118. Cf. igualmente nas *Mémoires d'un jeune garçon*, quando James evoca seu passado: "Voltar-se para o passado é, de fato, encontrar a aparição e ver no seu rosto espectral o olhar silencioso de um

que os dois personagens são simétricos invertidos, como se *o passado apresentasse sempre uma imagem invertida do presente*. Poderíamos dizer até que, em James, o tempo tem como função essencial inverter os papéis como na novela *The Wheel of Time*, na qual todas as posições se invertem quando passamos de uma geração para a outra: um homem muito bonito e pobre recusa um casamento com uma mulher rica, mas muito feia. Trinta anos depois, são os filhos deles que estão na mesma situação. Mas tudo se inverteu: o homem tornou-se pai de uma moça de aparência desagradável, enquanto a mulher se tornou mãe de um belo rapaz que, por sua vez, não quer se casar com a moça.[17] Aquilo que vale de uma geração para a outra ou de um indivíduo para o outro também vale para todos aqueles que, em James, são assombrados por um duplo que parece ser a imagem invertida deles mesmos. É o caso, por exemplo, de "A bela esquina", no qual um homem, de volta a seu país natal, após uma longa estada no exterior, sai à procura de seu *alter ego* para saber o que ele teria se tornado se tivesse ficado ali. O que ele descobre é a figura invertida daquilo que ele se tornou. Dá para compreender por que essa inversão de simetria é

---

chamado" (p. 87). Encontramos o mesmo processo, de outra forma, em "A volta do parafuso", no episódio em que, depois de ter visto o fantasma atrás de uma vidraça, a preceptora passa ela mesma por trás da vidraça para produzir o mesmo efeito sobre a governanta. Ela quer ver seu próprio terror refletido no rosto da governanta, substituindo-se ao reflexo do fantasma, situando-se dos dois lados do espelho ao mesmo tempo, totalmente dividida, identificando-se, ao mesmo tempo, com o fantasma e com a governanta, sem ser mais nenhum dos dois, já que ela ocupa o lugar exato onde é feita a troca de identidades.

17 Id., "The wheel of time". Já encontramos uma estrutura análoga nas novelas anteriores como "Osborne Revenge" ou "Louisa Pallant".

interior aos próprios personagens: é que cada indivíduo se opõe às suas próprias potencialidades, assim como um vigilante é a imagem invertida da fera contra a qual ele luta.

Entretanto, ao contrário do que acontece, por exemplo, em Stevenson, não encontramos nenhum caso manifesto de desdobramento de personalidade em James. A diferença entre os dois autores é instrutiva desse ponto de vista. Stevenson concebe, de fato, o indivíduo como o lugar onde personalidades concorrentes se *alternam*, enquanto James concebe o indivíduo como o lugar onde elas *coexistem* em planos diferentes. Para Stevenson só existe um mundo, o mundo real, disputado alternadamente por personalidades igualmente reais (uma elevada e nobre, a outra inferior e vil). Em James, é o inverso: paralelos ao mundo real, há outros mundos que coexistem no indivíduo e contestam a "realidade" da existência que ele escolheu para si.[18] Temos aí uma estrutura quase bergsoniana do tempo no qual a duração se compõe de relações, não de sucessão ou de alternância, mas de coexistência. O passado margeia o presente como um mundo paralelo povoado de almas perdidas que, como em Bergson, aspiram a encontrar um corpo que lhes dê vida; é um mundo de reivindicações sufocadas, inaudíveis ou desconhecidas que contém o presente e exerce sobre ele uma pressão constante. Basta uma coisa à toa para que esses mundos se comuniquem; mas eles não se comunicam sem, paralelamente, dividir a consciência através da qual eles entram em coalescência. Em James, o fantasma é um *modo de existência* que, na verdade, não foi escolhido, mas que assombra o mundo onde

---

18 Cf. H. James, "Le coin plaisant", p. 125: "A ideia me vem que eu tinha então, em algum lugar no fundo de mim, um alter ego, assim como a flor desabrochada está contida potencialmente no pequeno botão fechado..."

ele poderia estar. Stevenson descreve o *fato* bruto e complexo de um combate entre personalidades opostas (*O médico e o monstro*) ou entre duplos rivais (*O morgado de Ballantrae*). Em James a questão não é mais de fato, mas *de direito*. O duplo aparece, não mais a favor de um combate, mas de um *problema* ou de uma questão que assombra o personagem.[19] Ele se imiscui na questão para contestar a legitimidade do modo de existência do personagem. É por isso que os indivíduos se perguntam, às vezes, se eles existem de fato ou se eles têm uma vida mais real do que aquela do seu duplo. Por exemplo, o romancista de "A vida privada" consegue ocupar dois lugares simultaneamente, na sociedade e à sua mesa de trabalho. Mas como determinar qual é o fantasma do outro? É claro que, aparentemente, o fantasma é aquele que trabalha clandestinamente no seu escritório, enquanto o romancista real vive na sociedade com seus semelhantes. Mas não seria talvez o contrário? Não é o homem social, aliás bem apagado e "ausente", o fantasma em carne e osso do escritor, verdadeira força espiritual criadora, isolada no seu quarto e recolhida sobre si mesma no ato de escrever? Desdobrar-se, para James, não é ser um e depois o outro, é ser ao mesmo tempo um e outro, mas não no mesmo grau, nem no mesmo mundo. A questão dos duplos, em James, se refere tanto ao desdobramento dos personagens quanto à coexistência de temporalidades ou de mundos paralelos.

◊

19 Podemos nos reportar ao belo texto de E. Souriau em *Les différents modes d'existence*, PUF, 1943, p. 34 sq., que descreve como os fantasmas (concebidos como modos de existência possíveis) surgem a favor de uma questão que o indivíduo se coloca sobre seu modo de existência atual.

Cada grande romance de James obedece a uma regra de composição de ordem geométrica. Ora é invocada a maneira pela qual os personagens se refletem uns nos outros, desdobram os mundos, de acordo com uma geometria *ótica*; ora a partida é do campo de forças que liga os personagens e, nesse caso, são invocadas as inversões de polaridades, os atarraxamentos sofridos pelo personagem central etc., de acordo com uma geometria *física*; cada narrativa se organiza de acordo com uma composição geométrica que unifica esses dois planos – físico e ótico. Mas talvez essa "geometrização" apareça ainda mais claramente se considerarmos não mais as narrativas tomadas isoladamente, mas umas em relação às outras. Não podemos reduzir o perspectivismo de James à "focalização" própria de cada narrativa. Vimos que o limite da narratologia é limitar-se à unidade formal de *uma* narrativa. Reciprocamente, ela só alcança o todo de uma obra quando busca destacar nelas as variações "temáticas" (o corpo em Maupassant, o dinheiro em Balzac). O movimento está sempre do lado do "tema", raramente do lado da "forma", percebida em uma imobilidade tanto maior quanto devem ser as características invariantes de uma estrutura que ela possui. Se é preciso invocar a geometria projetiva, é porque ela corresponde, exatamente, a uma inversão tal que as figuras geométricas deixam de ser concebidas separadamente (parábola, elipse, hipérbole) para se tornarem casos organizados no interior de um espaço ótico.[20] A parábola, a elipse, a hipérbole, tornam-se, então, *imagens*, metamorfoses da circunferência do círculo, ao mesmo tempo que o círculo se

20 Sobre esse ponto, só podemos nos referir às notáveis análises de M. Serres em *Le système de Leibniz et ses modèles mathématiques*, op. cit., pp. 156 sq. e 654 sq.

torna uma projeção entre outras. Isso só é possível porque as figuras geométricas, a partir de então dotadas de movimento, tornam-se *formas em variação*. A variação não é mais apenas "temática", mas formal. As diversas figuras são variações do círculo no interior de um espaço projetivo ótico, de acordo com a inclinação do plano sobre o qual a figura se projeta. São cortes em um cone de visão cujo vértice é constituído pelo ponto de vista. Todas as figuras geométricas são, a partir de então, "seções cônicas" que têm certa semelhança entre elas, "visto que existe uma certa relação exata e natural entre aquilo que é projetado e a projeção que é feita, cada ponto de um respondendo, de acordo com uma certa relação, a cada ponto do outro".[21]

Em James, cada narrativa compõe uma figura em si mesma, com sua geometria própria, sua lei de composição interna como faz uma hipérbole ou uma elipse, mas *ela entra paralelamente em uma relação de projeção com outras narrativas*. Não é, aliás, o que James sugere nos seus prefácios, quando ele reagrupa alguma das suas narrativas para constituir *séries*? E essas séries não constituem, exatamente, variações organizadas em torno de um mesmo tema? Mas, na realidade, não é mais o tema que varia, é a forma sob a qual ele aparece. Desse modo, as três novelas sobre os celibatários ("O altar dos mortos", "A fera na selva" e "A bela esquina") formam uma variação em torno do tema dos "pobres homens sensíveis".[22] Só que não é James que gira em torno do celibatário multiplicando os pontos de vista sobre ele; pelo contrário, são as figuras do celibatário que

---

21 G. W. Leibniz, *Nouveaux Essais, sur l'entendement humain*, livro II, capítulo VIII, § 13.

22 H. James, *La création littéraire*, p. 266.

vêm girar sob o olhar fixo do romancista e se apresentar a cada vez sob um perfil diferente, de acordo com sua inclinação.[23] O perspectivismo não consiste na variedade dos olhares em torno de um objeto supostamente fixo (como na novela "*A Bundle of Letters*", uma das únicas narrativas de James em que ele joga facilmente com a relatividade das perspectivas), mas, pelo contrário, na variedade dos perfis do objeto quando ele gira sob um núcleo perspectivo dado. É uma das profundas diferenças que separam o perspectivismo do relativismo. O perspectivismo consiste menos na relatividade dos observadores do que na variação dos perfis observados por um observador dado. Com o perspectivismo, o objeto se torna uma procissão de perfis ou um "objeto conjuntivo", de acordo com os termos de William James.[24] A unidade do objeto, a partir de então, é apenas a *junção contínua* de seus perfis.

O que é um personagem, de fato, senão uma procissão de aspectos que gira sob o olhar de um observador? "Um personagem é interessante quando ele aparece e por causa do processo e da duração da sua aparição, assim como uma

23 Como diz Serres em *Le système de Leibniz*, op. cit., p. 162: "O ponto de vista varia, mas o olhar situado gira menos em volta do objeto do que distribui perfis de um objeto que nunca é mais do que um perfil" ou, p. 690: "as coisas parecem girar em volta do olhar e não o olhar em volta das coisas". Essa inversão constitui, para Serres, a revolução projetiva (ou arguesiana, de Desargues).

24 W. James, *Essais d'empirisme radical*, p. 132. Em um sentido próximo, Deleuze cria a noção de "objéctil", concebida como "uma modulação temporal que implica tanto a inserção da matéria em uma variação contínua como um desenvolvimento contínuo da forma". Cf. *A dobra: Leibniz e o barroco*, trad. bras.: Luiz B. L. Orlandi. Campinas, SP: Papirus, 2012, p. 39. Na mesma passagem, Deleuze aproxima, aliás rapidamente, o perspectivismo de Leibniz e o dos irmãos James.

procissão impressiona pelo modo como ela se desenrola tornando-se uma simples multidão, se ela desfila de uma só vez."[25] A procissão é o movimento do poliedro e, como diz William James, "não vemos ao mesmo tempo todas as faces do poliedro".[26] O celibatário como procissão é a variação que vai de "O altar dos mortos" à "Bela esquina" passando por "A fera na selva", mas que podemos também fazer passar por "O banco da desolação" ou *Fordham Castle*". Podemos multiplicar ainda mais os exemplos. Existe a série de narrativas dedicadas à questão do casamento, a série dedicada aos artistas (que pode ser ela mesma subdividida em série sobre os pintores e série sobre os escritores), a série sobre os fantasmas, sobre os jornalistas etc. Já não se trata de determinar o personagem focal de uma ou outra situação dada, mas de destacar as "figuras" ou os "temas" cuja variação contínua aparece apenas quando passamos de um plano a outro, de uma narrativa a uma outra. Ao mesmo tempo, fica mais fortemente esclarecida a diferença entre o "refletor" e o "narrador" que está por trás dele. *O personagem focal (o "refletor") é como um plano inclinado que mostra tal ou tal figura, enquanto o narrador (a "consciência oculta" ou perspectiva fantasma) é o ponto de vista que contempla as metamorfoses a partir do vértice do cone.*

Podemos supor a existência de variações mais discretas como a série "*Brooksmith*" (1891), "Na gaiola" (1898) e *The*

---

25 H. James, *La création littéraire*, p. 144, sobre *Os espólios de Poynton* descrito como uma "pequena procissão".

26 W. James, *L'expérience religieuse*, p. 307. Cf. também a reflexão do diplomata sobre a jovem artista em *La muse tragique*, p. 490: "Era da sua constituição girar como o globo terrestre; sempre havia uma parte dela que permanecia na sombra, escondida dos olhares".

birthplace (1903). Essas novelas são narrativas isoladas que, a priori, nada reúnem. Elas apresentam três personagens sem relação uns com os outros e cujos destinos nada têm em comum. "Brooksmith" é a história de um mordomo, sutil e refinado, cuja presença é indispensável na particular atmosfera que reina na casa onde trabalha. Mas, quando o patrão morre, Brooksmisth não encontra nenhum outro lugar que corresponda a uma função tão singular. Melancólico e amargo, ele multiplica os empregos subalternos, antes de pôr fim a seus dias. "Na gaiola" é a história de uma telegrafista que tenta ajudar um lorde cujas dificuldades ela vai compreendendo pouco a pouco, através das mensagens codificadas que ele envia regularmente no seu guichê. Ela adivinha tão bem o que se passa que consegue até mesmo salvá-lo de uma situação dramática, antes de voltar para sua modesta vida de telegrafista. *The birthplace* é a história de um guia que recebe a incumbência de cuidar da casa onde nasceu um grande escritor e que descobre rapidamente que o espírito do grande homem já não está mais ali. Ao mostrar o lugar aos visitantes, ele denuncia a impostura. Quando o patrão lhe passa uma descompostura, ele adota, então, uma linha de comportamento exemplar: continua a perpetuar a lenda do "gênio do lugar", mas os visitantes sutis percebem que ele continua denunciando a impostura pelo próprio exagero do seu zelo. É claro que cada uma dessas narrativas pode ser considerada separadamente, mas elas podem, ao mesmo tempo, ser percebidas como uma variação em torno de um tema definido: a maneira pela qual personagens de meio modesto (bastante raros em James) conseguem sair da sua condição e atravessar com um salto o "abismo social" que os separa de um mundo mais refinado, mais de acordo com sua natureza profunda (o mordomo e a sociedade dos *gentlemen*, a telegrafista e o lorde, o guia e um casal da "boa sociedade"), graças a seu dom para decifrar e colocar em circulação os signos mais secretos.

O que vale para as novelas também vale para os romances, embora de outra maneira. Descrevemos a profunda organização simétrica do *Retrato de uma senhora* e de *Os embaixadores*: um mundo dividido a partir de um ponto mediano que reparte de cada lado séries de imagens invertidas que correspondem umas às outras. Encontramos a mesma composição "antitética" em *As asas da pomba*. O romance se organiza de acordo com uma divisão central que reparte o conjunto dos personagens simetricamente. De um lado, encontramos tia Maud, uma mulher autoritária e manipuladora, que quer casar a sobrinha (Kate Croy) com um jovem lorde (lorde Mark) e que tenta, por todos os meios, afastar um pretendente sem fortuna (Merton Densher) por quem a sobrinha está apaixonada. Do outro lado, encontramos miss Stringham, uma mulher refinada, culta, pouco dotada para os segredos e os cálculos, que acompanha pela Europa uma jovem americana, riquíssima e muito doente (Milly Theale), junto com seu médico. Essa é a bipolaridade que estrutura o conjunto das relações no interior de cada constelação: de um lado, os obrigados; do outro, os devotados.

Em certo sentido, tudo passa por tia Maud, que age como mestre de cerimônias; ela distribui estrategicamente os lugares e os papéis, faz circular as mentiras e "obriga" aqueles que a cercam a mentir. Mas o limite da sua influência se faz sentir quando ela esbarra em personagens "não condutores" que se recusam a mentir por ela. É que entramos no outro mundo no qual, dessa vez, tudo passa pela acompanhante, miss Stringham, refletor das simpatias e das relações de confiança. Ela revela as simpatias ou as antipatias assim como tia

Maud revela os comprometimentos e os cálculos dos juros. Essa oposição entre as duas mulheres se prolonga, evidentemente, na oposição entre suas respectivas protegidas, a sobrinha calculista de um lado (Kate), a jovem americana inocente do outro (Milly).[27] De um lado e do outro do "refletor", vemos então seis personagens face a face: de um lado a tia (*a*), a sobrinha (*b*) e o lorde (*c*); do outro, a acompanhante (*a'*), a jovem americana (*b'*) e o médico (*c'*). O espelho que permite instaurar essa simetria entre os personagens é Densher, o personagem principal.[28] É ele quem sofre os "atarraxamentos" de todos os polos, é ele quem hesita, ora obrigado, ora devotado, imprensado entre as exigências de cada mundo até o final.

Temos então três grandes narrativas que compõem, cada uma, três dramas distintos: *Retrato de uma senhora*, *As asas da pomba* e *Os embaixadores*. Além da confirmação de uma mesma simetria que atravessa as três narrativas, aparece ainda outra coisa: *As asas da pomba* não é uma redistribuição da mesma cenografia de *Retrato de uma senhora*, segundo uma outra perspectiva? Não são os mesmos personagens que encontramos em um romance e outro? As mesmas figuras projetadas de forma diferente? Novamente um lorde, novamente um casal que manipula, novamente uma vítima inocente, uma fortuna, uma tia, uma amiga confidente. Assistimos à uma redistribuição do conjunto sob um novo

27 Sobre Milly: "Ela agia – aparentemente de forma totalmente involuntária – sobre a simpatia, a curiosidade, a imaginação dos seus próximos, e nós mesmos só nos aproximaremos dela compartilhando suas impressões e, se for preciso, sua perturbação" (H. James, *Les ailes de la colombe*, p. 126).

28 Em uma carta à Mrs. Ward, de 23 de setembro de 1902, Henry James lembra o papel central de Densher. Cf. *A life in letters*, p. 372: "Da maneira como esse livro é composto, o campo principal (desse drama) se desenrola na consciência de Densher."

ponto de vista. Não podemos conceber, então, a sucessão dos romances como uma série de projeções onde encontramos, a cada vez, os mesmos personagens, inclinados, porém, de maneira diferente, alguns deles passando para o primeiro plano, outros para o plano de fundo, de acordo com a natureza de suas relações? *Retrato de uma senhora* e *As asas da pomba* não estão, por sua vez, redistribuídos no cenário de *Embaixadores*, de acordo com uma outra inclinação totalmente diferente? Todos os elementos precedentes estão ali (a oposição Europa/América, a questão da herança, o papel das jovens e o das solteironas, a dissimulação dos amantes, a irresolução do personagem focal), mas se organizam segundo uma outra configuração. As jovens não ocupam mais o centro; elas escorregam para o fundo do quadro enquanto o casal clandestino, formado pelo filho e sua amante, passa a ocupar o primeiro plano. Eles constituem o eixo central em torno do qual gravitam todos os outros personagens.

Mas não era assim desde o começo? O fio condutor dos grandes romances de James (poderíamos acrescentar *Sob os olhos de Maisie, The sacred fountain* e *A taça de ouro*), o eixo central em torno do qual giram todas as cenografias, não é, finalmente, *o casal clandestino*? Ele é percebido ora à distância, sumindo no horizonte; ora do interior; ora sob uma luz rasante, tomado, a cada vez, em efeitos de perspectivas variadas. *Em todos os casos é ele que constitui o círculo do qual cada narrativa apresenta uma metamorfose*, ora elipse, ora parábola, figura ainda mais central porque ela sempre se dissimula.[29] Em torno dessa figura central, todos os personagens

---

29 Primeiramente, é o casal Osmond/ Mme. Merle de *Retrato de uma senhora*, a seguir o casal Densher/ Kate Croy de *As asas da pomba*, depois o casal Chad/Mme. de Vionnet de *Os embaixadores*, e finalmente o casal Amerigo/

formam uma roda inquieta e nervosa cujas posições variam segundo a inclinação do "palco". Se, por exemplo, a jovem americana ocupa o primeiro plano em *Retrato de uma senhora*, ela se torna o ponto de fuga das perspectivas em *As asas da pomba*,[30] passa para o plano de fundo em *Os embaixadores*, antes de voltar ao primeiro plano em *A taça de ouro*. Tudo gravita, a cada vez, em torno do casal clandestino, ou melhor, é James que faz girar o casal clandestino sob seu olhar, que faz girar os seres inocentes, interesseiros, calculistas, hesitantes, em torno desse eixo central. É esse casal clandestino que, nos grandes romances, constitui *a razão da série*, o eixo em torno do qual se fazem todas as revoluções e se distribuem todas as perspectivas.

É ainda ele que submete o espaço da narrativa a um encurvamento profundo. Ele cava o espaço, impõe a ele uma espécie de torção e cria uma profundidade de campo que torna necessárias as dissimulações, os segredos, as alusões. De onde o casal tira essa potência de torção? O que lhe permite curvar assim o espaço até se tornar o núcleo central de todas as perspectivas? É a *frustação*. Ela é a dissimetria que "cria o fenômeno", a dissimetria da qual procedem todas as simetrias aparentes. Aquilo que cava as vidas do interior e age com a potência de penetração de uma verruma é a frustação. Mas ela só produz esse efeito de torção porque também se desdobra segundo uma dupla polaridade: de um lado,

---

Charlotte de *A taça de ouro* (aos quais podemos acrescentar os casais de *Sob os olhos de Maisie*, de "A volta do parafuso" e de *The sacred fountain*).

30 H. James, *La Création littéraire*, p. 327: "Observo como, em várias ocasiões, não vou muito longe na apresentação direta, isto é, franca, de Milly [...]. Tudo isso vem da doce imaginação que o pintor tem por ela, que reduz sua observação, para dizer assim, através das janelas sucessivas do interesse trazido pelos outros."

a frustação sexual que aproxima os amantes (polo positivo); do outro, a falta de dinheiro que os afasta um do outro (polo negativo) levando-os a procurar o dinheiro em outro lugar. É a bipolaridade dessa frustação – sexo e dinheiro – que transforma cada casal em "tarraxa". Eles se atraem e se repudiam mutuamente, enrolam e cavam o espaço como um turbilhão que arrasta os outros personagens na sua órbita. É o mesmo movimento de "atarraxamento" que se repete de um romance a outro. Cada novo romance de James apresenta-o sob uma nova perspectiva; cada romance é uma variante desse "tema". Mas esse tema também é a "forma" que tomam os romances, a ponto de ficar difícil distinguir entre os dois. Podemos dizer que é a frustação que "atarraxa" as almas e os corpos, os personagens e os mundos. Nesse sentido, ela constitui o tema psicológico (ou metapsicológico) do "atarraxamento", mas podemos dizer também que o "atarraxamento" e as simetrias que ele engendra constituem o esquema formal, geométrico (ou eletromagnético) da frustação. É sua força de penetração que separa os personagens, divide os mundos em simetrias invertidas, perfura o espaço e os corpos. Passar de um romance a outro significa então observar como James faz girar sob o olhar esses movimentos circulares, helicoidais, que são os da frustação e seus efeitos.

Em certo sentido, James pertence a essa linhagem de autores, como Balzac ou Zola, cujas diversas partes compõem um vasto edifício nas dimensões da obra. Só que não se trata, como em Balzac, de construir um plano de composição, à maneira de Geoffroy Saint-Hilaire, para extrair dele os tipos ou as "espécies sociais" (o usurário, o jovem ambicioso, a solteirona) nem um plano de desenvolvimento, à maneira de Zola, seguindo as evoluções, as bifurcações, as degenerescências genealógicas. Trata-se de construir uma vasta *combinatória* de séries que entram em correspondência umas com as outras. A unidade da obra não é imediatamente consolidada pela intervenção de personagens recorrentes, como é o caso de Balzac (em James encontramos apenas dois personagens recorrentes); ela *se faz* através da própria variedade dos romances. Cada personagem focal é um ponto de vista a partir do qual se abre um espaço de projeção, mas ele é, ao mesmo tempo, um plano inclinado no interior do espaço projetivo de um observador exterior; esse observador deve, por sua vez, ser considerado como um plano inclinado no interior do espaço projetivo do próprio autor que junta todos esses pedaços, ou esses retalhos de experiência, entre eles. Essa junção contínua é, justamente, *a obra se fazendo*: processo legitimamente ininterrupto, visto que novos pedaços podem se juntar aos precedentes e a obra pode crescer por adjacências, mudanças de escala, desdobramentos, projeções. A obra de James é um enorme poliedro que não para de aumentar o número de lados. Isso quer dizer que a consciência do autor é "o ponto de vista de todos os pontos de vista", o "centro do centro" de que fala Poulet? Se for o caso, ela não está acima da obra, ela é apenas *a razão das séries*. Ela liga pedaços de experiência a outros pedaços de experiência, como faz o "fluxo da consciência" em William James. Mais do que isso, ela se coloca no interior de uma unidade de uma ordem superior que extrapola a obra de James e que é o universo da ficção em geral. É o sentido da sua concepção propriamente perspectivista da literatura. Como em William James, toda abertura é considerada em uma abertura maior, embora nenhuma abranja todas: "A literatura de imaginação mora numa casa que não tem uma só janela, mas milhares, ou quem sabe um número incalculável de janelas possíveis [...]. Essas aberturas, de forma e tamanho variáveis, dão todas para o palco humano, a tal ponto que poderíamos esperar delas uma similitude de observação maior do que encontramos."[31] O que vale para a ficção em geral já vale plenamente para a obra de James.

---

31 *La création littéraire*, pp. 62-63. O conjunto do texto se apresenta como a afirmação do perspectivismo de James, ao mesmo tempo que de um pluralismo que o aproxima de William James. Sobre a hipótese segundo a qual toda a perspectiva é tomada em uma perspectiva mais ampla, cf. *Essais d'empirisme radical*, 6, "L'expérience de l'activité".

NEXUS

O AVESSO DO TAPETE OU AS EXPERÊNCIAS PURAS

O campo da experiência é percorrido por relações indiretas que nos afastam cada vez mais do terreno das relações diretas, através da multiplicação dos reflexos, dos duplos, dos jogos de simetria. As experiências se organizam projetivamente num espaço "cheio de espelhos" e são encurvadas, dominadas pelas forças que povoam esse campo. Mas em que consiste a experiência quando ela ainda não foi organizada de acordo com as coordenadas de uma perspectiva, quando ela ainda não tem como "centro" uma consciência e um corpo que reflete suas imagens? O que acontece quando voltamos para o nível da experiência imediata, para aquém dos reflexos? Não estamos mais lidando com um mundo organizado, composto, mas com uma espécie de confusão comparável, como diz um personagem de James, a um mau romance: "Essas histórias me fazem pensar no avesso de um tapete – só vemos uma textura fibrosa – uma confusão de temas informes e flores incolores."[1] Para Henry James, a experiência imediata é o limiar onde deve ser interrompida a ficção, pois é ali que as distinções se embaralham, que tudo se mistura numa indecifrável "confusão". Em William James, o psicólogo se choca com esse mesmo limite. É verdade que ele possui – como o narrador – esse privilégio de poder conhecer as experiências da consciência, ao mesmo tempo de dentro e de fora, subjetiva e objetivamente. "Ele supõe dois elementos, uma mente que conhece e um objeto conhecido, e considera-os como irredutíveis. *É um dualismo radical*."[2] Mas existe um campo de experiências puramente sensitivas que forma as reservas indistintas de onde derivam todas as experiências ulteriores. Nesse nível,

1 H. James, *Le regard aux aguets,* p. 115 (trad. mod.).
2 W. James, *Principles of psychology,* VIII, p. 214.

não há nem sujeito nem objeto, nem matéria, nem pensamento, nem interior, nem exterior. A experiência imediata se apresenta como "um monismo vago" no qual não podemos introduzir nenhuma das distinções herdadas da psicologia.[3] Ele é como a *base do plano* sobre o qual se edifica toda a geometria das perspectivas.

Aquilo que constitui o limite da psicologia (*terminus ad quem*) constitui, ao mesmo tempo, sob um outro ponto de vista, o verdadeiro ponto de partida da filosofia *empirista* de James (*terminus a quo*). Temos a impressão de que, aquilo que Henry James organiza *pelo vértice*, William James organiza *pela base* – a partir da experiência imediata. A partir daí, trata-se de determinar como podem aparecer, sobre esse plano incialmente neutro, esboços de pontos de vista; trata-se de observar como *são feitas* as perspectivas. James descreve esse mundo primitivo como um mundo de "experiências puras": "A experiência pura é o nome que dei ao fluxo imediato da vida, que fornece a matéria-prima da nossa reflexão ulterior, com suas categorias conceituais. Só dos recém-nascidos, ou dos homens mergulhados em uma espécie de coma devido ao sono, drogas, doenças ou golpes, é que podemos supor que eles têm uma experiência pura no sentido literal de um *isto* [...] que muda progressivamente, mas de maneira tão confusa que suas fases se interpenetram e não podemos distinguir nenhum ponto distintivo ou idêntico a ele próprio."[4] O recém-nascido e o comatoso são os

---

3 Cf. W. James, *Essais d'empirisme radical*, p. 169: "Será um monismo, se quiserem, mas um monismo totalmente rudimentar e absolutamente oposto ao pretenso monismo bilateral do positivismo científico ou espinosista."

4 Ibid., p. 90 (trad. mod.). Podemos aproximar essas descrições daquelas de *Principles of psychology*, ix, p. 263.

personagens da experiência sob sua forma mais pura e mais incapaz, por essa razão, de articular seu imediatismo. Se o empirismo tivesse que se referir a eles, seria constituído apenas de momentos evanescentes, por demais inconsistentes na realidade, para construir uma filosofia medíocre. Essas experiências limites indicam, entretanto, o caminho a ser seguido para praticar uma *redução* de natureza propriamente empirista. Em que consiste essa operação?

Uma redução comporta sempre dois momentos, um momento negativo, que consiste em excluir de uma experiência dada tudo aquilo que não a constitui com exclusividade, e um momento positivo, contrário ao primeiro momento, no qual essa experiência aparece, então, por ela mesma, reduzida, isto é, pura de tudo aquilo que ela não é. É essa dupla operação que encontramos nos cartesianos: primeiro, o momento negativo da dúvida que visa elucidar a experiência de todos os conhecimentos cuja proveniência é incerta; em seguida, a determinação positiva do *cogito* ("Eu penso") como substância pensante. Encontramos um procedimento análogo em Husserl. O que é preciso colocar entre parênteses é a própria existência do mundo como *fato*, como pressuposto naturalista, para conservar apenas as formas ou os "atos" da consciência que apreendem o mundo na sua pura fenomenalidade.[5] A experiência pura se reduz, então, positivamente, ao "eu puro, com a vida de

---

5 *Méditations cartésiennes*, §14, Vrin, 1980, p. 27: "para ser pura, essa descrição deve excluir toda posição de uma realidade psicofísica", e mais adiante: "o mundo, na atitude fenomenológica, não é uma existência, mas um simples fenômeno." Em termos de Peirce, diríamos que a redução husserliana consiste em escamotear todo Segundo (operação impossível, para Peirce, como mostra sua crítica da dúvida cartesiana).

consciência pura que me é própria".[6] A experiência pura é pura de todo psicologismo. Aquilo que Husserl critica na psicologia é seu naturalismo "ingênuo", a presunção de suas posições de existência que a impedem de se constituir em verdadeira ciência da consciência.

Pois bem, aquilo que falta na psicologia para James, não é uma *ciência* da consciência, mas uma *metafísica* da experiência. Essa metafísica terá como missão ser estritamente imanente à experiência (e não imanente à consciência dessa experiência). Ela será uma metafísica empirista ou um empirismo metafísico. Aquilo que James critica na psicologia é justamente aquilo que Husserl conserva dela, ou seja, seu "dualismo" entre o sujeito conhecedor e o objeto conhecido. E essa crítica estende-se a toda a filosofia moderna: "Ao longo da história da filosofia, o sujeito e seu objeto foram tratados como entidades absolutamente separadas; e a seguir, a presença do segundo no primeiro, ou a 'apreensão' do segundo pelo primeiro, revestiu um caráter paradoxal que foi preciso tentar ultrapassar inventando todos os tipos de teorias."[7] É por isso que a redução empirista, conduzida por James, segue um caminho rigorosamente inverso aos de tipo cartesiano: é o "Penso", ou, mais geralmente, a consciência, que é agora o objeto do momento negativo da redução. Para o empirismo, a experiência só é pura se for *pura de toda consciência* (em vez de se reduzir a uma "consciência pura"). Não se trata mais de invocar apenas experiências

---

6 Ibid., §8, p. 18 e mais adiante, §16, p. 33: "O começo é a experiência pura e, para dizer assim, muda, que devemos trazer para a expressão pura do seu próprio sentido. Ora, a expressão verdadeiramente primeira é a do 'existo' cartesiano."

7 W. James, *Essais d'empirisme radical*, p. 64.

limite que, *de fato*, são experiências sem consciência (recém-nascido, drogado); é preciso agora postular uma experiência legitimamente pura, condição ou princípio de um empirismo metafísico: "Dou à minha concepção do mundo o nome de 'empirismo radical'... Para ser radical, um empirismo não deve admitir, nas suas construções, qualquer elemento do qual não façamos diretamente a experiência, nem excluir qualquer um do qual façamos diretamente a experiência."[8] Essa regra de método é uma *regra de ingenuidade* que se opõe diametralmente à regra da dúvida da redução racionalista (reputar como falso tudo aquilo que for apenas verossímil).[9] A ingenuidade representa, metodologicamente, o mesmo papel que a dúvida no processo cartesiano. Ela tem seus personagens, assim como a dúvida tem os dela: ingenuidade contra gênio maligno. A pergunta se transforma e passa a ser: o que é uma experiência pura de

8 Ibid., p. 58. Mais adiante, p. 131, James define a experiência pura como um postulado metodológico.

9 Cf. ibid., pp. 177; 131-132. Peirce invoca também a ingenuidade própria da Primeiridade (*Écrits sur le signe*, Seuil, 1978, p. 23). Contra a pressuposição de uma certeza apodítica, que determina antecipadamente a redução, é preciso afirmar a realidade com toda a ingenuidade, a "validade" de todas as experiências, inclusive as experiências imaginárias ou alucinatórias. É o sentido das observações de Russell, quando ele toma emprestado de James a concepção do seu "monismo neutro". Cf. *Écrits de logique philosophique*, PUF, 1989, p. 434: "Até aqui, falei da irrealidade das coisas que acreditamos serem reais. Gostaria de acentuar, com a mesma insistência, o caráter real das coisas que acreditamos serem irreais, como os fantasmas e as alucinações. Os fantasmas e as alucinações considerados neles mesmos [...] têm a mesma realidade que os sense-data comuns. Eles têm a realidade mais perfeita, mais absoluta, mais completa que uma coisa possa ter. Eles fazem parte dos constituintes derradeiros do mudo, da mesma forma que os *sense-data* (dados dos sentidos) comuns."

toda consciência, de todo "Penso"? A ingenuidade consiste em dar-se tudo, dar-se a totalidade da experiência, e não somente a parte que, nesse dado, seria imanente à consciência (e por conseguinte objeto de uma certeza apodítica). O que é postulado não é mais uma imanência para a consciência, mas uma imanência para a experiência, para toda experiência tomada nela mesma.

Podemos dizer, de outro modo, que a experiência pura não se refere apenas a estados limites (coma, desmaios), mas a toda experiência, mesmo a mais refletida ou a mais complexa. Há tantas experiências puras quanto experiências. O que constitui o caráter "puro" dessas experiências? É o fato de serem consideradas no momento exato em que elas se produzem, no puro presente em que elas acontecem: "O campo instantâneo do presente é, a todo momento, aquilo que chamo de experiência 'pura'. Ela ainda é, embora apenas virtual ou potencialmente, ora sujeito, ora objeto. Por enquanto, é uma realidade ou uma existência bruta, sem qualidades, um simples *isto*."[10] A experiência pura se refere a toda experiência apreendida na sua indeterminação real, dela e por ela mesma, como um "todo". É um pedaço de presente, um "agora" apreendido por ele mesmo, independentemente de todo passado e de todo futuro.[11] Podemos até supor, prolongando as descrições de James, que uma experiência é pura *durante todo o tempo que subsiste o presente que a constitui.*

10 Ibid., p. 48 (trad. mod.) e p. 76.

11 Cf., ibid., p. 122 (trad. mod.): "Que o leitor interrompa o ato de ler esse artigo agora. Isso é uma experiência pura, um fenômeno ou um dado, um puro isso, ou ainda o puro conteúdo de um fato. A 'leitura' é, só isso, ela está ali; e a questão de saber se ela está ali para a consciência de alguém ou para a natureza física é uma pergunta que ainda não se faz. Por enquanto, ela não está ali, para nenhum dos dois."

Ou seja, as experiências puras não são necessariamente presentes pontuais; elas podem ter uma duração variável, relativa à duração do seu presente. Um homem pode esperar uma vida inteira, como em "A fera na selva"; podemos dizer que essa espera constitui uma "experiência pura", enquanto ele estiver esperando, enquanto ele não tiver consciência de *ter esperado*. A espera constitui o "todo" de uma experiência da qual só saímos passando para outra coisa. De um modo geral, uma experiência pura é o todo *dessa* experiência em um dado momento ou, como diz Peirce, "a impressão total não analisada produzida por toda multiplicidade".[12]

Ou seja, trata-se de apreender a experiência *antes* que ela seja concebida, segundo as categorias tradicionais da psicologia e da filosofia. A experiência pura precede todos os dualismos pelos quais costumamos dividi-la em duas categorias distintas (sujeito/objeto; coisa/representação; pensamento/matéria; *cogito/cogitatum*). É preciso, porém, explicitar. Pois poder-se-ia objetar que certas experiências são "subjetivas" ou "objetivas" nelas mesmas e que é apenas o imediatismo, ao qual James se refere, que nos impede de determinar

---

12 C. S. Peirce, *Écrits sur le signe*, op. cit., p. 83. Cf. a maneira pela qual Peirce descreveu a Primeiridade: "O que era o mundo para Adão no dia em que ele abriu os olhos, antes de ter estabelecido distinções ou tomado consciência da sua própria existência, isso é o Primeiro [...]." Que a "Primeiridade" de Peirce e a "experiência pura" de James só sejam acessíveis, na experiência, às custas de uma fenomenalidade limite, não permite, no entanto, confundi-las. A Primeiridade, em Peirce, remete a uma abstração de um tipo particular, através da qual consideramos a qualidade de uma experiência independentemente da sua atualização ou da sua realização no interior dessa mesma experiência (por isso, Peirce pode defini-la como "tonalidade"); a Primeiridade se define, antes de tudo, como potência ou possibilidade; é uma categoria. O que caracteriza a "experiência pura", em James, é, pelo contrário, sua atualidade pontual, sua realidade estritamente fenomenal.

isso. Se a experiência imediata parece "neutra" (no sentido em que ela não é nem "subjetiva" nem "objetiva"), será que isso se explica pelo atraso inevitável do conhecimento sobre esse imediatismo? Se não for possível distinguir, no mesmo momento, aquilo que numa experiência dada é subjetivo e objetivo, será sempre possível determiná-lo depois. James admite isso sem discussão; o que ele contesta é a possibilidade de projetar retroativamente essas categorias sobre a experiência imediata para, em seguida, elevá-las ao nível de princípios constitutivos. A descoberta sempre renovada do empirismo é, precisamente, um campo de experiência que se desdobra por si mesmo no espaço entre esses dualismos. É um mundo onde as coisas são do mesmo "material" que os pensamentos, no qual o escritório e a percepção do escritório são a mesma coisa, já que são pertencentes à mesma experiência. Podemos também dizer que, para o empirismo radical, toda experiência é, *ao mesmo tempo*, física e mental, matéria e pensamento, coisa e representação, "objetiva" e "subjetiva", isso porque ela não é, primitivamente, nem uma nem outra. Não podemos nem mesmo objetar que os objetos são extensos, mas as representações não são. No nível da experiência pura, "a imagem mental *adequada* de todo objeto extenso deve ter a mesma extensão do próprio objeto".[13] A régua de um pé[14] que percebo forma uma experiência indivisa que posso apreender ora do "lado" da régua, ora do "lado" da percepção que tenho dela; considerada, porém, em si mesma, a experiência contém os dois "lados" ao mesmo tempo. Como diz James, se no mundo só houvesse existido essa experiência de uma régua de um pé, se o próprio mundo

13 W. James, *Essais d'empirisme radical*, p. 51.

14 Régua de medida inglesa (*foot rule*): 30,48cm. [N.T.]

fosse só isso e só tivesse que ser isso, que meio teríamos para determinar se essa régua de um pé é subjetiva ou objetiva?[15]

E o "Penso"? Podemos dizer do "Penso" que ele tem dois lados, como a experiência da régua de um pé? A "consciência pura" não é um dado irredutível a toda percepção "objetiva" ou "material"? Essa objeção só tem sentido se a experiência já foi reduzida a um só dos seus "lados", como em Descartes. Em um mundo de experiência pura, o "Penso" tem dois "lados", assim como a régua de um pé. "O 'Penso', do qual Kant disse que deveria poder acompanhar todos os meus objetos, é o 'Respiro' que os acompanha, de fato."[16] O outro lado do "Penso" é a realidade psicofísica que a redução racionalista exclui por uma *petição de princípio*. Não se trata de dizer que a consciência está no mundo como epifenômeno (tese naturalista) nem de dizer que o mundo está na consciência como fenômeno (tese fenomenológica). A redução de tipo empirista consiste exatamente, portanto, em não recortar nada da experiência, a colocar nela todos os "lados" que ela contém virtualmente, mas, ao mesmo tempo, não acrescentar nada (interpretações retrospectivas) que possa desnaturar sua indeterminação primeira. *Colocar tudo, mas não acrescentar nada*, essa é a natureza da redução empirista. "Para ser radical, um empirismo não deve admitir nas suas construções nenhum elemento do qual não possamos fazer diretamente a experiência, e não deve excluir nenhum, do qual fazemos diretamente a experiência."[17]

---

15 Esse argumento, exposto em *Essais d'empirisme radical,* já aparece em *Principles of psychologie,* XXI, p. 917.

16 W. James, *Essais d'empirisme radical,* p. 55.

17 Ibid., p. 58. Encontramos uma redução desse tipo em Whitehead, como mostra D. Debaise. Cf. *Un empirisme spéculatif. Lecture de Procès et réalité de Whitehead,* Vrin, 2006.

Não encontramos, através dessas descrições, a característica de todo empirismo elevado ao nível de metafísica? Esse já era o sentido do "empirismo filosófico" de Schelling, ou seja, fazer aparecer *entre* o sujeito e o objeto uma espécie de ponto mediano indiferente que liga os dois polos. "Em todo o universo, não há nada que seja absolutamente subjetivo ou objetivo; a mesma coisa, segundo aquilo a que ela é comparada, pode ser subjetiva ou objetiva."[18] É ainda esse espaço mediano que Bergson descreve quando invoca uma "percepção pura", situada "a meio caminho entre o ponto para onde Descartes a impelia e aquele para onde Berkeley a puxava"; nem exterior, nem interior, nem objetiva, nem subjetiva, ela se situa no espaço intermediário entre o sujeito e o objeto.[19] É o mesmo campo de experiência que encontramos ainda em Russell quando, ao se inspirar em James, ele invoca um "monismo neutro" no qual "qualquer entidade simples será membro de uma série física e membro de uma série mental".[20] Não será também o caso de Deleuze e Guattari, que invocam um processo no qual o intermediário é autônomo, "*ele mesmo* estendendo-se primeiro entre as coisas e os pensamentos, para instaurar uma relação totalmente nova entre os pensamentos e as coisas, uma *vaga* identidade

18 Cf. "Exposé de l'empirisme philosophique", *Philosophie*, n. 40-41. G. Châtelet mostra, exatamente, que esse espaço mediano constitui, em Schelling, o ponto de nascimento de uma dupla polarização que anuncia o espaço eletromagnético. Cf. *Les enjeux du mobile*, op. cit., p. 219 sq.

19 H. Bergson, *Matéria e memória: ensaio sobre a relação do corpo com o espírito*, trad. bras.: Paulo Neves. São Paulo: Martins Fontes, 1999. p. 3.

20 *Écrits de logique pilosophique, op. cit*, p. 439. Cf. igualmente, *Analyse de l'esprit*, Payot, 1926, pp. 6; 22.

entre ambos"?[21] Em todos os casos, aquilo que constitui o ato inspirador dessa linhagem empirista é a determinação de um campo de experiência intermediária que vale por si mesmo, independentemente dos dualismos que o "racionalismo" instaura logo depois.

Como qualificar essa experiência, se ela não é nem subjetiva nem objetiva, nem física, nem mental? Os termos usados por James são deliberadamente vagos. A experiência é um "pano", uma "coisa qualquer" [*stuff*], um "tecido" [*tissue/sheet*] ou um "material" [*material*]. Encontramos aí alguma coisa da "textura fibrosa" de que fala o personagem de Henry James. De um modo geral, a experiência pura é o material bruto do qual se compõem todas as experiências.[22] Mas não devemos compreender aqui material no sentido de matéria-prima. James nunca usa o termo matéria [*matter*], que apresenta o inconveniente de reduzir a experiência pura a seu único "lado" físico ou fisiológico. Não teriam sido, exatamente, os filósofos da consciência que introduziram uma "cisão interna" *entre a matéria e a forma da experiência*? Talvez seja esse o sentido da redução racionalista: excluir a matéria da experiência para conservar apenas as formas a priori ou os "atos" de uma consciência pura. Só que, para que essas formas ou esses atos tenham uma eficiência, é preciso necessariamente introduzir um *agente* que os "execute" na

---

21 G. Deleuze e F. Guattari, *Mil platôs: capitalismo e esquizofrenia 2, vol. 5*, trad. bras.: Peter Pál Pelbart e Janice Caiafa. São Paulo: Editora 34, 2012, p. 96. Cf. igualmente, *O que é a filosofia?*, trad. bras.: Bento Prado Jr. e Alberto Alonso Muñoz. São Paulo: Editora 34, 2010, p. 48.

22 W. James, *Essais d'empirisme radical*, p. 37: "Minha tese é que, se começarmos por supor que só existe um tecido primitivo [*primal stuff*] no mundo, um único material [*material*] do qual tudo é composto, e se chamarmos esse tecido [*stuff*] de experiência pura..."

matéria. É o exemplo clássico do ceramista que executa a forma do vaso na matéria do barro, ou do atleta que executa o ato da corrida num corpo que tem essa potência. Conceber a experiência como "matéria" é o mesmo que supor um sujeito legítimo, independente das experiências, que executa suas formas conceituais ou seus atos intencionais nelas. O pressuposto aristotélico de um esquema hilemórfico anima, subterraneamente, as filosofias do sujeito: a matéria da experiência está submetida a formas a priori que logo "constituem" a experiência; mas essas próprias formas só podem ser executadas por um sujeito que logo se torna "constituinte".

Ainda nesse ponto, não foi Hume quem abriu o caminho, supondo que a relação de conhecimento não é feita nem através das repetições da experiência sensível (matéria), nem segundo as demonstrações a priori da razão (formas), *nem, finalmente, na relação de umas com as outras.* Hume não concebe mais a relação de conhecimento de acordo com a categoria matéria/forma, mas a partir de forças ou "princípios" que animam do interior o material da experiência.[23] Em Hume, são as impressões que, pela repetição, tendem a atrair para elas outras impressões ou ideias, de acordo

---

23 Por isso é que é difícil seguir as leituras que reconstroem Hume, a partir de uma experiência estritamente ligada às impressões como "experiência pura" (como é o caso de M. Malherbe, em *La philosophie empiriste de David Hume*, Vrin, 1976). Pois Hume não parte de uma fenomenologia das impressões, como poderia ter feito Locke. Seu ponto de partida não é a impressão, mas a *diferença de intensidade* entre impressões e ideias, como atestam as primeiras linhas do *Tratado*. Hume parte de uma diferenciação interior à própria experiência (que impede de reduzi-la a uma matéria indiferenciada, que exigiria, então, que as diferenciações viessem de fora) da qual procede toda a sequência do *Tratado*. É o fio dessa dedução que F. Brahami se propõe a traçar em *Introduction au* Traité de la nature humaine *de David Hume*, op. cit.

com um dinamismo que só procede delas, da sua força e das qualidades que permitem a transição fácil de umas para as outras, todo um dinamismo cujo modelo é o da filosofia natural, isto é, a ciência física. Se a experiência é um material e não uma simples matéria indiferenciada, é justamente porque ela produz por si mesma suas próprias diferenciações. Tudo se passa como se existissem dois modelos subjacentes próprios a cada descrição: um modelo *lógico-matemático* do qual procedem as descrições hilemórficas e um modelo *biofísico* do qual procedem as descrições dinâmicas.

Todo o empirismo de James é uma recusa do modelo hilemórfico.[24] James substitui a categoria matéria/forma por *material/função*. O material se distingue da matéria no sentido em que ele não é informe ou indiferenciado. Ele já contém esboços de diferenciações, de orientações ou de polarizações, análogos a linhas de força. Ele é constituído de relações das quais algumas são atuais (enquanto compõem *essa* experiência) e outras são virtuais (elas serão atualizadas por ocasião de experiências ulteriores). Desse modo, um pedaço de experiência é virtualmente "subjetivo" ou "objetivo", "físico" ou "mental" (se privilegiarmos essas distinções). Ele *torna-se* um ou outro de acordo com a *função* que lhe é atribuída pelas experiências ulteriores. "Essa 'caneta', por exemplo, em primeiro lugar, é um puro isto, um

---

24 Encontramos, igualmente, uma crítica do hilemorfismo em Henry James, através da observação de um personagem de *Ambassadeurs*, p. 615: a vida "não se apresenta nunca sob a forma de uma forma de alumínio, canelada e folhada, cheia de excrecências decorativas (quando não é lisa e terrivelmente banal) na qual colocamos essa gelatina inerte e sem defesa que chamamos de consciência... de modo que 'tomamos' a forma, como diz um grande cozinheiro, e somos mais ou menos massivamente contidos por ela".

dado, um fato, um fenômeno, um conteúdo ou outro nome qualquer, neutro ou ambíguo, que queiram aplicar [...]. Por ser considerado seja como uma caneta física, seja como a percepção da caneta, ele deve revestir uma função, e isso só pode acontecer num mundo mais complexo."[25]

Mas isso quer dizer, de fato, que deixamos o plano das experiências puras para entrar em um mundo mais complexo. Não consideramos mais o "todo" de uma experiência isolada, mas a relação que se estabelece entre *duas* experiências: a segunda experiência está ligada à primeira e pode então distinguir entre a "caneta física" e a "percepção da caneta", entre uma vertente "subjetiva" e uma vertente "objetiva", em função do contexto ao qual está ligada. A primeira experiência torna-se o *material* "sobre" o qual a segunda experiência exerce uma *função* de conhecimento: ela seleciona um aspecto, focaliza-se em um "núcleo central". A experiência pura não é mais percebida como "um todo"; ou talvez o todo que ela compõe passe a ser então percebido *a partir de um dos seus lados*, justamente aquele que interessa à segunda experiência. Esses lados, esses ângulos ou esses pontos de incidência são atos de nascimento da *perspectiva*. Nada mais a ver com os *pedaços* de experiência independentes uns dos outros, mas sim com *séries* organizadas, "linhas de ordem".[26] A experiência se transforma, então, em sistemas de signos.

◊

25 W. James, *Essais d'empirisme radical*, p. 109 (trad. mod.).

26 Ibid., p. 43: "Esse mundo nos chega, primeiramente, como um caos de experiências, mas logo se desenham ali linhas de ordem."

Considerada em si mesma, a experiência pura não significa nada; ela se contenta em ser aquilo que ela é, substantivamente muda. Podemos, de fato, considerar cada experiência pura como um *substantivo* ou um coletivo: "uma-caneta-está-em-cima-da-mesa", "um-homem-lê-numa-sala". A forma mais geral desse substantivo é a descrição de um fato bruto ou de uma atividade do tipo "alguma-coisa-está-acontecendo". Mesmo que a consideremos como fenômeno (Primeiridade) ou como fato bruto (Secundidade), ela não significa nada. Ela não é um signo, pelo menos não um signo completo. Ela se contenta em aparecer ou agir. Ela só se torna um signo quando entra na mira de outra experiência que diz (ou faz, ou conhece) alguma coisa *dela*.[27] Podemos dizer dessa segunda experiência, de acordo com a terminologia de Peirce, que ela é um *interpretante* da primeira. Ela percebe essa experiência *sob uma perspectiva* que a define como "objetiva" ou "subjetiva", "agradável" ou "desagradável", "interessante" ou "desinteressante". Passamos assim, em William James, dos substantivos aos *adjetivos*. O adjetivo é o substantivo percebido sob uma certa relação, sob um certo ângulo.[28] Não estamos mais no mundo dos

27 Cf. Peirce: "Finalmente, nenhum pensamento real e presente (que seja puro sentimento) tem significação, valor intelectual, pois este não está naquilo que é realmente pensado, mas naquilo a que este pensamento pode estar ligado na representação pelos pensamentos subsequentes, de modo que a significação de um pensamento é algo inteiramente virtual" [5. 289]. Citado em C. Chauviré, *Peirce et la signification*, PUF, 1995, p. 72.

28 James volta sempre para essa distinção entre o substantivo como nome, equivalente a uma experiência pura, e o adjetivo qualificativo como experiência focalizada que podemos considerar aqui como um equivalente da interpretação em Peirce. Cf. sobre esse ponto *Principles of psychology*, ix, pp. 265-266.

fenômenos (ou das afecções) que compõem a experiência pura nem no mundo dos choques (ou das interações) que compõem a experiência efetiva; estamos, a partir de então, no mundo dos *signos* (ou das interpretações). Encontramos os três numerais da experiência que Peirce eleva ao estado de categorias: Primeiridade, Secundidade, Terceiridade. São como três mundos, ou melhor, o mundo considerado sob três numerais ou três "tonalidades" distintas.[29] Uma frase de James, que mostra a influência de Peirce sobre esse ponto, resume à sua maneira o conjunto desse movimento: "A experiência pura, nesse estado, é apenas um outro nome para designar o sentimento ou a sensação [*Primeiridade*]. Seu fluxo, porém, tende a se preencher de relevos assim que ele se produz [*Secundidade*], e essas partes salientes são então identificadas, fixadas e abstraídas, de modo que a experiência vai desaparecendo agora como se estivesse crivada de adjetivos, de nomes, de preposições, de conjunções [*Terceiridade*]."[30] A experiência compõe a partir daí uma verdadeira trama de signos. Vamos passando de signo em signo, em um mundo ele mesmo povoado de signos. Vemos bem o que são esses signos: são as *funções* ou os operadores que nos permitem agir sobre a experiência.

29 Sobre essas categorias consideradas como tonalidades, cf. o artigo de Peirce "*Une conjecture pour trouver le mot de l'énigme*", *Philosophie*, n. 58, p. 3.

30 W. James, *Essais d'empirisme radical*, p. 90 (trad. mod.). Acrescentamos os textos entre colchetes. Deledalle sublinha, com razão, a influência de Peirce sobre James no artigo "A função cognitiva" (*La signification de la vérité*, ch. I) que se apresenta como uma figuração viva e livre de certas teses de Peirce (G. Deledalle, *La philosophie américaine*, De Boeck Université, 1983, pp. 62-63). Poderíamos também dizer, comparando Peirce e Hume: a Primeiridade ou a impressão, a Secundidade ou a sucessão, a Terceiridade ou a causalidade.

Nesse sentido, o empirismo radical é inseparável do pragmatismo na medida em que se trata de considerar as experiências de um ponto de vista funcional, isto é, em função das suas "consequências práticas". Como agem as percepções sobre o curso dos pensamentos? Como agem as ideias umas sobre as outras? Através de que intermediários elas agem no mundo físico? Ou então, se privilegiarmos o outro "lado": como age uma percepção sobre um outro corpo? Como age um corpo sobre outro corpo? *Essa* experiência, essa nova experiência, "neutra" em si mesma, que função ela vai ter no interior do sistema geral das experiências futuras? Que função terá sobre o sistema das ideias? E sobre o sistema das realidades físicas?[31] De que maneira ela vai modificar os "fluxos de consciência"? Os estados das coisas? Estamos vendo que tudo é uma questão de função. Empirismo e pragmatismo se juntam num funcionalismo generalizado. "As atribuições sujeito e objeto, representado e representativo, coisa e pensamento, significam, portanto, uma distinção prática que é da última importância, mas é de ordem apenas funcional e de modo algum ontológica, como o dualismo clássico a imagina."[32] É um mundo feito de materiais compósitos que está sempre se transformando de acordo com as funções que agem sobre ele.

É uma outra maneira de dizer que as experiências estão sempre se interpretando umas às outras. Uma primeira experiência é interpretada por uma outra, que é interpretada por uma terceira, que por sua vez etc. Cada nova experiência é como o "interpretante" da precedente, ao mesmo tempo

31 W. James, *Essais d'empirisme radical*, p. 69: "As ideias formam sistemas religados que correspondem, ponto por ponto, aos sistemas que formam as realidades."

32 Ibid., p. 172.

que sua indeterminação presente – própria a toda experiência tomada em si mesma – abre-a para futuros interpretantes. Cada signo está "indefinidamente fora de si, orientado para seus possíveis interpretantes [...]".[33] Logo que as experiências se encadeiam, podemos dizer que as primeiras experiências mostram aquilo que elas foram para as experiências que as seguem; essas últimas tornam-se os "refletores", os "ressonadores" ou os interpretantes das precedentes. "Cada pulsação da consciência cognitiva, cada pensamento morre e é substituído por outro [...]. Desse modo, cada pensamento nasce 'proprietário' e morre 'possuído', transmitindo tudo aquilo que ele pôde realizar por si mesmo ao seu proprietário seguinte."[34] Esse tudo que eles transmitem, porém, as experiências seguintes só o refletem sob um aspecto, ou um "lado" definido. Um pensamento é primeiramente sem *ego*; apenas num segundo tempo é que podemos adaptá-lo a um "Eu" que será um dos seus interpretantes (se privilegiarmos essa relação). "Penso" é a interpretação adjetiva de um fenômeno "neutro" em si mesmo, o substantivo "o-pensamento-existe".[35] Esse processo se confunde com a

33 C. Chauviré, op. cit., p. 68.

34 W. James, *Principles of psychology*, x, pp. 322-323: "[O pensamento presente] é o gancho firmemente plantado no Presente, no qual está suspensa a cadeia dos antigos eu; só ele passa por verdadeiro e impede essa cadeia de ser reduzida a uma coisa puramente ideal. Logo esse gancho vai cair no passado com tudo aquilo que ele carrega; considerado como um objeto, ele irá se tornar a propriedade de um novo Pensamento, no novo presente que servirá, por sua vez, de gancho vivo."

35 Id., *Principles of psychologie*, ix, p. 220: "se pudéssemos dizer, em inglês, 'pensa' como dizemos 'chove' ou 'venta', essa seria a maneira mais simples de enunciar o fato, com o mínimo de pressupostos. Como é impossível, devemos simplesmente dizer que *pensamentos chegam*."

definição do "fluxo de consciência", em William James: cada campo de consciência é como uma mônada efêmera que se reflete na mônada seguinte, também efêmera.[36] Cada momento da consciência interpreta um outro, formando assim uma espécie de *cogito* interpretativo momentâneo.[37] Ou melhor, cada *cogito é uma relação entre duas mônadas* ou entre dois pedaços de experiência tais que um exerce uma *função de interpretação* sobre o outro.

Vemos então a experiência se povoando de signos interpretantes, em função de experiências privilegiadas. "O mundo do qual fazemos a experiência [...] apresenta-se a todo instante com nosso corpo como centro, centro de visão, centro de ação, centro de interesse. O lugar onde o corpo está é 'aqui'; o momento em que o corpo age é 'agora'; aquilo que o corpo toca é 'isto'; todas as outras coisas são 'ali' e 'então' e 'aquilo'... Tudo gira em torno [do corpo] e é sentido a partir desse ponto de vista. A palavra 'eu', consequentemente, é antes de tudo uma palavra de posição, exatamente como 'isto' e 'aqui'."[38] Nesse caso preciso, vemos os interpretantes se dispondo, circularmente, em torno de um eixo central constituído pelo corpo; mas é evidente que podemos

---

36 Id., *Précis de psychologie*, p. 154: "cada sentimento continua sendo aquilo que ele sempre foi, fechado no seu próprio envelope, sem janela, e ignorando o que são e o que significam os outros sentimentos."

37 Cf. Principles of psychology, x, p. 323: "O Pensador é o pensamento." Cf. igualmente Peirce: "Não pode haver signo isolado. Além do mais, os signos exigem pelo menos dois quase pensamentos: um quase emissor e um quase intérprete; e mesmo que os dois sejam apenas um (ou seja, formem só um pensamento) no próprio signo, eles devem, no entanto, ser distintos. No signo, eles estão, por assim dizer, colados". [4.551]. Citado por C. Chauviré, op. cit., pp. 92-93.

38 W. James, *Essais d'empirisme radical*, pp. 137-138n.

escolher outros centros de referências; qualquer pedaço de experiência pode servir de ponto de partida ou de ponto de chegada no interior de uma série funcional dada. Como dizíamos, as relações podem ser estabelecidas em qualquer direção, contanto que elas passem por elementos condutores. Posso considerar o universo a partir do meu corpo ou então meu corpo como uma parte do universo, considerar o "Eu" como o ponto de partida de um processo, como em Descartes ou Husserl, ou então considerá-lo como o resultado de um processo interpretativo, ou ainda como o signo de um movimento intracefálico. Em todos os casos, estamos lidando com signos destinados a criar "linhas de ordem", através de inúmeras pontualidades da experiência. Cada experiência interpreta uma outra ou, o que dá no mesmo, cada consciência interpreta a si mesma, ao mesmo tempo que interpreta as outras e é interpretada por outras. Como diz Henry James, estamos lidando com "realidades que estão o tempo todo em curso de interpretação".[39]

Não encontramos, portanto, sob uma forma rudimentar, os triângulos do começo? Uma experiência interpreta uma outra sob uma certa relação que, por sua vez, pode ser interpretada por uma nova experiência; não é essa a configuração das narrativas de Henry James: uma consciência, um mundo e um observador exterior? Uma primeira experiência, ao mesmo tempo consciência e mundo (ou, segundo os termos de William James, "sujeito" e "objeto" ao mesmo tempo), e uma segunda experiência que conhece *e* diz alguma coisa *disso*, sob uma certa relação. É o triângulo romanesco considerado como triângulo semiótico. Sabemos que, para Peirce, um signo completo é um signo composto de três signos.

39 H. James, *Carnet de famille*, p. 441.

Podemos dizer, segundo sua terminologia: um signo é, primeiramente, um *ícone,* isto é, o conteúdo da consciência tomado em si mesmo (composto de imagens, lembranças, representações); a seguir, ele é um *índice* (ou uma série de indícios) que serve para identificar aquilo que a consciência visa (ou aquilo que um predicado designa). Mas é preciso ainda que os dois signos, ícone e índice, estejam ligados por um pensamento ou um enunciado que *diga* a relação entre os dois, um *dicissigno*: é o *símbolo* como terceiro signo ou signo "triplo". O símbolo é o *ato mental* pelo qual dizemos alguma coisa (predicado) do objeto visado (sujeito do enunciado). Encontramos em um outro nível aquilo que vale para as narrativas de James: um personagem (ícone), um mundo (índice e indícios) e um narrador (símbolo) como sucessão de interpretantes. Compreende-se então que Peirce possa dizer: "Toda palavra é um símbolo. Todo enunciado é um símbolo. Todo livro é um símbolo."[40]

Quando Henry James afirma que o objeto do romance são as relações indiretas, isso não quer dizer que a matéria da narrativa não são nem as pretensões (romance "subjetivista" ou icônico) nem o mundo dos objetos (romance "realista" ou indexical), mas os *interpretantes* (romance "perspectivista" ou simbólico)? Na verdade, James não é aquele que dá vida a puros signos como "ela", "ele", "você"? E se as interpretações não param de proliferar, não será porque, a cada vez, os interpretantes se abrem para uma grande latitude de interpretantes possíveis, compondo assim *a narrativa do mental*? A arte da interpretação nunca foi levada tão longe quanto em Henry James, entretanto, nunca a indeterminação foi tão grande. São os dois aspectos do

40 [4.448]. Citado por C. Chauviré, op. cit., p. 98.

interpretante, em Peirce: ao mesmo tempo que ele arremata a significação de um signo (como terceiro termo da tríade), ele permanece aberto para seus eventuais interpretantes futuros. Um triângulo não se fecha sem abrir, pelo menos virtualmente, para um outro. Como diz William James, "há sempre alguma coisa que escapa".[41]

Não devemos confundir o interpretante com um intérprete, já que cada intérprete é ele mesmo uma série de interpretantes. Quando, por exemplo, a preceptora de "A volta do parafuso" descobre a propriedade, as crianças, o charme do lugar, ela o faz sob a relação de alguns interpretantes. Isso constitui uma primeira série de experiências sob o olhar da qual a percepção dos espectros constitui o ponto de partida de uma segunda série de experiências. Muito rapidamente, essa segunda série torna-se o interpretante da precedente e das seguintes: "Sim, sim, podemos ficar tranquilamente sentadas observando-os, e eles podem, enquanto quiserem, nos fazer acreditar neles; mas no exato momento em que fingem estar imersos no seu conto de fadas, eles mergulham na visão desses mortos que retornam. Ele não está lendo para ela [...]. Eles estão falando *deles*! Dizem coisas horríveis. Eu sei que pareço louca: e é mesmo um milagre que não esteja. No meu lugar, vendo aquilo que vi, a senhora também teria enlouquecido; mas isso apenas me tornou mais lúcida e me fez compreender muitas outras coisas."[42] Uma série de interpretantes substituiu outra. E essa nova série se compõe

41 W. James, *Philosophie de l'expérience*, VIII, p. 212 (trad. mod.).

42 H. James, "Le tour de l'écrou", p. 104, e mais adiante: "A beleza mais do que humana dos dois, seu comportamento absolutamente fora do normal... Tudo isso é só um jogo, prossegui, uma maneira de ser, uma tática e uma fraude."

de interpretantes ora afetivos (horror), ora dinâmicos (ações "corajosas"), ora lógicos (raciocínios "lúcidos"). Os personagens de James se apresentam antes de tudo como processos semióticos. Cada personagem é uma série de interpretantes que se chamam uns aos outros e cada narrativa se apresenta como a procissão dos seus interpretantes. Henry James introduz o interpretante no romance, assim como Peirce e William James introduzem a focalização no signo.

◊

O signo tem duas orientações distintas: de um lado, ele é o signo *do* objeto, no sentido de que ocupa o lugar dele; de outro, ele ocupa o lugar do objeto *para* um pensamento vindouro. É esse pensamento futuro que Peirce chama de interpretante do primeiro signo. É ele que constitui a Terceiridade do signo. Melhor dizendo, um signo é signo duas vezes, uma vez como *representação* do objeto, uma vez como *interpretação* do mesmo objeto. O signo está, portanto, no cruzamento de duas séries ilimitadas que ele não para de relançar e cruzar novamente, como numa operação de tecelagem. No primeiro caso, podemos dizer que o signo é aquilo que nos permite passar de uma parte do mundo para outra (por meio de uma regra de interpretação), de um objeto a outro, de um estado de coisas a outro. É o signo como signo *do* objeto. No segundo caso, é o mundo – objeto ou estado de coisas – que nos permite passar de um signo a outro, de atualizar um hábito mental. É o signo como signo *para* um outro pensamento. Se tivermos que introduzir uma linha de demarcação entre William e Henry James, é talvez nesse nível que devemos fazê-lo. Tudo se passa como se cada um dos irmãos privilegiasse uma série em detrimento da outra.

William James se interessa, de fato, pelos signos, na medida em que eles remetem aos objetos ou os visam. Os signos permitem passar de uma parte da realidade para uma outra, "levar uma mensagem de Jones à imperatriz da China, ao chefe dos pigmeus da África, ou a qualquer habitante desse mundo".[43] De um modo ou de outro, é preciso que a série de signos nos reconduza até um objeto, ou melhor, até um pedaço de experiência sensível.

"Essas percepções [...] são as únicas realidades que nunca conhecíamos diretamente, e a história inteira do nosso pensamento só conta como substituímos uma pela outra, e como o fato substituído é reduzido ao estado de signo conceitual. Apesar do desprezo que certos pensadores têm por elas, essas sensações são a terra que alimenta, o porto seguro, o rochedo estável, os primeiros e últimos limites, o *terminus a quo* e o *terminus ad quem* da mente. Encontrar esses *termini* sensíveis deveria ser o objetivo de toda a nossa atividade intelectual superior. Eles acabam com a discussão; destroem o falso saber pretencioso; e, sem eles, é como se estivéssemos perdidos no mar, em relação ao que queremos dizer."[44] Em último caso, verificar ou significar é poder entrar diretamente em relação com a coisa indiretamente visada ou significada. O conjunto do processo é pensado a partir do retorno para a percepção, ou melhor, é o mental que é concebido como um atalho que vai significar a coisa para a qual estamos voltando. A função indexical do signo tende a subordinar as funções icônica e simbólica. Existem, é verdade, casos em que os signos não podem nos reconduzir para uma experiência direta do objeto – todas as vezes em que ele

43 W. James, *Le pragmatisme*, IV, p. 131 (trad. mod.).

44 Id., *La signification de la vérité*, p. 48.

não pode ser o objeto de uma experiência sensível; no entanto, é sempre possível ser reconduzido para seus efeitos mais próximos.[45] O signo permanece antes de tudo como signo *do* objeto. Segue-se uma concepção "ambulatória" do conhecimento que consiste em ir até onde está o objeto visado, seja em pensamento, seja efetivamente.

Todas as experiências obedecem, segundo James, a uma espécie de ritmo ternário que se confunde com os três tempos de um *arco reflexo*: percepção, concepção e ação. Tudo se coordena tendo em vista a ação final que reconduz, invariavelmente, o mental para a experiência sensível na qual ele deve agir efetivamente. Partimos da experiência sensível, mas voltamos a ela através do desvio de uma reflexão que nos permite agir sobre ela. Ora, o que é uma ação senão a atualização de uma regra de interpretação que as percepções criaram na mente? A regra de interpretação como realidade mental é um fenômeno intercalar que nos conduz de uma experiência sensível à outra. É nesse sentido que os signos interpretantes nos fazem passar de uma parte do mundo para outra; eles nos reconduzem sempre para o objeto.

Em Henry James, pelo contrário, o objeto permanece quase sempre inacessível, na medida em que, para se aproximar dele, é preciso multiplicar as interpretações que sempre nos afastam mais. É difícil perceber ainda as realidades do mundo sensível "por trás" da tessitura apertada das hipóteses, sugestões, inferências que elas suscitam. A

---

45 Ibid., p. 89: "As ondas do éter e a sua cólera, por exemplo, são coisas que meu pensamento nunca alcançará pela percepção, mas os conceitos que tenho sobre isso me conduzem o mais perto possível, até as 'franjas' cromáticas ou até as palavras e os atos dolorosos que são seus efeitos realmente mais próximos."

função indexical do signo tende a esmaecer em benefício apenas das funções icônica e simbólica. O mundo sensível parece passar para o plano de fundo, recuar para o fundo do quadro e dar lugar a um universo puramente mental. Um personagem de James pode até mesmo chegar a dizer: "Se eu tivesse um índice material, ficaria envergonhado: o fato seria flagrante."[46] É como uma inversão da perspectiva: a partir de então, são as significações fugidias, implícitas, o plano de fundo obscuro das "franjas" da consciência que passam a ocupar o primeiro plano. "Enquanto sorria, falava e inaugurava seu sistema, ela se perguntava: 'O que ele está querendo dizer? Essa é a questão: o que é que ele está pensando?' E ela continuava observando nele todos os signos que tinham lhe tornado familiares sua recente ansiedade, e contando os minutos da muda estupefação dos outros."[47] Todo leitor de James conhece essa experiência: em um dado momento, não se trata mais de seguir o destino dos personagens, mas conseguir apenas seguir o fio das suas interpretações e seus raciocínios, como se o centro de gravidade das narrativas tivesse se deslocado. O destino deles não depende mais daquilo que lhes acontece, mas daquilo que eles podem compreender da sua situação e da interpretação que fazem dela.

É um mundo onde nada mais acontece fisicamente, mas onde tudo se sucede mentalmente. Não são mais as ações físicas do romance de aventuras, mas os "atos" do pensamento, os "atos de linguagem", as conjunções, os implícitos, os "se", os "porquês", os "então" que ocupam a frente

46 H. James, *La source sacrée*, p. 61.

47 Id., *La coupe d'or*, p. 358.

do palco.[48] A interpretação não está mais intercalada entre a percepção e a ação, ela tende a se desenvolver e a proliferar sobre si mesma, de maneira autônoma. Interpretar, inferir, supor, sugerir são, a partir de então, as únicas ações, cujas consequências, porém, são por vezes tão terríveis quanto uma facada ou um envenenamento num romance de aventuras. Daí o papel essencial das *conversas* em James. Elas são "cenas", atos de linguagem, o espaço de projeção do mental. Elas não consistem nem nas trocas de informações em vista de ações futuras, nem nos jogos de perguntas/respostas destinados a fazer progredir a intriga. O interlocutor nunca responde ao que lhe dizem, ele interpreta uma interpretação. Seus enunciados são menos asserções do que declarações de interpretantes. É a razão pela qual as conversas tendem a se desenvolver no condicional, num modelo do tipo: – Você acha que poderíamos afirmar a? – Quando você diz a, não seria uma maneira de sugerir b? – Mas b, não seria um modo de acreditar que c? etc. Falamos apenas por suposição e preterição, nos deslocando, segundo a expressão de Peirce, na esfera do *would be*. Progredimos em um mundo de hipóteses no qual apenas os pressupostos e os subentendidos são implicitamente afirmados, quando não são revogados pela contra-hipótese que responde a eles. Naquilo que é dito ao outro, primeiramente, existe a parte pressuposta que queremos que ele admita implicitamente, sem discussão, visto

---

48 É esse aspecto que encontramos, mais tarde, em Sarraute, cuja obra orientou-se cada vez mais para um pragmatismo generalizado. Não seguimos mais o "fluxo da consciência" dos personagens, mesmo sob a forma microfísica de "tropismos" (como em *Portrait d'un inconnu*). Os "tropismos" aparecem agora como as partículas de "subconversas" que acompanham "atos de linguagem" cujas enunciações tornam-se os acontecimentos essenciais da narrativa.

que a conversa deve continuar sobre aquilo que perguntamos, propomos, sugerimos, e não sobre aquilo que deixamos para trás, como condição admitida ou princípio combinado. Inversamente, graças ao caráter prospectivo do subentendido, orientamos a conversa para suas consequências, *fazendo com que o interlocutor pense e diga* aquilo que não é dito. Dos princípios (pressupostos) às consequências (subentendidos), nada nunca é afirmado, a não ser de maneira indireta.

Diferentemente do que se passa em William James, somos então raramente conduzidos ou reconduzidos para o mundo das realidades sensíveis. Permanecemos no condicional perguntando o que poderia acontecer se..., o que poderia ter acontecido se..., se pudéssemos supor que... Como em Peirce, *o condicional é o tempo do mental*. Quando os personagens são reconduzidos para o mundo sensível, eles se dão conta de que é tarde demais, que tudo foi decidido no intervalo. Quando, por exemplo, o herói de *Os embaixadores*, depois de ter multiplicado suposições de todos os tipos sobre Chad e Mme. de Vionnet, surpreende o casal clandestino numa barca, ou então quando a heroína de *Retrato de uma senhora* toma conhecimento da ligação entre o casal que a manipulou, temos a impressão de que isso não muda nada na intriga, como se a realidade sensível só revelasse aquilo que eles já sabiam de um modo ou de outro. A história termina antes de acabar, o que desconcerta muitos leitores de James que querem prolongar a narrativa, como se ela conservasse algo inacabado: por que Isabel Archer volta para Roma? Ela irá encontrar Osmond? Por que Strether não vai embora com Maria Gostrey? Por que ele volta, finalmente, para Boston, onde ninguém mais o espera? Mas sabemos muito bem que essas perguntas não têm sentido algum. Se os personagens renunciam ou parecem renunciar àquilo que conquistaram, é porque, durante o processo, eles acabaram descobrindo o que queriam saber. Ora, esse saber não dizia respeito ao objeto, ao encontro final com uma realidade sensível. Essa é uma das características do romance de formação: aprendemos que o objeto nada podia nos ensinar, mesmo se aquilo que deveríamos aprender passasse necessariamente por ele. O importante é o encadeamento dos signos no personagem, a sucessão das suas interpretações como tantas variantes da sua perspectiva. Ele vai sendo conduzido de interpretante em interpretante, de signo em signo, sem nunca encontrar a terra firme das percepções sensíveis. E, quando a encontra, descobre que isso não era o mais importante; pois aquilo que o personagem procura não é um *índice* como certeza derradeira, mas um interpretante que ponha fim – provisoriamente – aos conflitos que lhe "atarraxam" a alma.

Talvez encontremos, através dessa diferença entre William e Henry James, as distribuições secretas que se realizam, às vezes, no interior das irmandades, essa misteriosa repartição dos papéis, das características, das funções e das qualidades. Serem irmãos talvez seja a menor distância entre dois seres que, no entanto, vai se amplificando até cavar a maior diferença, a maior diferença possível no interior da menor distância. Um será mais "direto", enquanto o outro irá explorar os caminhos mais "indiretos". Um será constantemente reconduzido para a experiência sensível, enquanto o outro tentará se afastar sempre mais; um prefere sua luz matinal, o outro seu *chiaroscuro* crepuscular e suas percepções indecisas;[49] um concebe os heróis do pragmatismo como personagens intrépidos e confiantes, o outro como personagens

---

49 Em *Du roman considéré comme un des beaux-arts*, James supõe que a cada escritor corresponde uma "hora" particular do dia (pp. 234 sq).

indecisos e inquietos; um confia nas potências do futuro, o outro volta-se para as inesgotáveis reservas do passado; um pensa o sujeito conhecedor como uma deambulação incessante através da junção de espaços fragmentários, o outro mergulha seus personagens nas espessuras de duração onde eles ficam ainda mais imóveis vendo a ação do tempo se refletir nas suas vidas. Um faz da filosofia uma espécie de romance de aventuras, com suas experimentações, seu empirismo "ingênuo" e seu estilo popular; o outro, ao contrário, faz do romance a forma refletida por excelência, a narração complexa do mental e seus modos de raciocínio. Um faz da ação o novo centro de gravidade da filosofia; o outro faz do pensamento o novo tema dos romances, como se cada um deles roubasse do outro aquilo que até então lhe pertencia legitimamente.

Mas eles não formam, ao mesmo tempo, uma única e mesma consciência, instalada no meio da diferença entre eles? Do lado da filosofia, o meio como liquidação dos falsos problemas (os dualismos); do lado da literatura, o meio como posição dos problemas insolúveis (os atarraxamentos). Eles não seriam como dois personagens de James dos quais um diria ao outro: "Você enxerga sempre demais em todas as coisas; seu exagero lhe faz perder de vista a realidade"[50] e ao qual o outro responderia: "Você simplifica demais [...]. A vida é muito mais confusa do que você, acho eu, nunca compreendeu. E você avança com tesouradas [...], corta, reduz, como se fosse uma das Parcas"?[51] A percepção

50 H. James, *Portrait de femme*, p. 687. Cf. a carta de W. James para seu irmão, *Extraits de sa correspondance*, p. 290: "Você é inigualável nos vislumbres, nas alusões, nas elegantes insinuações verbais, mas o coração da literatura é mais sólido".

51 Id., *Les dépouilles de Poynton*, p. 153.

simples liquida os problemas enquanto a percepção complexa está na impossibilidade de resolvê-los, pois ela examina, alternativamente, todas as implicações. Podemos, é verdade, imaginar um estudo que oporia os irmãos James ponto por ponto; mas sua oposição não tem justamente como função repelir a obsessão de estar sempre próximos demais, sempre muito semelhantes, de afastar a ameaça insistente de uma espécie de gemelidade subterrânea?

Devemos, contudo, considerar que a experiência se constitui, nos dois casos, de acordo com a mesma organização triangular. Se a experiência no estado puro se compõe de pedaços legitimamente independentes, o "todo" daquilo que sentimos, pensamos, experimentamos em determinado momento, muda quando as experiências se ligam umas às outras. Não mais se trata de pedaços ou "fragmentos" de experiência, mas de "linhas de ordem" que constituem processos interpretativos ou cognitivos. São *processos deambulatórios*. Conhecer, interpretar, agir, pensar consiste sempre em *traçar linhas*. Isso quer dizer que essas linhas são como pedaços colocados um ao lado do outro, colados uns aos outros como um mosaico? "Nos mosaicos reais, os fragmentos são mantidos pela cola; podemos considerar que as substâncias, os *egos* transcendentais ou os absolutos das outras filosofias tomam o lugar dela. No empirismo radical, não há cola; é como se os fragmentos se emendassem pelos lados, sendo que as transições entre eles que experimentamos constituem seu cimento."[52] O que é preciso determinar, então, é a natureza dos conhecimentos ou das interpretações quando eles são concebidos como processos ambulatórios.

52 W. James, *Essais d'empirisme radical*, p. 83.

CONHECIMENTO E MIGRAÇÃO

Talvez nosso estranho e obsessivo paradoxo, aqui na América, seja que só temos certeza fixa quando estamos em movimento?

Thomas Wolfe[1]

A experiência se apresenta como um vasto campo povoado de signos. As inúmeras relações que o percorrem se apresentam sob a forma de *sistemas* onde cada signo remete a outros signos para traçar "linhas de ordem". Essas linhas constituem igualmente processos cognitivos. O que interessa aos James, no entanto, não é o conhecimento como tal; eles não procuram saber o que *é* o conhecimento, mas descrever o processo pelo qual ele *se dá* e como novos conhecimentos vêm se juntar ao sistema dos nossos conhecimentos existentes e modificar suas coordenadas. O problema não é tanto a origem dos nossos conhecimentos, mas sua gênese. A gênese não está naquilo que começa em determinado momento, mas naquilo que está sendo feito a todo o momento, o próprio traçado das linhas como processo de concretização de um conhecimento primeiramente vago, aproximativo ou abstrato. Como um conhecimento vago *torna-se* preciso, concreto efetivo? Como ele vem modificar o sistema de conhecimento do qual provém? O que importa nesse caso é menos o processo de aquisição dos conhecimentos que o da sua incessante *transformação*. Trata-se de examinar as ideias à medida que elas mudam alguma coisa no sistema de conhecimento daquele que as pensa, isto é, à medida que elas *fazem variar o ponto de vista* do sujeito consciente; trata-se de uma definição pragmatista e perspectivista do conhecimento. Nada está, portanto, mais distante dos irmãos James

---

1 T. Wolfe, *L'ange banni*, L'Âge d'homme, 1985, p. 154.

do que a questão de saber o que *é* o conhecimento, já que se trata de pensá-lo como um processo de transformação incessante. Quais são, de fato, as condições graças às quais passamos progressivamente de um sistema de conhecimento para outro? O que se passa, exatamente, nesse caminho?

Essa questão implica a distinção de pelo menos duas formas de conhecimento, aquela que já possuímos (primeiro estado do sistema) e aquela que estamos adquirindo (segundo estado do sistema ou sistema modificado), para determinar como se faz a passagem de uma para a outra. Já sabemos como se define o conhecimento para os James. Ele não consiste numa relação fixa entre um sujeito e um objeto, mas num processo triangular no qual o objeto (índice ou sucessão de indícios) serve de articulação para passar de um modo de conhecimento para o outro. À representação do choque entre duas bolas de bilhar vem se juntar um novo conhecimento: o da lei que rege sua interação. Por um lado, o conhecimento é a *representação* de seu objeto; por outro, é uma *interpretação* dele. O triângulo é a conjunção de dois conhecimentos: um conhecimento "primeiro" e um conhecimento "terceiro", sendo que o objeto comum aos dois funciona como "segundo".

São as duas formas de conhecimento que William James distingue, o conhecimento familiar [*knowledge by acquaintance*] e o conhecimento "sobre" [*knowledge about*], que constituem respectivamente o ponto de partida e o ponto de chegada – relativos – do conjunto do processo. "Aquilo que nos é familiar está apenas *presente* na nossa mente; nós o *temos* na mente ou dele fazemos uma ideia. Mas quando temos conhecimentos sobre ele, é mais do que apenas tê-lo na mente; quando refletimos sobre as suas relações, parece que o submetemos a uma espécie de *tratamento* e *agimos* sobre ele com nosso pensamento."[2] Encontramos os dois aspectos precedentes: material e função. O conhecimento inicial é o material "sobre" o qual o segundo conhecimento exerce uma função interpretativa. Encontramos, correlativamente, os dois aspectos do signo: sob um desses aspectos, o signo – ou a ideia – é a coisa como percepção ou representação; mas a ideia ou o signo completo é a representação da coisa (ou o que está no lugar dela) mais a interpretação à qual ela dá lugar. A interpretação é um conhecimento suplementar *sobre* a coisa presente ou representada. Uma ideia consciente é, portanto, a representação da coisa mais esse *aonde* ela conduz a mente, sua "interpretante". Compreendemos então que James possa dizer: "Copiar uma realidade é, certamente, um meio muito importante de concordar com ela, mas está longe de ser essencial. O essencial é o processo de ser guiado."[3]

O que se deve compreender aqui por "conhecimento familiar"? Das duas formas de conhecimento implicadas pelo conjunto do processo cognitivo, o conhecimento familiar é sempre o que vem primeiro. Sob sua forma mais geral, ele compreende o conjunto de todos os conhecimentos adquiridos. Conhecemos familiarmente um objeto todas as vezes em que sabemos como nos comportar diante dele.[4] O conhecimento familiar compreende, portanto, o conjunto dos nossos hábitos, na medida em que eles ligam percepção, concepção e reação, numa regra geral de comportamento (regra moral, lógica, técnica). Os hábitos são como mapas da

---

2 Cf. W. James, *Principles of psychology*, VIII, pp. 217-218.

3 Id., *Le pragmatisme*, VI, p. 195 (trad. mod).

4 Cf. W. James, *La volonté de croire*, p. 109: "Conhecemos uma coisa quando aprendemos como nos comportar diante dela, ou como acolher a atitude que esperamos dela."

experiência; eles condensam nossas experiências passadas e nos indicam os caminhos teóricos ou práticos mais vantajosos a seguir.[5] É nesse sentido que as ideias nos "guiam"; elas formam sistemas que determinam *linhas de comportamento*. Sob sua forma mais geral, o conhecimento familiar não se limita, portanto, ao domínio daquilo que está atualmente presente na mente (impressão, sensação, percepção), mas designa o conjunto de todos os conhecimentos adquiridos durante o curso da experiência e cujos hábitos, tirados dali, determinam o curso normal dos nossos comportamentos. Ele cobre, consequentemente, o campo de todos os nossos conhecimentos passados e presentes, tudo aquilo que sabemos, virtual e factualmente.

Se é assim, qual será então o conteúdo da segunda forma de conhecimento? Para dizer a verdade, ele ainda não tem conteúdo, já que sua função consiste, justamente, em produzir um. O que o define não é seu conteúdo, é a natureza do seu processo. O conhecimento "sobre" (ou conhecimento indireto) é o conhecimento *sendo adquirido*. O conhecimento

---

5 Id., *Philosophie de l'expérience*, p. 223 (trad. mod.): "Ao combinar os conceitos com as percepções, podemos traçar mapas que representem a distribuição de algumas outras percepções possíveis para pontos mais ou menos distantes do espaço e do tempo [...] a faculdade conceitual de organizar mapas tem uma importância prática enorme." Ou ainda *La signification de la vérité*, IV, p. 86: "De fato, e de modo geral, os caminhos que atravessam experiências conceituais, isto é, 'pensamentos' ou 'ideias' que 'conhecem' os objetos aos quais elas chegam, são mais vantajosos para seguir. Não apenas eles fornecem transições com uma rapidez incrível, mas também, graças ao caráter 'universal' que as ideias possuem com frequência, e ao seu poder de se associar em amplos sistemas, elas ultrapassam o lento encadeamento das próprias coisas e nos levam para o derradeiro termo com muito menos dificuldade do que teríamos, se devêssemos seguir o fio da experiência sensível."

se torna indireto todas as vezes que esbarramos em um signo novo do qual ainda não possuímos a regra de significação; conhecer consiste então em procurar um interpretante que permita estabelecer a significação do signo em questão. O conhecimento se transforma em processo experimental: emitimos hipóteses que tentamos verificar através de outros signos, indícios, marcas, de acordo com uma série de experiências colaterais que nos ajudam a produzir conhecimentos "sobre" o primeiro signo. Resumindo, conhecer não é mais possuir um saber, mas procurar produzi-lo, criá-lo. Saímos do mundo dos conhecimentos familiares para seguir uma série de signos que nos levam para um outro mundo.

Podemos descrever a conjunção dessas duas formas de conhecimento a partir de uma variante da "Volta do parafuso": duas crianças se afastam por uma alameda, sob o olhar da preceptora. O jardim, a tranquilidade do lugar, o encanto e a alegria inocente das crianças, tudo isso forma um mundo organizado, familiar; cada nova percepção vem se fundir nesse conjunto harmonioso e reforçar sua coesão. Estamos no campo do conhecimento "familiar". No entanto, será que a preceptora se lembra da estranha "presença" espectral que ela acredita ter percebido no alto de uma torre? Não é certo que ela esteja consciente dessa solicitação um pouco distante. Mas uma dúvida se instala, então, na sua mente: por que as crianças se afastam cochichando? Por que, repentinamente, elas parecem estar conspirando? E se fosse para escapar à sua vigilância? E se elas fossem cúmplices daquela "presença"? Bruscamente, é um outro mundo que aparece. Trata-se do mesmo jardim, das mesmas crianças, mas tudo mudou.[6] Nesse momento, a preceptora desenvolve uma desconfiança

6 Cf. H. James, "Le tour d'écrou", pp. 61-66.

sobre o seu conhecimento familiar e mantém agora uma relação indireta com ele, apreendendo-o através de uma dúvida, de uma inquietude que confere uma nova significação à situação inicial. São novas percepções, novas emoções, novos pensamentos – enfim, novos interpretantes – que fazem variar o ponto de vista, ao mesmo tempo que atestam uma nova forma de conhecimento. Eles supõem a existência – *a ser verificada* – de uma relação causal entre o comportamento das crianças e a presença dos fantasmas. Uma nova ideia "guia", a partir de então, a preceptora, uma ideia mais intensa e mais profunda. Ela não tem apenas a missão de garantir a educação das crianças, mas também tem que salvá-las da perdição.

Tudo se passa como se as crianças fossem percebidas duas vezes, uma primeira vez por elas mesmas, uma segunda vez como os reflexos da malignidade dos espectros, ora anjos, ora demônios. Na primeira vez, elas são o conteúdo de uma representação familiar; na segunda, tornaram-se matéria a ser interpretada. Buscam-se nelas *signos* de possessão, de perversidade. Em que consiste aqui o processo cognitivo? Consiste em *juntar esses dois mundos*, passar de um para o outro para reuni-los num mesmo plano, instaurar entre eles uma relação de "causalidade": anjos *porque* demônios. O conhecimento consiste em estabelecer um ponto ou uma passarela de um mundo para o outro. Isso significa que os signos de cada mundo devem entrar em correspondência ou ressonância uns com os outros, que seus respectivos contextos devem se superpor o mais completamente possível, não tanto por intermédio de uma tradução signo por signo, mas através de um movimento de translação, de uma relação de correspondência, no sentido que Leibniz diz que os pontos de uma figura devem corresponder aos pontos da mesma figura, projetada de outra maneira. Nesse sentido, a passagem de um mundo para o outro se confunde com uma variação de perspectiva ou um deslocamento do ponto de vista.

Isso só é possível se a passagem se der através de toda uma série de experiências intermediárias, através de todos os pequenos signos que conduzem indiretamente a um conhecimento completo. É o que William James chama de processo de *verificação*. Verificar não é confirmar a verdade de um conhecimento adquirido (o que ele chama de "verificabilidade"), mas é, pelo contrário, produzir novas interpretações que *se tornam verdadeiras,* à medida que signos, indícios, vêm corroborá-las. A verificação se diz do devir--verdade das nossas ideias; é a verdade tornada processo. É o sentido da célebre definição pragmatista da verdade, em James: "A verdade de uma ideia não é uma propriedade estática que lhe é inerente. A verdade *chega* a uma ideia. Ela *se torna* verdadeira, ela *é tornada* verdadeira pelos acontecimentos. Sua verdade é, de fato, um acontecimento, um processo: essencialmente o processo de verificar, sua *verificação*. Sua validade é o processo de sua vali-*dação*."[7] Podemos dizer, na verdade, que toda ideia é verificada através daquelas que se seguem a ela, ao mesmo tempo que ela enriquece aquelas que a precedem com um conhecimento suplementar. Verificar designa assim o conjunto da sequência que conduz de uma visada inicial até o resultado final, passando por todas as experiências intermediárias que conduzem de uma a outra. Não podemos mais dizer que somos "guiados", ou então guiar toma outro sentido.

A ideia não nos conduz mais numa determinada direção, como os hábitos. O processo não é mais o mesmo. Tudo parte de uma ideia *diretriz*. Só que essa ideia ainda é vaga,

---

7 W. James, *Le pragmatisme,* VI, p. 185 (trad. mod.).

abstrata ou esquemática. Ela apenas dá uma orientação. Sozinha, ela não basta para garantir o menor conhecimento. Ela atesta até mesmo uma dupla ignorância: não conhecemos ainda o objeto visado (ignorância objetiva), mas também não sabemos aquilo que queremos saber (ignorância subjetiva). Melhor dizendo, uma ideia diretriz é pouca coisa sem a sucessão de ideias *condutoras*, através das quais o conhecimento se faz efetivamente. São elas que dão a ele, progressivamente, seu conteúdo. É graças às ideias intermediárias que a visada inicial se torna precisa, se concretiza, se torna verdadeiramente consciente. A ideia, tomada isoladamente, apenas dirige a mente, sem conduzi-la a parte alguma; inversamente, as ideias condutoras a conduzem para qualquer lugar, mas sem nenhuma direção. "O termo para o qual nos guiam [os elementos intermediários] nos diz qual objeto [a ideia inicial] 'significa', e os resultados com os quais eles nos enriquecem a 'verificam' ou a 'refutam'."[8] O conhecimento consiste em explorar o contexto na vizinhança do objeto-signo. É através deles que conseguimos determinar, na verdade, a regra de significação do signo que gerou tal ou tal processo. Ou seja, o conhecimento indireto se confunde com um *processo ambulatório*.

"Minha tese é que o conhecimento [...] é constituído pela deambulação através das experiências intermediárias... Para uma relação concreta de conhecimento, as experiências intermediárias são fundamentos tão indispensáveis quanto os intervalos para uma relação de distância. O conhecimento, sempre que o consideramos concretamente, significa 'deambulação' determinada, através dos intermediários, de um ponto de partida até um outro ponto de chegada, ou na

---

8 Id., *La signification de la vérité*, p. 102 e toda a passagem.

direção deste último."[9] Como no nomadismo, descrito por Deleuze e Guattari,[10] as experiências intermediárias possuem tanta importância quanto os pontos de partida e de chegada: "Nossa experiência compreende, entre outras coisas, variações de velocidade e de direção, e se passa no intervalo entre essas coisas transitórias bem mais do que ao final da viagem."[11] William James insiste ainda mais sobre o papel desse espaço intermediário porque ele estima que o racionalismo o escamoteou, em benefício de um dualismo do tipo sujeito/objeto. Vimos, porém, que o empirismo faz passar tudo *entre* os dualismos. Todo conhecimento é, *legitimamente,* transitório, inacabado e incompleto até que ele *se faça* nos intervalos. O modelo do pragmatismo não é o sujeito consciente, mas o conhecimento sendo construído num

9 Ibid. (trad. mod.), p. 102. Cf. igualmente, *Essais d'empirisme radical*, p. 84.

10 Cf. G. Deleuze e F. Guattari, *Mil platôs: capitalismo e esquizofrenia 2, vol. 5,* trad. bras.: Peter Pál Pelbart e Janice Caiafa. São Paulo: Editora 34, 2012, p. 53 (e p. 97): "Um trajeto está sempre entre dois pontos, mas o entre-dois tomou toda a consistência, e goza de uma autonomia bem como de uma direção próprias".

11 W. James, *La signification de la vérité*, p. 88. Essa concepção pragmatista não é válida apenas para o campo epistemológico; a experiência estética também pode ser concebida sob a forma de uma deambulação, como atesta o trabalho de certos artistas contemporâneos. Cf. por exemplo, as observações de R. Serra sobre suas obras, muito próximas da concepção de James: "Um material impõe sua própria forma. Isso não vem da teoria, mas do próprio material que impregna tanto o saber quanto a visão. Ele impõe reações, uma recepção, respostas, quer se trate de plástico, aço inox, ou tijolos [...]. Estamos menos submetidos à autoridade do objeto, à preciosidade dos materiais, e mais próximos das questões de tempo, de travessia, de deambulação no espaço. Quando minhas peças são vistas, o que é fixado não é um objeto. O que fica gravado é uma experiência, uma passagem [...]. Fica gravada uma relação com o movimento do corpo no espaço. E não um monumento" (*Libération*, 31 jul./1 ago. 2004).

sujeito. O sujeito é apenas um ponto de partida e o objeto um ponto de chegada. Também diríamos origem e resultado. Ou melhor, a criação de séries ambulatórias faz do sujeito consciente *um sujeito migrante*. Nos irmãos James, o conhecimento é antes de tudo uma questão de migração, e inversamente.

Em *O pragmatismo*, James invoca, por várias vezes, o desenvolvimento das infraestruturas dos Estados Unidos – rede postal, ferroviária, marítima – para ilustrar o caráter ao mesmo tempo ambulatório e sistemático do conhecimento. Se podemos com razão falar de um *construtivismo* nos James, é porque se trata, a cada vez, de criar passarelas, construir pontes, trecho por trecho, a própria atividade da deambulação.[12] Em uma teoria do conhecimento, concebida como migração ou ambulação, é evidente que certas ideias agem, efetivamente, como ideias diretivas e condutoras, da mesma maneira que a construção de uma linha férrea ou de uma rede telegráfica fazem deambular operários migrantes através do país. O sujeito consciente do pragmatismo tem todas as características do *Hobo*, o operário andarilho do final do século XIX que segue o movimento dos "materiais" industriais do Leste para o Oeste. Ele é como os personagens de London, Steinbeck ou Dos Passos que deambulam em função das obras e dos empregos sazonais.[13] Em todos os

---

12 Como diz um personagem de James: "A distância era naturalmente intransponível, mas era preciso verdadeiramente uma 'ponte' e a impressão que [ela] teve foi se perguntar se, no conjunto, um espírito formado em outro lugar ficaria, primeiramente, impressionado pelas pontes ou pelas distâncias" (*Les ailes de la colombe*, p. 169).

13 Sobre o nomadismo operário do final do século xix, contemporâneo da industrialização dos Estados Unidos, cf. o belo livro de N. Anderson, *Le Hobo. Sociologie du sans-abri*, Nathan, 1993, que descreve a atividade dos *hobos* em termos de conhecimento ambulatório.

casos, trata-se de construir "linhas de ordem", estabelecer conexões como se fossem vias férreas, pontes ou circuitos elétricos entre as experiências. De um ponto de vista pragmático, um sistema se concebe, na verdade, como uma *rede* de linhas entrecruzadas, indefinidamente prolongáveis, construtíveis. O modelo do conhecimento para William James é aquele que permite conduzir uma mensagem até a imperatriz da China ou ao chefe dos pigmeus, desde que sigam os elementos "condutores". A concepção ambulatória do conhecimento é inseparável de um universo concebido como uma pluralidade de redes que entrecruza a pluralidade das experiências de diversas maneiras e permite ao sujeito consciente perambular por elas. Tudo se passa como se as conexões criassem elas mesmas o espaço no interior no qual elas se desenvolvem ou, melhor dizendo, como se o espaço possuísse nele mesmo uma potência que pede sempre a criação de novas redes.[14]

Esse movimento se confunde talvez com o da própria América, ao mesmo tempo como eterno país de futuro e como conquista incessante, junção de novos espaços vivendo sobre uma "fronteira" sempre empurrada adiante. O espaço americano parece atestar uma potência própria, uma força expansiva capaz de arruinar qualquer tentativa

---

14 Sobre a potência das redes e das cidades, cf. as descrições de Nova York em *La scène américaine,* pp. 87-88: "Temos a sensação de que o monstro cresce e cresce, estendendo para todos os lados seus membros informes como qualquer jovem gigante mal-educado que faz suas 'tolices', e que as malhas da rede estarão sempre se desdobrando, se multiplicando e apertando, cada vez mais rápido, mais forte e mais longe; a complexidade futura da rede, sob o céu e sobre o mar, é como as peças de um relógio gigantesco, de uma sala das máquinas com o coração de aço, com braços que se agitam, punhos que batem, mandíbulas que se abrem e se fecham."

de organização unificadora, daí uma concepção pragmatista do conhecimento como deambulação e uma definição da filosofia como pluralismo ou federalismo. Burke já percebia o espaço americano como uma força em expansão e se perguntava se a constituição inglesa seria capaz de resistir a uma potência como essa, como imanência à própria imensidade. Negri mostra, quanto a isso, como a concepção polibiana da sucessão dos tempos e da história das constituições desmorona diante dessa força expansiva. "As ligações da *polis*, o conceito de participação direta e ativa na vida política, tudo se estilhaça: o cidadão político é aquele que percorre os grandes espaços e se apropria deles, organizando-os e conduzindo-os até uma unidade federal, e garante, pela própria atividade de apropriação, que cada um pode, efetivamente, concorrer para a constituição da nação."[15] É exatamente o que se passa em William James. Entretanto, trata-se menos, como supõe Negri, de substituir a potência do tempo pela do espaço do que opor duas dimensões do tempo: um tempo cíclico, fechado sobre si, e um tempo aberto para o futuro. O que confere ao espaço sua imensidão é que ele é concebido como uma reserva de futuro, um

---

15 T. Negri, *Le pouvoir constituant*, PUF, 1997, p. 193. É Negri que lembra as teses de Burke sobre essas questões. Cf. igualmente pp. 194-195: "O espaço é fundador de poder, pois ele é concebido como apropriação, como expansividade: como 'fronteira' da liberdade, como lugar no qual a potência dos cidadãos torna-se poder [...]. O espaço é o destino da liberdade americana e, ao mesmo tempo, seu retorno às origens: nova Canaã, *Wilderness*, 'primeira' natureza sobre a qual pode ser forjada a 'segunda natureza', a liberdade americana." Notemos que o poder eclesiástico já havia encontrado esse problema, temendo ver o rompimento do "manto da Igreja" (cf. J. P. Martin, *Le puritanisme américain en Nouvelle-Angleterre*, PUB, 1995, pp. 105 ; 205 sq.).

tempo aberto para aquilo que o futuro reserva. O espaço não é aberto em si mesmo; o que abre o espaço é o sentido do futuro (inversamente, como mostra Henry James, aquilo que o fecha é o "sentido do passado"). A potência do espaço é o conhecimento que está por vir, o país que está por vir; e o homem do futuro é aquele que está na fronteira, entre o passado que ele deixa e o futuro que ele constrói. É por isso que o sujeito consciente é, *legitimamente*, um migrante.

Desse ponto de vista, os processos e os personagens de James estão próximos daqueles que serão descritos pela microssociologia de Simmel e pela escola de sociologia de Chicago: o estrangeiro, o migrante, o operário nômade, o homem das grandes cidades, situado entre vários grupos sociais, urbano e indeciso.[16] A característica do migrante é que ele está sempre preso entre dois mundos, entre duas idades, dois países: aquele que ele deixa e aquele que ele descobre. Ele é o homem "terciário" ou o homem dos "interpretantes". Se a migração é contínua, é porque, como no universo pluralista dos James, os meios sociais são compostos de um "mosaico de pequenos mundos".[17] Não existe mundo que não receba, num momento ou outro, signos emitidos por um outro mundo, como é o caso da preceptora de "A volta do parafuso" – até mesmo o mundo mais familiar contém uma parte de estranhamento que faz com que cada um seja um migrante no interior do seu próprio mundo. Os personagens de James estão sempre presos entre dois mundos, entre os quais eles têm que estabelecer passarelas ou pontes, o universo dos

16 Sobre esse ponto, cf. as descrições de Isaac Joseph em *Le passant considérable*, Librairie des Méridiens, 1984, pp. 66-67. Cf. igualmente os textos de G. Simmel in *Tumultes*, "*Figures de l'étranger*", n. 5, 1994.

17 R. Park, citado por U. Hannerz em *Explorer la ville*, Minuit, 1983, p. 45.

mundanos e o do escritor em "A morte do Leão", o mundo das crianças e o dos espectros em "A volta do parafuso", o mundo de Boston e o de Paris em os "Os embaixadores". É o caso, principalmente, de todas as narrativas ditas "internacionais", nas quais se trata de confrontar americanos e europeus, de descrever a parte de provincialismo que fecha os indivíduos nos seus preconceitos e suas más interpretações recíprocas, mas também a parte migrante que lhes permite simpatizar e circular entre um mundo e o outro.

Desse ponto de vista, podemos distinguir dois tipos de personagens, em função da sua capacidade ou não de migrar. Em um dos polos, encontramos o *provinciano*, aquele que, mesmo que viaje muito, não sai do seu país de origem, quilômetro zero. Aonde quer que ele vá, seu comportamento, suas maneiras, sua conversa, seus hábitos, mostram sua autoctonia que não perde suas raízes e seu gosto pelos julgamentos gerais (Vocês, europeus.... Vocês, americanos).[18] *É o personagem das regras gerais extensivas*. Nas narrativas de James, ele é quase sempre aquele que não sai do lugar e permite medir a distância percorrida por um personagem migrante (a amiga jornalista americana que permite medir o caminho percorrido pela heroína, em *Retrato de uma senhora*, ou Waymarsh, o amigo bostoniano, que permite medir o afastamento progressivo de Strether, em *Os embaixadores*).[19] No outro polo, encontramos o *migrante*, aquele que

18 Cf. a novela *"The modern waiting"*, dedicada à questão do julgamento "provinciano" e suas dramáticas consequências.

19 Cf. H. James, *Les Ambassadeurs*, p. 498: "O que estava acontecendo [...] era, portanto, realmente, que uma mulher 'na moda' estivesse encarregada de lançá-lo na alta sociedade, enquanto um dos seus velhos amigos, abandonado na margem, observava a violência da corrente?"

tenta *construir pontes* ou passarelas entre dois mundos, que progride de maneira "ambulatória" de um continente para o outro, de um país para o outro. É que, como diz William James, "a ideia não salta de uma só vez sobre o abismo, ela age apenas progressivamente, de modo a fazer uma ponte que o atravesse [*to bridge it*], completamente ou aproximativamente".[20] O migrante é *o personagem das ideias particulares condutoras,* aquele para quem basta uma pequena série de signos para arrastá-lo para fora do seu mundo.

Falta determinar mais exatamente como é feita a migração. Em James, nunca migramos sozinhos. Com mais frequência, a deambulação é feita com a ajuda de personagens *intermediários* que acompanham o personagem na sua progressão. O personagem focal transita por um (ou vários) personagens que representam o papel de *atravessadores* ou *condutores*. De outro modo, migrar é simpatizar. A simpatia é a parte migrante dos personagens, a condição de seu devir. Por exemplo, em "O discípulo", o narrador segue a consciência de um jovem preceptor inglês contratado por uma família americana para cuidar da educação de Morgan, seu filho. Toda a narrativa fala da maneira pela qual o preceptor passa, progressivamente, de um mundo para o outro, tomando consciência da verdadeira natureza dos membros dessa família. Eles são, primeiramente, percebidos a partir do mundo "familiar" de Oxford e Yale, como sendo encantadores ciganos cosmopolitas, um pouco desconcertantes ("ele nunca havia encontrado nada de parecido em Oxford; e com certeza uma cantilena como essa também não atingira seu jovem ouvido americano, durante os quatro anos de Yale... Ele teve um

20 W. James, *La signification de la vérité*, pp. 121-122.

vislumbre de alegria [...] ao sentir que viver com eles seria aprender a vida de verdade").[21] Logo, ele descobre que, na realidade, está entregue a um bando de vigaristas ("Oh! Eles eram 'respeitáveis', é verdade, e isso os tornava ainda mais imundos... eram aventureiros porque eram aduladores e esnobes"). O que aconteceu no intervalo? Como ele passou de um conhecimento para o outro? O que permitiu a passagem foi a simpatia que ele sente por Morgan, toda a trama dos olhares, das alusões e das "pequenas vibrações musicais", tantas ideias condutoras que os aproximaram um do outro sem que o essencial precisasse ser dito.[22] E talvez o discípulo não seja aquele que acreditamos ser, pois, finalmente, é o jovem rapaz que inicia seu preceptor, que o faz descobrir os segredos da sua abominável família (ignorância objetiva) e o conduz até onde ele não sabia que podia ir (ignorância subjetiva). Conhecer é conhecer o objeto, mas é também aprender, simetricamente, do objeto aquilo que queríamos saber sobre ele, cada um refletindo o outro.[23] Se tudo mudou, é porque a simpatia pelo menino o fez perceber a situação do interior, "com" Morgan.

É nesse sentido que se trata de um conhecimento indireto: para conhecer é preciso necessariamente ser *dois*, que um leve o outro para um novo estado dele mesmo ou para um eu

---

21 H. James, "L'élève", pp. 25-26.

22 Ibid., pp. 28-29. Sobre sua simpatia mútua, cf. p. 34, onde o narrador fala de um "sentimento de confraternidade" (*sympathy*) democrática entre os dois personagens e, mais adiante, p. 58: "Se a miséria faz estranhos companheiros de cama, ela também faz estranhas simpatias."

23 Cf. W. James, *La signification de la vérité*, p. 120: "É apenas quando o resultado final de toda a série associativa, resultado atual ou virtual, está presente na nossa visão mental, que podemos nos fixar sobre a significação epistemológica que essa série possui, se é que ela a possui."

futuro. Até mesmo Descartes precisa de um gênio maligno, de um Deus enganador e de um Deus autêntico para progredir nas *Meditações*. Só que esses personagens teóricos estão ali apenas para ajudá-lo a duvidar do indubitável e a provar o inverificável, a "pular" por cima da experiência, em vez de deambular pela sua superfície e explorar suas profundezas; mas talvez seja porque ele tira esses personagens fictícios do seu próprio cabedal. Em James, é uma simpatia *efetiva* que torna possível o conhecimento; ela transforma os personagens afetando-os do exterior e obrigando-os a modificar seu sistema de conhecimentos.[24] O que permite, de fato, que o herói de *Os embaixadores* progrida no seu conhecimento senão a simpatia estabelecida com certos "atravessadores" (Maria Gostrey, Bilham) que o convidam para passar para o *lado* deles, mas também para ir ao encontro do novo eu que se constitui nessa mesma passagem? É quando o personagem passa por intermediários, que são refletores com os quais ele simpatiza, que sua perspectiva se desloca e sua visada inicial se transforma. Ele abandona seus conhecimentos familiares (a cantilena de Oxford, Yale ou Boston) e se deixa levar pelas vibrações de um eu futuro. Quase todos os personagens partem de uma visada diretiva preexistente, mas se deixam conduzir para outro lugar, de acordo com o curso imprevisível

---

24 Sobre esse ponto, cf. igualmente *"La fonction cognitive"* (in *La significa-tion de la vérité*), onde William James supõe que a relação de conhecimento se estabelece, não entre um sujeito e um objeto, mas entre os signos de um primeiro sujeito e os signos que um segundo sujeito manifestaria em circunstâncias análogas, como por uma espécie de simpatia de um pelo outro: "Antes que eu possa pensar que você significa meu mundo [e que] você o significa como eu, é preciso que você aja sobre ele exatamente como eu, se estivesse no seu lugar" (p. 41). A teoria do conhecimento pragmatista se apresenta, nesse sentido, como uma interepistemologia.

da sua simpatia. Ou melhor, o conhecimento do "objeto" não é feito sem *uma transformação do sujeito*, um e outro se transformando ao longo de uma linha de ordem que os reflete um no outro. Não temos acesso a novos conhecimentos sem nos tornarmos um outro (mas não o outro através do qual nos tornamos). É por isso que o pragmatismo apela constantemente para um sentido do futuro.[25] Não sabemos o que vamos descobrir, nem quem vamos nos tornar para sabê-lo. Vimos que o "conhecimento familiar" tem como conteúdo o conjunto dos conhecimentos passados e presentes; mas o conhecimento indireto se refere a esse sentido do futuro. Ele não repousa sobre um sistema de *crenças* preexistente, mas exige, para ser exercido, uma *confiança* que torne possível a experimentação de novas crenças, de novos conhecimentos. É por isso que ele não tem conteúdo definido. Ele não é a conjunção de todos os *eu* passados com o *eu* presente, mas a conjunção de todos esses *eu* com um *eu* futuro.

O que acontece no caso contrário? Sem simpatia, os personagens parecem privados de movimento real. Eles permanecem fechados no interior de um círculo circunscrito por uma ideia preexistente e tudo aquilo que ela supõe como fixação, fixidez do eu. Certas narrativas de James descrevem esses personagens melancólicos que não podem simpatizar, incapazes de se deixarem afetar por outra coisa além de si mesmos, e remoem, melancolicamente, a questão do destino do seu eu. "Estou cansado demais de mim mesmo; daria tudo o que tenho para sair de mim."[26] Fechar-se é sempre fechar-se em e por um *eu* (o seu ou o de um outro). Nada fecha

---

25 Cf. W. James, *La volonté de croire*, p. 103: "Vários escritores ignoraram, estranhamente, a presença permanente do sentido do futuro na mente..."
26 Declaração da princesa Casamassima, em *Roderick Hudson*, p. 168.

tanto quanto essa ideia. "Enunciada em termos técnicos, a lei é a seguinte: o fato de que a consciência seja inteiramente ocupada pela ideia do eu tende a interromper a livre associação das ideias objetivas e dos processos motores. Temos um exemplo extremo na doença mental chamada melancolia."[27] Não são mais os migrantes nem os provincianos, mas os *insulares*. O insular é o *personagem das ideias fixas imperativas*. É o caso do personagem de "A bela esquina" que se interroga de forma obsessiva sobre quem ele poderia ter se tornado.[28] É o caso do celibatário de "O altar dos mortos", que comemora incansavelmente seu próprio passado, ou daquele de "A fera na selva", que se fecha no interior da espera de um acontecimento formidável que vai mudar sua vida. É até mesmo possível que a espera seja a ideia fixa por excelência, o avesso da comemoração e o correlato da obsessão. Ela não se move, está sempre legitimamente no mesmo lugar e fixa o indivíduo no lugar da sua espera. Nos três casos, os personagens estão submetidos a uma ideia fixa que se confunde com a do seu eu (um eu eventual, um eu passado e um eu futuro). Se eles conseguem sair *in extremis* da sua clausura, é sempre por intermédio de um personagem com o qual, por um breve instante, eles simpatizam. Por um breve instante,

---

27 W. James, *Aux étudiants, aux enseignants*, p. 178 (trad. mod.).

28 Cf. H. James, "*Le coin plaisant*", p. 123 (trad. mod.): "Ele estava totalmente obcecado por aquele assunto [...]. Ele estava descobrindo que tudo se resumia no problema daquilo que ele poderia ter sido pessoalmente." Sobre a insularidade, podemos invocar o personagem de *La tour d'ivoire* que flutua numa "ilha à deriva [...], desejando tanto quanto possível acostar, mas [...] sempre esperando que seja lançada uma ponte [*bridge over*] sobre a água, que seja rompida sua situação insular" (pp. 268-269). O tema da insularidade já aparece em Melville. Cf. *Moby Dick*, Gallimard, "Bibliothèque de la Pléiade", 2006, p. 145.

eles saem do seu mundo, têm finalmente acesso a alguma coisa viva que os espera lá fora. "Ele havia visto fora da sua própria vida, e não aprendido por dentro..."[29]

Mas, para além dos *provincianos* e da recondução perpétua das suas regras gerais extensivas, para além dos *migrantes* e da construção de pontes ou passarelas como ideias particulares condutoras, para além dos *insulares* e suas ideias fixas, ainda há, em Henry James, uma última figura, a do *cosmopolita* (que James chama, às vezes, de "peregrino"). Se a obra de James se apresenta como a narrativa de migrações entrecruzadas, como definir a consciência do autor situada no plano de fundo, aquela que organiza todos os percursos migratórios dos seus personagens, senão como a de um cosmopolita? "Chega um tempo em que um certo número de hábitos começa a lhe parecer provincianos onde quer que os encontre: parece-me, então, que podemos dizer que você se tornou cosmopolita."[30] O migrante está sempre preso entre dois mundos, mas o cosmopolita é aquele que atravessa os ambientes, os países e os mundos sem pertencer a mais nenhum. Ele é como a terra ou o próprio globo terrestre; ele não é aquele que viaja, mas aquele que não tem mais nem país de origem nem país de chegada e que pode mostrar não só como se fazem todas as migrações, mas como elas se fazem umas pelas outras.

29 H. James, "La bête dans la jungle", p. 174.

30 H. James in L. Edel, *Henry James, une vie*, Seuil, 1990, p. 159. Em uma carta a seu irmão, de 1888, James declara querer escrever "de tal maneira que fosse impossível para um observador exterior dizer, em dado momento, se sou um americano escrevendo sobre a Inglaterra ou um inglês escrevendo sobre a América... e, longe de enrubescer diante dessa ambiguidade, eu ficaria excessivamente orgulhoso, pois significaria ser altamente civilizado" (ibid., p. 433).

◊

Não encontramos, sob a aparente imprevisibilidade dos processos ambulatórios, o número recorrente do pragmatismo? Um, Dois, Três – é segundo esse ritmo geral que se dá o conhecimento. Um, o mundo dos conhecimentos familiares; Dois, o choque ou a existência de um outro mundo; Três, o movimento do conhecimento indireto ou a junção dos dois mundos como processo ambulatório. De acordo com um exemplo de William James, podemos comparar o conjunto da sequência ao seguinte esquema: primeiramente, um atirador munido de uma pistola que mira e atira (1), em seguida, um alvo atingido por uma bala (2), finalmente, um testemunho exterior que, de fora, atesta que a pistola atingiu o alvo (3).[31] Primeiramente, uma visada indeterminada e abstrata (1), em seguida, o choque de um outro mundo (2), enfim, uma mente que estabelece, de fora, uma relação entre as duas primeiras experiências (3), não é esse o próprio ritmo do conhecimento ambulatório que acabamos de descrever? São esses três momentos que dividem todas as narrativas de James.

Em que consiste mais exatamente o *primeiro momento*? Muitos personagens de James recebem uma missão que age, pelo menos no começo, como ideia diretiva ou visada abstrata. A ideia pode ser vaga, geral ou determinada; ela pode agir de maneira sugestiva ou autoritária segundo sua "tonalidade". Ela dá uma direção, mas não tem como função fazê-los sair do seu mundo. Pelo contrário, ela só quer mantê-los ali, confirmar a sua autoridade ou seu fundamento. É o caso, por exemplo, dos jornalistas que recebem a missão

31 W. James, *La signification de la vérité*, capítulo 1.

de redigir um artigo sobre uma personalidade ("A morte do leão", "O desenho do tapete", "Greville Fane", "The real right thing"), ou ainda pintores a quem é confiada a execução de um retrato ("O mentiroso", "The special type", "The tone of time", "The Beldonald Holbein"). É o caso do preceptor de "O discípulo" ou da preceptora de "A volta do parafuso", a quem foi confiada a missão de instruir as crianças. É a ideia fixa em torno da qual se organiza a existência dos celibatários, ou ainda um princípio geral, uma ideia que eles têm da vida, como a heroína de *Retrato de uma senhora* que, "com sua pouca experiência e seu grande ideal, sua confiança ao mesmo tempo inocente e dogmática", quer conhecer tudo da vida.[32] Em todos os casos, trata-se de uma ideia ainda vaga e abstrata, mas que representa o papel de uma ideia diretiva. É o vasto domínio do *knowledge by acquaintance*.

Talvez haja alguma coisa nessa ideia que os fará sair do seu mundo, mas, no começo, ela age a partir e a favor desse mundo; ela é o seu representante e recebe o apoio de todas as outras ideias que, nas "franjas", a corroboram. É isso que garante a coesão do seu sistema de pensamento. É particularmente sensível no caso de Strether, o personagem central de *Os embaixadores*, que recebe a missão de trazer de volta um rapaz, seduzido pela vida parisiense, para junto de sua mãe, nos Estados Unidos. Como em toda atividade diplomática, Strether recebe uma missão que funciona como ideia diretiva. É em nome dessa ideia inicial, como embaixador dessa ideia, que ele faz a viagem que o leva da pequena província bostoniana ao coração da vida parisiense. E é essa ideia, com tudo o que ela contém de moralismo rígido, de

---

32 H. James, *Portrait de femme*, p. 227 (trad. mod.).

provincianismo, de pobreza de espírito, essa ideia cujo centro está ocupado pelo personagem severo da mãe, símbolo da razão moral,[33] é essa ideia ou esse fantasma que, ao longo de quase toda a narrativa, *dirige* a progressão de Strether. Ele é o agente dessa ideia, mesmo que vá descobrir que ela não corresponde a nada. À sua maneira, ele faz a viagem para "verificar" a ideia. *Os embaixadores* é talvez uma das narrativas mais bem-sucedidas de uma *"verificação"*, no sentido atribuído por William James.

Só que, inevitavelmente, os personagens se chocam com um signo indecifrável, um pequeno acontecimento imprevisto que não combina com os valores de seus conhecimentos familiares. Como diz William James, por maior que seja o sistema de conhecimento, "há sempre alguma coisa que escapa".[34] Esse choque constitui o *segundo momento*. É a aparição de um espectro em "A volta do parafuso", o "segredo" do escritor em "O desenho do tapete", o cristal rachado em *A taça de ouro*, a metamorfose do filho em *Os embaixadores*, a estranha simetria formada pelo homem envelhecido e a mulher rejuvenescida em *The sacred fount*, as fórmulas enigmáticas do jovem em "O discípulo", o conciliábulo furtivo entre o marido e a mulher alcoviteira em *Retrato de uma senhora*, ou ainda o homem que cruza com alguém, no cemitério, em "A fera na selva". Os exemplos são inúmeros. Cada vez, um pequeno acontecimento se produz, suficientemente desconcertante para *conduzir* os personagens para fora da esfera onde são mantidos pelos seus conhecimentos familiares. E, com frequência, esse pequeno acontecimento

33 H. James, *Les ambassadeurs*, p. 695: "eminentemente, quase austeramente fiel a ela mesma: pura, 'fria' aos olhos do vulgar."

34 W. James, *Philosophie de l'expérience*, p. 212 (trad. mod.).

se liga a outro: a carta da expulsão do garoto em "A volta do parafuso", o comportamento estranho da alcóviteira, em *Retrato de uma senhora*, o convidado que de repente se torna brilhante em *The sacred fount*, a atitude evasiva dos pais em "O discípulo", a presença de uma mulher junto ao filho, em *Os embaixadores* etc. O que será, então, a correspondência entre esses dois signos senão, exatamente, *o começo de uma série ambulatória* que deixa entrever o plano de fundo de um outro mundo?

O que é que torna esses pequenos signos, aparentemente insignificantes, tão extraordinários? Talvez seja preciso ter uma sensibilidade particular, ser animado por uma inquietude quase animal ou vibrar com uma profunda simpatia para ser receptivo. Mas talvez isso se deva também às condições de emissão dos signos, ao fato de que eles estão quase sempre envolvidos numa atmosfera de segredo. "A atitude e o tom desses dois seres, em cada um dos seus encontros, principalmente quando estavam na presença de terceiros, tinham alguma coisa de indireto e de circunspecto, como se eles houvessem se aproximado de maneira oblíqua e se dirigido um ao outro através de subentendidos."[35] Pouco significantes em si mesmos, esses signos têm muitas significações implícitas que demonstram seu pertencimento a um outro mundo. Como um fio solto, eles abrem para outras referências, outros "conhecimentos familiares", outros códigos tácitos. Um signo secreto é um signo do qual compreendemos que ele não nos era destinado. É isso que o torna ao mesmo tempo tão extraordinário (pois ele não pertence ao que é comum no nosso mundo) e tão obscuro (pois ele não tem ainda nenhuma significação no nosso mundo). Talvez esse

35 H. James, *Portrait de femme*, p. 408 (trad. mod.).

signo não seja percebido de maneira isolada. Ele condensa toda uma série de signos aos quais não havíamos, até então, prestado nenhuma atenção, porque eles se confundiam com a trama das percepções comuns. É sempre um grande momento, em James, quando um personagem percebe um signo fora do comum, embora ele ainda não saiba nem o que este significa nem mesmo porque o notou com tanta intensidade.[36] Esse signo singular é como a integral de todos os signos que ele não soube ver, e cuja massa acumulada dá a ele, bruscamente, um lampejo particular que abre sua consciência para um novo sistema de referências.

O *terceiro momento* consiste, portanto, em explorar o vasto campo desse implícito, em tentar reconstituir seu sistema de referências, não apenas para decifrar o signo inicial, mas também para determinar a razão de seu caráter implícito, clandestino ou secreto. Melhor dizendo, só podemos progredir de maneira indireta. Como diz James em *"Reverberator"*: "toda a questão deveria ser abordada por um movimento oblíquo; não chegaríamos a nada, atacando de frente. Seria preciso abrir uma brecha com a ajuda de uma ponta muito fina."[37] O terceiro momento consiste, precisamente,

---

36 Cf. a descrição da primeira desconfiança de Isabel Archer em *Portrait d'une femme*, p. 573. Também podemos, igualmente, nos referir à bela descrição da primeira desconfiança da jovem de *La coupe d'or*, sobre o marido, p. 330 sq. Cf., nesse ponto, o estudo de P. Alféri que mostra como "uma pequena diferença" conduz, progressivamente, o personagem para uma percepção completa da situação. "Un accent de vérité : James et Blanchot" (*RSH* n. 253).

37 H. James, *"Reverberator"*, pp. 81-82. Deleuze e Guattari insistem, nesse aspecto, sobre o fato de que a revelação do segredo deve ser tão secreta quanto o próprio segredo (*Mil Platôs: capitalismo e esquizofrenia 2, vol. 4*, trad. bras.: Suely Rolnik. São Paulo: Editora 34, 2012, pp. 86 sq).

na tentativa de unir esses dois mundos, ou melhor, passar de um mundo para o outro, de uma ordem de "realidade" para uma outra. Só podemos decifrar um segredo se voltarmos para o interior do *ponto de vista* ao qual ele se dirige. Os personagens devem tentar passar para o lado desse implícito para decifrar seus usos. Eles estão à espreita do menor indício – alusão, subentendido – que lhes permitirá decodificar o sistema de significação que outros possuem implícita ou clandestinamente. Por isso, todas as narrativas de James têm, invariavelmente, como trama, significações fugidias, pequenas vibrações no limite do imperceptível, todo um material micropsíquico que constitui o próprio tecido da simpatia. Talvez essas formas implícitas não tenham todas o mesmo grau de profundidade. Algumas estão presentes na superfície das percepções, outras circulam, alusivamente, entre os membros de um grupo social sob forma de *habitus*, outras são segredos ciumentamente protegidos, outras ainda estão escondidas no fundo dos inconscientes. Mas é preciso decifrar o sentido desses signos.

O terceiro momento é, portanto, aquele da produção dos *novos conhecimentos*. Como no empirismo clássico, conhecer consiste em produzir uma relação de "causalidade". No presente caso, o conhecimento consiste na passagem de uma relação implícita, virtualmente presente no interior da situação, para sua produção efetiva por uma mente consciente. Como diz William James, se conto as sete estrelas de uma constelação, posso dizer que elas sempre foram sete, que meu pensamento não muda nada no resultado. Porém, ele explica, elas eram apenas *virtualmente* sete. A mente acrescenta alguma coisa àquilo que existe: ela produz um conhecimento "sobre" essa constelação. Enquanto não for determinada por um *ato* mental, a significação de um estado de coisas permanece virtual.[38] Nesse sentido, o conhecimento consiste em um ato criador através do qual a mente introduz algo de novo no mundo. Ele acrescenta uma interpretação à simples representação. É o que vimos com "A morte do leão". O narrador introduz uma relação de "causalidade" entre o mundo do escritor e o dos mundanos. A interação é, na verdade, feita sem ele, o escritor morreria de qualquer maneira. Mas, sem ele, *a relação causal não seria conhecida*; ela teria permanecido virtual.[39] É ele quem decifra o segredo da morte do escritor.

De certa maneira, todos os personagens de James são "sujeitos conscientes", no sentido em que eles tentam, a cada vez, estabelecer uma relação de "causalidade" entre os diferentes aspectos de determinada situação. Só que essa relação não é diretamente perceptível; ela se dissimula sempre no plano de fundo, nas "franjas" da experiência. É apenas nessas zonas que acontece alguma coisa, que os indivíduos agem sobre outros, que se "amparam" uns aos outros, ora por sistemas de dívida ou poder, ora por relações de simpatia, de amizade ou de desejo. Se, na aparência, nada acontece nos romances de James, é porque aqueles que agem o fazem por trás daqueles que eles manipulam. Essa é até mesmo uma das questões que voltam com mais frequência no personagem focal: considerando um determinado indivíduo, quem age "por trás" dele? Quem são os pais por trás das

---

38 W. James, *La signification de la vérité*, pp. 75 sq. Cf. p. 76, a definição do fato virtual: "Um fato preexiste virtualmente quando todas as condições da sua realização, menos uma, já estão lá."

39 Cf. *La signification de la vérité*, p. 64: "se nosso próprio pensamento particular fosse aniquilado, a realidade subsistiria sob uma forma qualquer, embora faltasse a essa forma alguma coisa que nosso pensamento forneceria."

crianças que morrem? Ou melhor: quem é a criança que está morrendo por trás dos pais aparentemente irrepreensíveis? Quem é a mulher dissimulada por trás do homem metamorfoseado? Quem é a velha tia que age na sombra das moças? Que fantasma é esse que assombra a existência desse personagem? O que é mais secreto em James são as relações causais de um tipo particular. É por isso que a atividade de conhecimento se confunde quase sempre com uma intensa atividade de interpretação, toda uma criptologia.

Mas ainda é preciso distinguir *dois tipos de interpretação*, conforme os *dois modos de conhecimento* estabelecidos por William James. No primeiro caso, trata-se de determinar a *regra de significação* usual dos enunciados ou dos comportamentos. Quais são os hábitos, as regras gerais, os "jogos de linguagem" que determinam a significação de um ou outro enunciado, de um ou outro comportamento? Quando os personagens de James perguntam: o que você quer dizer com isso?, a pergunta não diz respeito ao sentido das palavras, mas à regra de significação segundo a qual elas são usadas. Se todo enunciado pode ser julgado legitimamente por esse tipo de pergunta, é por uma simples razão: um enunciado não pode enunciar a regra de significação segundo a qual ele se enuncia. Essa última só pode estar subentendida; o interpretante permanece necessariamente virtual. A regra de interpretação já é aquilo que o empirismo clássico pensava sob o nome de *ideia geral*, isto é, uma disposição pela qual a mente está "preparada para pensar todos os tipos de coisas", em uma dada direção, embora ela não pense nada de determinado: nesse sentido, a ideia geral é virtual.[40] Ela

---

40 Cf. D. Hume, *Tratado da natureza humana*, I, I, VII, §7, trad. bras.: Déborah Panowski. São Paulo: Unesp, 2009, 2. ed., pp. 44-45: "Como, por

é o outro nome do hábito. Esse primeiro nível define um conjunto de regularidades, de regras, de normas, de *habitus*, ao mesmo tempo senso comum e "memória social", toda uma vertente sociológica e antropológica do pragmatismo. Compreendemos que o pragmatismo possa passar por uma filosofia do comum já que a significação dos signos é reconduzida aos hábitos e regras de um grupo social determinado. Explicamos um signo se determinarmos o hábito ou a regra de uso que estabelece sua significação. É todo o domínio do *knowledge by acquaintance* e das relações de "tradução" que podem ser estabelecidas entre dois sistemas distintos de conhecimentos "familiares". Mostrar como "por trás" dos indivíduos estão, na realidade, grupos sociais que se interpretam uns aos outros, que se afrontam, se julgam, concordam ou se rejeitam é o sentido de uma grande parte das narrativas "internacionais" de James

Para além, porém, desse pragmatismo comum, estamos lidando com um outro tipo de interpretação totalmente diverso. Não se trata mais de saber quais são as regras ou os códigos implícitos que determinam os comportamentos ou os enunciados individuais; trata-se, pelo contrário, de determinar *quem* são os indivíduos que agem "por trás" dessa sociabilidade. É esse o próprio sentido do terceiro momento,

---

hipótese, a mesma palavra foi com frequência aplicada a outros indivíduos, que diferem em muitos aspectos da ideia imediatamente presente à mente, e como essa palavra não é capaz de despertar a ideia de todos esses indivíduos, ela apenas toca a alma (se posso me exprimir assim) e desperta o costume que adquirimos ao observá-los. Esses indivíduos não estão realmente e de fato presentes na mente, mas apenas potencialmente; tampouco os representamos todos de modo distinto na imaginação, mas mantemo-nos prontos a considerar qualquer um deles, conforme sejamos impelidos por um objetivo ou necessidade presente."

nos romances de James, quando é preciso tentar desvendar o segredo. O pragmatismo torna-se um *perspectivismo*. Interpretar não consiste mais em estabelecer a significação dos enunciados, mas em tentar *determinar a posição do ponto de vista que os exprime*. Os enunciados tornam-se, então, refletores do ponto de vista. A ideia não é mais uma regra geral; *a ideia é o próprio indivíduo* como núcleo secreto dos enunciados. Inversamente, o indivíduo é a ideia que se tornou núcleo perspectivo. A ideia perde sua generalidade à medida que os signos permitem voltar para o interior do ponto de vista situado "por trás" dos enunciados. Cada enunciado torna-se, então, uma anamorfose desse ponto de vista. Esse procedimento é ainda mais necessário porque a maioria dos enunciados são alusivos, ambíguos, equívocos.

A retórica já definia a alusão como uma transposição da anamorfose no discurso, uma figura que só poderia ser compreendida sob uma perspectiva determinada. Com o itálico, os pronomes pessoais são as marcas da anamorfose. Só poderemos, no entanto, falar, rigorosamente, de anamorfose, se os enunciados atingirem o mesmo nível de deformação, de estiramento no domínio pictural. Além da frequência dos pronomes e do itálico, são, principalmente, as alterações da ordem sintática que mostram essa deformação. Certos enunciados têm uma construção complexa e sinuosa no limite da agramaticalidade como no seguinte exemplo, tirado de *The sacred fount*: "E quem é que – se, como você diz, você não falou com ninguém – lhe confidenciou isso, digamos?" Ou ainda: "Você mesmo, agora então, não é?"[41] A frase se

---

41 Tiramos esses exemplos do estudo de R. W. Short *"La structure de la phrase chez Henry James"*, art. cit. Sobre a agramaticalidade, cf. p. 264, as construções limites, pp. 270-271 e a análise do exemplo de *La source sacrée*, p. 266.

desarticula, se orienta em várias direções ao mesmo tempo, multiplica a interpolação de incidentes que a estiram até, às vezes, obscurecer o sentido. Se as frases de James atingem essa distensão, é porque a sintaxe se confunde, segundo a profunda observação de Valéry, com "a arte da perspectiva no pensamento".[42]

Sabemos que uma anamorfose só pode ser decifrada se voltarmos para a imagem virtual da qual ela é a projeção. Para saber o que ela representa, é preciso, necessariamente, *fazer o trajeto* até o lugar onde ela pode ser decifrada: a partir daí, podemos, então, inferir a imagem virtual da qual ela é a figura estirada ou contraída. A mesma coisa acontece com as formas implícitas do discurso: é preciso ir ao encontro da perspectiva onde a alusão age como alusão, o subentendido como subentendido. Nesse sentido, a interpretação se confunde, efetivamente, com um processo ambulatório. É preciso fazer o trajeto que permite voltar dos enunciados *até a ideia* da qual esses últimos são as projeções ou os "refletores". Mas qual é o conteúdo dessa ideia? Como tal, ela não é nem atualizável nem determinável. Podemos apenas dizer que se trata do *todo* de uma dada situação. Não damos nenhuma informação sobre um estado de coisas definido (fulano é comerciante, mentiroso etc.), exprimimos um ponto de vista definido sobre um todo indeterminado. Por exemplo, o enunciado "foi apenas um acontecimento lamentável [...]; mas o doloroso é que tenha sido *ele* quem fez isso, e que tenha feito isso *comigo*..."[43] não se refere apenas aos enunciados anteriores, como fazem, normalmente, os pronomes anafóricos, nem ao passado relativo a esse "acontecimento

---

42 Citado por J. Bouveresse in *Le Mythe de l'intériorité*, Minuit, 1976, p. 185.

43 H. James, "Une tournée de visites", p. 160.

lamentável"; ele se refere a toda a história da relação entre eles condensada nos termos "isso", "ele", "eu". "Eu" só se torna tal porque foi "ele" que fez tal coisa, no interior de uma memória não mais social, mas individual ou microssocial. O conjunto dessa memória (pela qual eu sou "eu" tanto quanto ele é "ele") está presente em cada enunciado que o retoma sob um certo ponto de vista.[44] Cada enunciado é uma variação de ponto de vista sobre um todo, sobre *a individualidade* desse todo; ou melhor, ele é esse próprio todo do qual ele atualiza o aspecto sob o qual o apreende.

A esse respeito, talvez, não estejamos insistindo muito sobre o lugar central que ocupam as conversas na organização geral das narrativas de James. Quase todas as passagens narrativas se constroem em torno delas. Tudo se passa, de fato, como se, num primeiro tempo, James expusesse o sistema de referências, de pressupostos, todo o conjunto de conhecimentos implícitos necessários à sua compreensão – a ideia da qual eles falam – para em seguida examinar as consequências resultantes disso, o que elas modificam de uma situação e das relações entre os personagens. Entre esses dois momentos, a conversa se beneficia de certa autonomia; ela condensa em si mesma tudo aquilo que precede, antecipa, às vezes muito profundamente, aquilo que se segue, mas se destaca de um plano que só pertence a ela, misturando as longas durações dos desenvolvimentos

---

44 Cf. a observação de Blanchot: "Talvez seja essa a essência da arte de James: dar a cada instante a totalidade da obra presente" (*Le livre à venir*, Gallimard, "Idées", 1986, p. 196) e a observação de R. W. Short, art. cit., p. 269: "Observamos que o caráter transitório ou conectivo das ligações é gramaticalmente bastante vago; o antecedente não sendo nem uma palavra nem uma afirmação, nem uma frase, porém, mais geralmente tudo aquilo que pôde se passar a partir de um certo tempo."

narrativos anteriores às instantaneidades da interação. Aquilo que os personagens confrontam são variações de perspectiva sobre esse todo, implicitamente presente. Trata-se, portanto, menos de determinar o conteúdo desse todo do que decifrar a *posição* que ocupa cada locutor em relação ao todo do qual eles falam.

É nesse sentido que a interpretação é uma questão de deambulação. Como diz Bergson, compreender um enunciado consiste *não em traduzi-lo*, mas em se colocar em uma disposição de pensamento análoga a do locutor, em tentar se situar na mesma altura de "tom" que ele, em níveis de memória simétricos aos seus.[45] *São como duas memórias que se refletem uma na outra ou se fazem ressoar mutuamente.* Nesse sentido, a interpretação é inseparável de um "ouvido mental" que percebe os enunciados a partir da "tonalidade" da qual eles procedem.[46] Interpretar um enunciado supõe esta-

---

45 Cf. a importante teoria da interpretação em H. Bergson, *Matéria e memória: ensaio sobre a relação do corpo com o espírito*, trad. bras.: Paulo Neves. São Paulo: Martins Fontes, 1999. Por exemplo, p. 140: "Mas interroguemos nossa consciência. Perguntemos a ela o que se passa quando escutamos a fala de outrem com a noção de compreendê-la. Aguardamos, passivos, que as impressões saiam em busca de suas imagens? Não sentimos antes que nos colocamos numa certa disposição, variável com o interlocutor, variável com a língua que ele fala, com o tipo de idéias que exprime e sobretudo com o movimento geral de sua frase, como se começássemos por adequar o tom de nosso trabalho intelectual?"

46 Cf. a passagem importante sobre as disposições e a tonalidade em H. Bergson, *Matéria e Memória*, op. cit., pp. 198-199: "Classificar esses sistemas, buscar a lei que os vincula respectivamente aos diversos 'tons' de nossa vida mental, mostrar como cada um desses tons é ele próprio determinado pelas necessidades do momento e também pelo grau variável de nosso esforço pessoal, seria um empreendimento difícil [...]. Mas cada um de nós percebe bem que essas leis existem, e que há relações

belecer certa altura de "tom", isto é, certo nível de tensão ou de concentração que define a disposição geral do pensamento naquele momento, a "tonalidade" da ideia. Ora, essa tensão da mente corresponde ao nível que ela supõe ser *simétrico* àquele a partir do qual fala o locutor. Essa ideia que ressoa nele, o auditor a projeta, simultaneamente, "por trás" do enunciado do locutor. Ela é um "objeto virtual" que ele coloca por trás do enunciado para determinar sua significação.

O auditor é, portanto, ao mesmo tempo, um *ressonador,* porque faz ressoar nele a ideia que ele projeta, simetricamente, por trás das palavras do locutor, e um *refletor,* porque mostra aquilo que está sendo representado mentalmente no outro, através da sua própria representação (mesmo que, algumas vezes, só ele se mostre nesse reflexo). É uma outra maneira de dizer que as mentes são espelhos e câmaras de eco umas das outras. Por trás dos enunciados que apenas sinalizam, "a intervalos regulares, as principais etapas do movimento do pensamento",[47] cada personagem tenta seguir a continuidade de pensamento do "fluxo de consciência" do seu interlocutor. Se "Beale tinha uma ideia por trás, na cabeça, Maisie também tinha a sua, num lugar também secreto, e durante algum tempo eles ficaram assim, um

---

estáveis dessa natureza. Sabemos, por exemplo, quando lemos um romance de análise psicológica, que certas associações de ideias que nos são descritas são verdadeiras, que elas puderam ser vividas; outras nos chocam ou não nos dão a impressão do real, porque percebemos nelas o efeito de uma aproximação mecânica entre níveis diferentes do espírito, como se o autor não tivesse sabido ater-se ao plano que escolhera da vida mental. A memória, portanto, tem seus graus sucessivos e distintos de tensão ou de vitalidade, difíceis de definir, certamente, mas que o pintor da alma não pode misturar entre si impunemente.".

47 Ibid., p. 145.

diante do outro, enquanto intercambiavam, fantasticamente, a ideia que ele fazia da ideia dela, a ideia que ela fazia da ideia dele, e a ideia que ela fazia da ideia que ele fazia da ideia dela. Impossível exprimir a situação patética e estranha da criança e da sua inocência tão saturada de saber e tão habituada a todas as diplomacias".[48]

Vimos que o movimento de simetria pelo qual uma consciência tenta representar o que se passa numa outra é o da *simpatia*. A simpatia é esse circuito projetivo (e perspectivo) através do qual se estabelece uma relação de simetria (circuito fechado de aprofundamento) entre duas mentes, uma incessante atividade de regulagem que faz passarem as mentes de um plano a outro em função do seu "ouvido mental"; eles se acompanham ou se seguem de acordo com seus níveis de tensão respectivos e um faz o outro deambular. O processo consiste, então, numa espécie de progressão paralela na qual o locutor segue sua ideia e o auditor projeta, "por trás", os enunciados, a ideia geral ou o "objeto virtual" do qual procedem os enunciados do locutor. Mas talvez fosse melhor falar de "sujeito virtual" ou de fantasma, tanto que os personagens têm por hábito procurar "por trás" dos indivíduos outros indivíduos que os manipulam ou fantasmas que os obsedem. De que fantasma um locutor é o ressonador? Que fera, que afetos vibram no fundo do seu corpo? Que outras vozes se fazem ouvir na sua? A partir de que mundo ele fala? Que mundo de refinamento, de delicadeza, de sutileza pode se fazer ouvir numa voz? Cada frase se encurva, cava uma espécie de interioridade carregada de referências implícitas que vibram de todo um mundo.

48 H. James, *Ce que savait Maisie*, p. 199.

VERIFICAÇÃO E FALSIFICAÇÃO

O processo do conhecimento nos irmãos James é concebido de três maneiras distintas. Ele é, ao mesmo tempo, deambulação, interpretação e verificação. Dessas três concepções, foi a última que suscitou mais polêmicas, porque ela implica uma nova definição do conceito de verdade. Vimos que a verificação não é a confirmação de uma verdade preexistente, mas o processo pelo qual conhecimentos *tornam-se* verdadeiros. Uma ideia é verificada ou *se torna* verdadeira por aquela que a segue, ao mesmo tempo que ela verifica aquela que a precede. Toda ideia é tomada assim *entre* uma ideia passada que ela verifica e uma ideia futura que irá verificá-la; sua verdade é legitimamente transitória. Durante o processo, o "sujeito" muda, pois ele se torna consciente, mas o objeto também muda porque se torna conhecido. O sujeito se enche de tudo aquilo que ele conhece sobre o objeto (metamorfose), enquanto o objeto se enriquece com tudo aquilo que o sujeito descobre "sobre" ele (anamorfose). Sujeito e objeto são os dois polos de uma ideia que não para de crescer, de se transformar nela mesma, ao longo do processo. Voltados para o passado, avançando para trás, como diz William James, podemos sempre dizer, como os racionalistas, que a ideia é verdadeira nela mesma, que ela apenas representa, copia ou concorda com uma realidade preexistente; porém, em uma concepção voltada para o futuro como o pragmatismo, toda ideia deve, primeiro, tornar-se verdadeira, ser "verificada".

Para ilustrar esse processo de verificação, evocávamos "A volta do parafuso". A narrativa da preceptora consiste, de fato, em *verificar* uma ideia, estabelecer uma ligação de "causalidade" entre o comportamento das crianças e a presença dos espectros. Tratava-se, então, de descrever um processo, e não de saber como esse processo conduzia a conhecimentos verdadeiros. Se todo novo conhecimento verdadeiro é o produto de um processo deambulatório, isso não quer dizer que todo processo deambulatório conduza a um conhecimento verdadeiro, pelo contrário. Desse ponto de vista, "A volta do parafuso" não seria, justamente, uma narrativa de *falsificação*? Não poderíamos fazer o inventário das pequenas omissões, distorções, denegações que levam progressivamente a preceptora até as conclusões mais delirantes? É possível até que, em James, *todas as narrativas na primeira pessoa sejam narrativas de falsificação*. Poderíamos reverter a definição pragmatista da verdade e fazer com que Henry James diga: "A falsidade de uma ideia não é uma propriedade estática que lhe é inerente. A falsidade *chega* até uma ideia. Ela *se torna* falsa. Sua falsidade é, de fato, um acontecimento, um processo: essencialmente, o processo de se falsificar, sua falsifi-*cação*." Se for esse o caso, como distinguir entre os dois processos?

Sabemos a reposta que William James dá a essa pergunta. Uma ideia é verificada até onde ela "funciona", até onde ela se revela operatória, experimentalmente. Uma ideia é verdadeira se "suas consequências práticas são satisfatórias". Não se trata de determinar se uma ideia é nela mesma verdadeira ou não, mas de saber se ela "funciona" ou não. Ou melhor, é o seu funcionamento que constitui sua parte de verdade. O sentimento de satisfação não tem aqui nada de arbitrário, visto que ele só é sentido se a ideia se revelar efetivamente operatória, se ela permitir agir "sobre" uma parte da realidade física ou mental. Como podemos deixar de experimentar a mínima satisfação? Só ficamos satisfeitos se "isso funcionar", isto é, quando a ideia representa, plenamente, seu papel de intermediário entre a situação presente e o sistema de todos os nossos conhecimentos anteriores.[1] Formulada dessa maneira, não é certo, porém, que essa resposta seja suficiente. Não podemos dizer, de fato, que a hipótese delirante, segundo a qual as crianças estão possuídas por demônios, tem "consequências práticas satisfatórias"? Quando a preceptora provoca a morte do garotinho para salvá-lo da perdição, não podemos dizer que se trata da derradeira "consequência prática" de um vasto sistema de pensamento, conclusão "satisfatória" por essa mesma razão? Quando William James afirma que "achamos satisfatória a *coerência*, a concordância entre a ideia presente e todo o resto da nossa bagagem mental, inclusive todo o conjunto das nossas sensações, das nossas intuições de semelhança e diferença, e de todo o nosso fundo de verdades anteriormente adquiridas",[2] isso será suficiente? No final das contas, em "A volta do parafuso", não temos que lidar com um sistema de pensamento assustadoramente coerente? Não podemos dizer da preceptora aquilo que James diz de um outro personagem, que "Ela não tinha razão, mas acreditava; ela estava enganada, mas conservava uma lógica terrível"?[3]

Entretanto, podemos ver a diferença existente entre esses dois tipos de coerência. William James nos diz que essa coerência se baseia sobre *todo o conjunto* dos nossos conhecimentos passados e presentes; é preciso que os dois sistemas, o das ideias e o das realidades percebidas, superponham-se integralmente para que possamos dizer que um é verdadeiro do outro. O sistema de pensamento da preceptora, porém, está salpicado de buracos, de lacunas, de falhas. Há signos que

1 W. James, *La signification de la vérité*, pp. 129-130.

2 Ibid., p. 129.

3 Sobre a heroína de *Portrait d'une femme*, p. 514.

ela não percebe, relações que ela não pode ou não quer ver. É sempre um momento importante, em James, quando vemos que o personagem não vê ou não quer ver o ângulo morto da sua perspectiva. Como sempre, nosso ponto de vista é duplo: vemos aquilo que ele vê, mas vemos também aquilo que ele se recusa a ver, e adivinhamos então os motivos dessa recusa. Na verdade, os motivos são variados. Há aqueles que não ligam para os escrúpulos cujas evidências esmagam toda incerteza, que têm uma maneira de simplificar tudo em função de seus interesses; há aqueles que evitam, com precaução, seguir certas intuições, como a jovem americana de *As asas da pomba* que, pressionada por aquilo que ela poderia descobrir, afasta-se instintivamente, como se temesse não ter força para enfrentá-lo;[4] há aqueles que têm uma ideia fixa que impede de ver tudo aquilo que não vem corroborar sua obsessão. Todos param progressivamente de ver até o momento em que a série de todas essas pequenas percepções, ocultadas por sua massa acumulada, lhes salta aos olhos, soltando o mesmo grito: tarde demais! Tarde demais! Os romances de James são a história de percepções mutiladas que reatam com a totalidade daquilo que elas haviam ocultado (*verificação*) ou, pelo contrário, a história de percepções completas, progressivamente falseadas, alteradas (*falsificação*).

Paradoxalmente, esses processos de falsificação, em Henry James, permitem compreender melhor a teoria pragmatista da verdade em William James, desde que façamos um desvio.

---

4 Mesma apreensão na jovem americana de *Portrait d'une femme*, p. 369 (trad. mod.): "Apesar de todo seu amor pelo conhecimento, Isabel tinha uma repugnância instintiva em erguer as cortinas e procurar pelos cantos obscuros. O amor do conhecimento habitava sua mente lado a lado com a mais bela faculdade de ignorância."

De um modo geral, podemos distinguir dois grandes tipos de falsificação em James; o primeiro tipo está exposto de modo exemplar em "A volta do parafuso", o segundo, em *The sacred fount*". No primeiro caso, tudo parte da forte emoção produzida na jovem preceptora pelo tio sedutor que lhe confia a educação das crianças. Mas essa emoção se desloca e investe todas as percepções da jovem, como mostram, sucessivamente, suas primeiras descrições entusiastas da propriedade, seu encontro com as crianças, seu vago desejo de "encontrar alguém" e a aparição do primeiro fantasma. Assistimos a um duplo movimento de dissociação (entre afeto e representação) e de deslocamento (de uma representação para a outra). As emoções da jovem modificam o curso e a natureza das suas crenças, deslocam progressivamente o centro de gravidade da "realidade" e a fazem oscilar para um outro mundo:[5] os fantasmas são percebidos como "reais", enquanto o mundo real logo se reduz a uma sucessão de aparências enganosas. Ele é afetado por uma falsidade ínfima que, justamente porque é ínfima, faz com que ele apareça como uma grande conspiração. Tudo é perfeito, se não fosse um detalhe, detalhe essencial, visto que se abre para um outro mundo: "Sim, sim, podemos ficar tranquilamente sentadas observando-os, e eles podem, enquanto quiserem, nos fazer acreditar neles; mas, no exato momento em que

5 Cf. W. James, *Principles of psychology*, xxi, pp. 913-914: "A crença é uma espécie de sentimento mais aliado às emoções do que a qualquer outra coisa [...]. A realidade significa apenas aquilo que está relacionado com a nossa vida emocional e atuante." William James explica, p. 935: "Um homem que não acredita em fantasmas em pleno dia acreditará, temporariamente, na sua existência quando, sozinho, à meia-noite, sentir seu sangue gelar diante de uma visão ou um ruído misterioso, com o coração batendo e as pernas impelindo-o a fugir."

fingem estar imersos no seu conto de fadas, eles mergulham na visão desses mortos que retornam. Ele não está lendo para ela [...]. Eles estão falando *deles*! [...]. Essa beleza mais do que humana, esse comportamento absolutamente anormal... Tudo isso é apenas um jogo, prossegui, é uma maneira de ser, uma afetação e uma fraude."[6] Em nenhum momento a preceptora pensa que é ela quem projeta seus fantasmas "por trás" das crianças. Suas emoções foram contidas por tanto tempo que, quando finalmente se liberam, ela as percebe como potências estranhas, sob a forma irreconhecível de fantasmas "objetivos".[7] É exatamente essa operação que permite que a consciência preserve sua "coerência".

Como em toda *Spaltung*, o desdobramento é ainda mais profundo porque cada metade é reforçada pela presença do outro: os fantasmas tornam-se ainda mais perversos porque a consciência clara se mostra mais moral. Uma profunda ruptura se introduziu na continuidade do fluxo de consciência, mas também na ordem do mundo: uma brecha faz agora com que ele se comunique com a região dos mortos. O primeiro tipo de falsificação talvez seja engendrado através disso, quando não conseguimos mais ligar entre eles vários pedaços de experiência, *quando a continuidade da experiência é definitivamente rompida* e só as aberrações do delírio podem restabelecê-la. As experiências intermediárias faltam ou são escamoteadas, as transições desaparecem e um abismo, que deve ser atravessado pelo delírio, se abre.

6 H. James, *"Le tour d'écrou"*, p. 104.

7 Cf. William James, *L'expérience religieuse*, p. 427 (trad. mod.): "É uma das particularidades das irrupções da região subconsciente de tomarem uma aparência objetiva e darem ao sujeito a impressão de que ele está dominado por uma força estranha."

É exatamente isso que William James denuncia nos racionalistas, mas, em outro plano, é verdade. Como a preceptora, eles saltam por cima da experiência. Seu modo de conhecimento não é ambulatório, mas "saltatório": eles esvaziam a experiência de todas as suas particularidades para não ver mais nada ali a não ser um dualismo insuperável entre o sujeito e o objeto.[8] "Os intermediários, que, na sua particularidade concreta, formam uma ponte, evaporam-se, idealmente, de modo que não sejam mais do que um intervalo vazio a ser atravessado."[9] Conhecer consiste, então, em saltar sobre um abismo criado por si mesmo: o sujeito deve saltar sobre si mesmo para preencher o abismo que o separa do objeto: ele torna-se, então, sujeito "transcendental" ou "Espírito absoluto". Passamos de um delírio passional para um delírio racional, mas o essencial está preservado, ou seja, o salto. Como em "A volta do parafuso", a falsificação consiste em saltar sobre o abismo, mas através de uma entidade puramente racional. No caso da verificação, pelo contrário, "a ideia não salta, de repente, sobre o abismo, ela se limita a agir progressivamente, de modo a lançar uma ponte que o atravesse completamente ou aproximativamente. Se ela estabelece essa ponte, explica William James, ela pode ser chamada de ideia 'verdadeira'".[10] Caso contrário, ela deve então ser chamada de ideia falsa.

8 W. James, *Essais d'empirisme radical*, p. 64 (trad. mod.): "Ao longo da história da filosofia, o sujeito e o objeto foram tratados como entidades absolutamente descontínuas; e depois, a presença do segundo no primeiro ou a 'apreensão' do segundo pelo primeiro revestiu-se de uma característica paradoxal que foi preciso tentar ultrapassar inventando todos os tipos de teorias."

9 Id., *La signification de la vérité*, p. 103.

10 Ibid., pp. 121-122.

O problema, porém, só aumenta. Porque "agir progressivamente" é precisamente uma das características essenciais do segundo processo de falsificação. Ele não parte de uma emoção violenta, mas age de maneira insidiosa. Ele age a partir de um núcleo secreto e se desenvolve, progressivamente, em um amplo sistema circular que atrai o menor incidente e converte o menor signo em desconfiança ou em indício.[11] Nenhuma narrativa ilustra isso melhor do que *The sacred fount*, que constitui talvez um dos autorretratos mais irretocáveis e mais irônicos de James, uma espécie de retrato do artista como fabulador obsessivo. De fato, tudo começa de modo insidioso, por uma estranha hipótese, no limite do verossímil: a partir da observação de um casal, do qual a mulher rejuvenesceu consideravelmente, enquanto o homem envelheceu prematuramente, o narrador emite a hipótese de que a mulher bebeu da "fonte sagrada" do seu companheiro, como um vampiro. Mas aquilo que ainda é apenas uma observação mundana logo se transforma, no narrador, em obsessão. Durante uma recepção no campo, próximo a Londres, onde estão reunidos todos os protagonistas, ele observa que um convidado manifesta uma inteligência bem superior àquela que lhe é habitualmente atribuída. Ele supõe, então, que o mesmo fenômeno se produziu: uma mulher brilhante teve que se sacrificar, esvaziar-se da sua substância mental por esse homem. Ele tem então que encontrar, entre os convidados, uma mulher que seja simetricamente o inverso desse homem, uma mulher intelectualmente enfraquecida, cerebralmente cansada, esvaziada.

---

11 Inspiramo-nos aqui das características aparentes pelas quais Clérambault descreve o delírio paranoico de interpretação. Cf. G. G. Clérambault, *L'érotomanie,* Les Empêcheurs de penser en rond, 1993, pp. 72 sq.

A ideia central, o núcleo secreto do sistema desse narrador celibatário, é uma concepção paranoica da conjugalidade idealizada como vampirização ou predação. Dotado de uma prodigiosa capacidade de interpretação, ele vai, aos poucos, tecendo uma teia que cada signo, mesmo o mais frágil e insignificante, mesmo o mais contrário, aparentemente, à sua hipótese inicial, e quase sempre até mesmo por essa razão, vem estender e consolidar. Raramente um personagem de James atingiu esse grau de introversão e loucura obsessiva. Solipsismo ainda mais selvagem porque lhe permite usufruir de um pensamento todo-poderoso que converte todos os signos exteriores em igual número de pequenos triunfos interiores favoráveis à sua "teoria".[12]

Aparentemente, estamos lidando com um processo de "verificação", no sentido entendido por William James, mas que só acontece no mundo da fantasia e do poderio infantil: "Eu não conhecera nada comparável a isso desde a época dos contos de fada e dos sonhos infantis impossíveis. Naquela época, tinha o hábito de girar em volta dos castelos encantados, porque eu me deslocava, então, em um mundo no qual o estranho 'tornava-se verdadeiro'. Esse poder de tornar-se 'verdadeiro' era a prova do encanto, que, aliás, nunca era naturalmente tão grande quanto no momento em que esse verdadeiro era [...] o fruto da minha própria magia."[13] Estranho processo de verificação, pois o personagem tira tudo dele mesmo, sem nunca aceitar o que vem de fora. Suas emoções são exclusivamente de ordem intelectual, cuja fruição

---

12 H. Hames, *La source sacrée*, p. 104: "Só havia uma beleza para mim: a beleza de ter tido razão."

13 Ibid., p. 104 e toda a passagem.

implica o "sacrifício" das afecções e também das percepções.[14] A grandeza da sua teoria consiste precisamente em poder dispensar qualquer fato exterior. "Se eu tivesse um indício material, ficaria envergonhado: o fato seria flagrante."[15] Ele é como os racionalistas que William James denuncia, cuja lógica está na *amputação do fato*.[16] Quanto mais as aparências são contra ele, mais elas o reforçam na sua ideia. Os desmentidos chegam até mesmo a constituir *provas* da validade da sua teoria, pois o postulado inicial é que não se deve confiar nas aparências.[17] Se não vemos casal, isso é a prova de que existe um, porém, clandestino. Se não percebemos nenhuma marca de vampirismo, esse é justamente o

14 Cf. o texto final, p. 214: "O tormento especial do meu caso era que a condição da luz, da satisfação da curiosidade e da atestação do triunfo era, dessa maneira direta, o sacrifício da sensação. Não havia nenhum ponto sobre o qual minha certeza pudesse, pelo método científico, julgar-se tão completa para não considerar a sensação como uma interferência e, consequentemente, como um possível fracasso."

15 H. James, *La source sacrée*, p. 61.

16 Cf. W. James, *Essais d'empirisme radical*, pp. 197 sq. "A realidade deveria ser dada não pela Razão, mas pelo Fato. O Fato resiste, sem sentimento de culpa, brutalmente e cegamente, à degradação universal exigida pela Lógica absolutista de todas as coisas em relações lógicas, e é a única coisa que resiste. Daí [...] seu não reconhecimento e sua 'amputação' do fato."

17 H. James, *La source sacrée*, p. 38: "– O senhor diz que a aparência é uma espécie de traição porque ela indica a relação que está por trás. – Exatamente. – E a relação, para realizar alguma coisa desse tipo, deve, necessariamente, ser terrivelmente íntima. – Intimíssima." Cf. as observações de Clérambault, op. cit., p. 74: "Suprima do delírio de um interpretante essa concepção que lhe parece a mais importante, suprima até mesmo várias delas, o senhor terá perfurado uma rede, mas não terá rompido os elos; a rede continuará imensa e outras malhas serão criadas por elas mesmas."

signo que ele opera secretamente. Quanto mais as aparências o desmentem, à primeira vista, mais elas lhe dão razão.

Vemos em que consiste aqui o processo de falsificação. Consiste em sacrificar toda exterioridade em prol de uma continuidade puramente teórica; e compreendemos bem por quê: porque é apenas de fora que pode vir aquilo que contestaria o todo-poderoso narrador, a fruição dos seus *would be*. No sistema dele, a realidade exterior só existe se fosse confirmada uma hipótese que a contivesse por antecedência. Sua força de convicção é tão grande que ele está persuadido de que existe uma harmonia preestabelecida entre sua consciência e o mundo. Encontros casuais se produzem no exato momento em que ele os deseja, como se a única função da realidade fosse, finalmente, satisfazer seu pensamento, aumentar seu sentimento de ser todo-poderoso.[18] Esse sentimento de harmonia preestabelecida é um aspecto constante, em James.[19] Está igualmente presente em "A volta do parafuso"; é a coincidência, muito comentada, entre o desejo da preceptora de ter um encontro e a súbita aparição do espectro. É como se o mundo estivesse no interior do pensamento, tão interior que parece provir dos seus delírios.

18 Ibid., p. 104: "Essa foi a ideia na qual a senhora Server, naquele momento aparentemente sozinha, caminhando pelo bosque sombrio e parando quando a olhei, surgiu no seu vestido claro, na extremidade de uma alameda. Foi, exatamente, como se ela estivesse ali como resultado da minha inteligência, ou talvez de um modo ainda mais feliz, do meu sentimento."

19 Cf., por exemplo, *"Un lieu de rêve"*, p. 49: "Participando da impressão de conjunto, por alguma lei extraordinária, a visão que tínhamos parecia vir menos dos fatos do que os fatos dessa visão: os elementos estavam determinados, em dado momento, pela necessidade ou pela simpatia do momento."

O narrador de *The sacred fount* aparece então como sendo uma espécie de imagem invertida da preceptora de "A volta do parafuso". Nos dois casos, há o delírio de um outro mundo por trás do mundo "real"; há o delírio dos atos de possessão e de vampirismo por trás dos personagens. Nos dois casos, igualmente, surge uma leve dúvida: e se eles tivessem ficado loucos? E se tudo aquilo fosse apenas um delírio da sua imaginação?[20] Mas, ao mesmo tempo, vemos aquilo que distingue esses dois processos de falsificação: em um caso, preservamos a continuidade da experiência, contanto que sua exterioridade seja sacrificada[21] (*The sacred fount*); no outro, conservamos a exterioridade da experiência, mas sacrificamos sua continuidade ("A volta do parafuso"). Poderíamos também dizer que *basta que falte uma das duas dimensões para gerar um processo de "falsificação"*. É por aí que o "falso" se introduz nas experiências, que nós "falseamos" experiências que, consideradas nelas mesmas, são "válidas", enquanto ainda não tenham sido

20 Cf. "Le tour d'écrou", p. 185: "porque, se ele era inocente, meu Deus, o que eu era então? " e *La source sacrée*, p. 222, onde o personagem sente um "pequeno sopro – sopro do qual senti, levemente, a ardência interior para murmurar: E se ela tivesse razão?". E, também, p. 134: "Se fosse uma aberração frenética, eu deveria ser acusada, mas se fosse outra coisa qualquer, era realmente embriagador."

21 Cf. *La source sacrée*, p. 132: "De repente, eu estava pensando com uma espécie de horror em todo incidente que me obrigasse a expor ao mundo, a defender do mundo, a compartilhar com o mundo, essa trama de hipóteses tão complexa, atualmente, da qual eu falava por comodismo, como se fosse minha teoria", e ainda p. 112: "Eu estava moralmente tão confiante e tão intelectualmente triunfante que me descrevi aqui com franqueza; mas até então eu nunca havia submetido minha teoria a nenhuma prova objetiva".

nem mutiladas nem truncadas.[22] No primeiro caso, é a continuidade que é "falsa" ou ilusória, por falta de exterioridade. No segundo, é a exterioridade que é "falsa" ou alucinatória, por falta de continuidade. É sempre um afeto (ou um complexo de afetos) que vem romper a continuidade da experiência enquanto é sempre uma ideia (ou um sistema de pensamentos) que a priva de exterioridade.

Em que esse longo desvio permite compreender melhor a concepção pragmatista da verdade de William James? É verdade que temos tendência a reduzir o conceito de verdade, em James, ao caráter funcional ou operatório das ideias; talvez isso se deva ao fato de que ele mesmo se protegeu atrás dessa definição para enfrentar seus numerosos contraditores. Mas o que é uma ideia verdadeira senão uma ideia que prolonga aquelas que a precedem (*continuidade*), ao mesmo tempo que se acrescenta a elas do exterior (*exterioridade*)? *Exterioridade e continuidade são os dois constituintes da ideia verdadeira, em James.* É preciso compreender isso quando ele define a ideia verdadeira em função das suas "consequências práticas satisfatórias". O que é a satisfação, de fato, senão o sentimento de uma continuidade entre as diversas experiências ou ideias? Entre a situação presente e o sistema de todos os nossos conhecimentos anteriores? E o que são as consequências práticas senão o fato de que uma ideia se prolonga para fora de si mesma, na direção de outras ideias ou de outras partes da realidade sobre as quais ela age? Se um dos dois constituintes vier a faltar, é então que a ideia se torna falsa. Inversamente, é a sua correlação que impede os processos de darem errado ("atarraxamentos" e

22 Sobre a validade de cada experiência considerada em si mesma, W. James, *Essais d'empirisme radical*, pp. 48; 135.

VERIFICAÇÃO E FALSIFICAÇÃO

"falsas posições"). A exterioridade impede que a *imanência seja transformada em interioridade*, enquanto a continuidade impede que a *exterioridade se transforme em transcendência*. É preciso as duas para preservar a imanência do processo, mas também para produzir o próprio conceito de imanência, que não é um conceito simples. Na verdade, há imanência quando as duas dimensões – continuidade e exterioridade – funcionam juntas. A imanência se constrói; ela é o produto do construtivismo, embora, de um outro ponto de vista, ela seja seu pressuposto. Aliás, é por isso que, em James, nada garante mais a verdade das ideias, a não ser a própria imanência do processo pelo qual elas *se tornam* verdadeiras.

Do conjunto dessa concepção, destaca-se uma questão correlativa: como nos fechamos em um sistema? Qual é o processo pelo qual construímos um sistema fechado, vedado aos desmentidos, às revisões, a qualquer elemento exterior? Finalmente, o falso não seria o signo do fechamento *e reciprocamente*? Acreditar que o conhecimento pode ser concluído definitivamente, que não haverá novo choque, novos signos para relançar o processo, para destruir antigas verdades e produzir novas, não será esse o erro que engendra todas as falsificações? O conhecimento torna-se uma questão estritamente teórica (o desejo de teoria de *The sacred fount*) ou altamente moral (a missão salvadora de "A volta do parafuso"). De um ponto de vista pragmático, o erro *é a verdade concebida dogmaticamente*. Qual é, justamente, o grande erro dos racionalistas e dos "absolutistas" hegelianos para William James senão terem concebido a verdade no interior de sistemas fechados? Para eles, "o verdadeiro deve ser essencialmente a realidade recorrente, que se reflete e se contém ela mesma, e que encontra sua própria proteção no fato de conter em si seu próprio outro e negá-lo; isso forma um sistema esférico sem pontas soltas para fora, que poderiam ser pegas por alguma coisa exterior e estranha; e fica para sempre enrolado sobre si mesmo e fechado, ao invés de se esvaziar em linha reta e permanecer aberto nas extremidades".[23]

Todas as críticas que James dirige ao racionalismo ou ao absolutismo derivam dessa concepção circular e retroativa da verdade. O que falta ao racionalismo é a exterioridade. Qual é o valor de uma verdade que não muda nada no sistema daquele que a pensa? Que só serve para confirmar, retroativamente, aquilo que ele já sabia? Só há exterioridade se alguma coisa nos levar para fora do sistema de nossos conhecimentos adquiridos, alguma coisa que exige *a criação* de novas verdades. A produção de verdades, de um ponto de vista pragmatista, não funciona mais de acordo com um modelo retroativo. Podemos sempre objetar que uma ideia só deve sua "verdade" ao fato de se parecer com um objeto que preexiste a ela; é verdade, mas foi preciso, primeiramente, produzir essa semelhança, criá-la com todos os seus elementos. De um modo geral, produzir novas verdades não consiste em reproduzir aquilo que existe nem confirmar a verdade de um sistema existente, mas sim em transformar aquilo que existe e redistribuir o conjunto das coordenadas de um sistema. "Por que a missão do pensamento não seria acrescentar e criar, em vez de simplesmente imitar e duplicar aquilo que existe?"[24] Para

23 W. James, *Philosophie de l'expérience*, p. 77 (trad. mod.).

24 Id., *La signification de la vérité*, pp. 69 e 77: "A verdade teórica, a verdade que é apenas uma reprodução passiva, que buscamos apenas pelo prazer de reproduzir, e não porque a reprodução é boa para tudo, mas simplesmente porque é preciso reproduzir, me parece, considerando friamente, um ideal ridículo."

os James, a verdade só pode ser concebida no interior de sistemas *abertos*, que podem ser revisados e construídos. Não podemos compreender a concepção da verdade dos James sem a ontologia pluralista que a acompanha. De fato, é porque a experiência se compõe de pedaços ou de "todos", independentes, legitimamente, e exteriores uns aos outros, mas também porque existe uma relação de continuidade entre esses diversos pedaços de experiência, que criam o tempo todo novas verdades e novos sistemas de conhecimento. Como diz James, nenhum ponto de vista é o último.[25] A verdade é sempre transitória, revisável e móvel.

◊

De um modo geral, conhecer consiste em estabelecer relações de correspondência, de recuperação entre diversos pedaços de experiência. Mas, de acordo com o modo de conhecimento considerado, não lidamos com o mesmo tipo de relação. A distinção entre o conhecimento familiar [*knowledge by acquaintance*] e o conhecimento "sobre" [*knowledge about*] recebe aqui uma nova determinação. Podemos dizer que o conhecimento familiar tem como função estabelecer uma *relação de continuidade* entre essas experiências, enquanto o conhecimento "sobre" tem como função produzir *relações exteriores* entre essas mesmas experiências. Para melhor destacar seu modo de funcionamento respectivo, é preciso

25 Ibid., p. 74: "Considerando, porém, esse fato de que toda experiência é um processo, nenhum ponto de vista pode ser o último. Cada um deles é insuficiente, instável e sujeito a controle de pontos de vista ulteriores". Ao dogmatismo, James opõe um "fracassismo" segundo o qual todos os nossos conhecimentos são revisáveis.

considerar cada tipo de conhecimento separadamente. Se nos colocarmos no nível dos conhecimentos indiretos, veremos bem o que está se passando. O conhecimento é sempre exterior ao seu objeto na medida em que sabe coisas "sobre" ele. Temos conhecimentos "sobre" as coisas, sabemos agir "sobre" elas, nada mais do que isso. "O pensamento só age nas superfícies."[26] O conhecimento indireto não está imerso no fluxo contínuo das sensações, das emoções e dos afetos, ele age sobre esse fluxo introduzindo distinções e separações de todos os tipos. Ele corta o fluxo da experiência em função de conceitos que procedem de interesses práticos e teóricos.

Sobre esse plano, até mesmo a corrente contínua do "fluxo de consciência" é concebida como uma sucessão de momentos exteriores uns aos outros. "Cada sentimento continua sendo o que ele sempre foi, fechado no seu próprio envelope, sem janela, e ignorando o que são e o que significam os outros sentimentos."[27] Cada experiência forma um "todo" independente; e esses "todos" só estão ligados uns aos outros de maneira exterior, pelos conhecimentos que eles têm uns "sobre" os outros. Cada indivíduo, cada grupo social, cada país forma um mundo independente, fechado sobre si mesmo. Cada perspectiva permanece fechada no interior de seu mundo. É a situação na qual está, por exemplo, o crítico de "O desenho do tapete". Ele está fechado num universo estritamente intelectual, capaz de desenvolver conhecimentos "sobre" as obras, mas incapaz de conhecê-las do interior, de simpatizar com elas.[28] Por

26 Id., *Philosophie de l'expérience*, p. 169.

27 Id., *Précis de psychologie*, 6, p. 154.

28 A breve conversa com o romancista ilustra perfeitamente os limites do conhecimento "sobre" [*knowledge about*]. Cf. H. James, *"L'image dans*

mais longe que sua inteligência alcance, ele nunca atingirá aquela zona onde literatura e vida são uma coisa só.[29]

Em James, o crítico pertence a essa família de personagens que não têm vida própria; eles vivem apenas de interpretar ou comentar aquilo que acontece aos outros. Nada acontece através deles; eles apenas multiplicam os comentários "sobre" aquilo que está acontecendo. É uma característica da vida social, em James, viver da vida dos outros, extrair dela um material para ser comentado ou criticado, um parasitismo generalizado, próprio da vida mental. Se tivéssemos que partir desses personagens "insulares", nada aconteceria nunca. Eles nunca começam nada, não são nem Primeiros nem Segundos, estão sempre numa posição "terceira". Eles incarnam os *would be* próprios da vida mental, de acordo com a definição de Peirce, uma vida reduzida à atividade mental. A mente nunca começa; ela precisa de um material preexistente (perceptivo, afetivo, cognitivo) "sobre" o qual ela vai exercer suas funções. Os personagens do mental são, antes de tudo, celibatários – a menos que o celibato seja a parte do mental em cada vida. Os celibatários de James vivem em um mundo isolado onde *nada vem de fora*, como no universo teórico do narrador de *The sacred fount*. Nada acontece, ou então, o que dá no mesmo, acontece sempre a mesma coisa. Eles vivem fechados no mundo deles, interiores a eles próprios, exteriores a todo

---

le tapis", p. 87 (trad. mod): "– O que ninguém percebeu na minha obra é um órgão de vida. – Entendo... é uma ideia sobre [*about*] o sentido da vida, uma espécie de filosofia?" Mais adiante, o escritor desaprova, justamente, nos críticos, seus "jogos de superfície".

29 Cf. "L'image dans le tapis", p. 93, quando o amigo do narrador é apresentado como sendo aquele para quem "vida e literatura são uma coisa só".

o resto, sem poder estabelecer relação de vida com a menor parcela do universo. "Estou morto de cansaço de mim mesmo; daria tudo o que possuo para sair de mim."[30] Eles não têm continuidade com o mundo, na proporção em que não têm exterioridade em relação a eles próprios.

É num outro plano, o dos conhecimentos familiares, que os mundos se comunicam efetivamente uns com os outros. É nesse nível que alguma coisa acontece, que entramos diretamente em relação com um fora.[31] Trata-se das mesmas experiências, observadas, porém, em um nível micropsíquico, no nível das "franjas" da experiência que fluem sob os recortes e as descontinuidades aparentes do conhecimento indireto. "As pequenas vibrações mais sutis, mais tímidas, mais ansiosas, *por causa da paixão que precede o conhecimento,* não chegam a ser negligenciáveis para quem quer que se interesse pela vida no seu conjunto."[32] Não somos mais sujeitos conscientes, mas sujeitos sensíveis. Ou então, o conhecimento tornou-se conhecimento sensível; ele se confunde com um ato de simpatia: compomos com o mundo percebido o "todo" de uma experiência irredutível. A experiência não é só nossa, mas do "todo" que compomos com outros seres vivos, com o céu, a terra, as plantas (ou qualquer outra coisa) naquele momento. "A única maneira de captar em profundidade a realidade é, ou

30 Roderick Hudson, p. 168.

31 W. James, *Philosophie de l'expérience*, p. 175 (trad. mod.): "Por mais numerosos que devam ser os *condutores* intermediários, é um fato que a corrente dinâmica vai de mim para você, pouco importa como. Na lógica, as distinções podem ser, tanto quanto quisermos, *isoladores*; mas, na vida, coisas distintas podem comunicar e, efetivamente, comunicam entre elas a todo instante" (grifo do autor).

32 H. James, *La création littéraire*, pp. 165-166 (grifo do autor).

ter dela a impressão direta, porque nós mesmos fazemos parte dessa realidade, ou então evocá-la na imaginação, graças a uma simpatia capaz de adivinhar a vida interior de um outro ser."[33] Para James, profundidade e vida interior querem dizer continuidade. Ter a experiência de... é ter uma experiência *com*... Nesse sentido, todos os conhecimentos diretos são *simpatias*.

É exatamente por intermédio dessas simpatias que as experiências entram em uma relação de continuidade umas com as outras. Há um plano comum, um "tecido", que é como se fosse uma única e mesma experiência que se prolonga indefinidamente. É nesse sentido que devemos falar de *continuidade*. William James já tinha mostrado isso nas suas descrições do "fluxo da consciência": apesar de passarmos por experiências descontínuas, na aparência – da leitura de um artigo erudito ao pensamento de uma conta que não foi paga –, conservamos o sentimento de uma continuidade subterrânea, sentimos uma trama de afinidades secretas entre esses dois momentos que fazem uma única e mesma experiência que se prolonga. As experiências estão ligadas umas às outras por "franjas" de simpatia. É um mundo no qual as distinções se desfazem, onde as experiências se misturam, onde a alma "deixa que suas correntes de vida se absorvam no 'sabido'" até *se incorporarem* a ele.[34] É um mundo percorrido por vibrações sensitivas, afetivas, emocionais, exatamente o nível que o crítico de

---

33 W. James, *Philosophie de l'expérience*, p. 169 (trad. mod.). Sobre a simpatia, cf. também, pp. 177; 168, James distingue claramente "o conhecimento teórico, que é o conhecimento sobre as coisas" e a familiaridade direta e simpática com elas.

34 Id., *Aux étudiants, aux enseignants*, p. 206.

"O desenho do tapete" não consegue atingir, o lugar onde as experiências se comunicam diretamente, a trama muda das simpatias.

O que garante à experiência seu caráter contínuo? O que faz com que as experiências se comuniquem em um mesmo plano de vida em vez de se separarem umas das outras? De onde os personagens tiram essa capacidade de vibrar com o menor signo, se não for do fato que eles têm *um corpo*? De fato, é através do corpo que a continuidade se estabelece entre as experiências. É através dele que pertencemos a esse mundo, que temos experiências "com" ele (e não "em" nós). A continuidade se define como uma espécie de vibração corporal da qual cada experiência se torna o ressonador momentâneo. As relações, mesmo puramente mentais, só têm sentido se forem animadas por uma espécie de vida interior que faz vibrar, em seus corpos, aqueles que as experimentam. Melhor dizendo, é através dos corpos que se estabelece o plano contínuo das experiências, que novas relações experimentam, enquanto é através do mental que se cria a exterioridade que permite deambular pela superfície do mundo, fixar-se nele como insulares ou consolidar sistemas que, no melhor dos casos, são os ressonadores das vibrações corporais que compõem as experiências.

É esse mundo de vibrações que coloca o outro em movimento, pois *é apenas nesse mundo que se passa alguma coisa*, que sentimos e agimos. Saímos do condicional, das hipóteses do mundo mental, para entrar no mundo efetivo e concreto das afeições e das ações. É o que acontece com os celibatários, salvos *in extremis* da sua maldição ao final de cada narrativa. Alguma coisa os atinge *de fora* e os traz de volta para a vida: eles voltam a *sentir*. Mas, paralelamente, existe um perigo próprio a esse tipo de conhecimento, quando nos deixamos absorver pelo fluxo, quando estamos totalmente abertos, a ponto de nos incorporarmos a ele, sem nenhuma proteção, sem nada para garantir a conservação de si próprio. "Você tem razão em dizer que somos todos ecos ou reverberações do 'mesmo' [...]. Mas eu lhe imploro que evite dispensar essa simpatia e essa delicadeza exageradamente; lembre-se que cada existência tem uma história particular que não nos pertence, ela é de um outro, e contente-se com a difícil álgebra que rege a sua. Não se misture demais ao universo, permaneça tão invulnerável, denso, inquebrantável quanto possível."[35] Se a simpatia nos imerge no fluxo, ela corre o risco de nos fazer perder o limite protetor e seletivo, necessário à nossa conservação; não conseguimos mais estabelecer uma distância, nos proteger contra inimigos intrusivos ou emoções demasiado fortes. É o que acontece com as crianças frágeis e com as moças ingênuas, em James. Sua imersão no fluxo leva-as para além daquilo que elas podem suportar. Desse ponto de vista, elas são exatamente o oposto dos celibatários, daqueles que vivem ao abrigo do fluxo, na sua ilhota.[36] Tudo se passa como se os celibatários e as moças só tivessem respectivamente acesso a um dos dois modos de conhecimento. Mas o conhecimento só é possível quando se passa sempre de um para o outro, segundo um vaivém constante que permite compensar as insuficiências e os perigos de cada um. "A experiência direta e o conhecimento conceitual são desse

35 H. James, *Lettres à sa famille*, p. 21.

36 Essa distinção entre dois tipos de personagem (e as duas formas de conhecimento que ela acarreta) não deixa de ter analogia com a distinção Apolo/Dionísio em Nietzsche. Sobre a renovação dessa distinção, em Nietzsche, cf. Barbara Stiegler, *Nietzsche et la critique de la chair*, PUF, 2005.

modo complementares um do outro: cada um atenua os defeitos do outro."[37] Resta determinar como eles se juntam.

O universo dos James é irredutivelmente pluralista; ele se compõe de uma pluralidade de mundos que são como pequenas ilhas. Mas isso não impede que esses mundos se comuniquem, subterraneamente, embaraçando suas respectivas "franjas", compondo uma espécie de arquipélago.[38] É isso que garante a continuidade da experiência: "A própria Experiência, considerada globalmente, pode crescer pelos lados. Não poderíamos negar que um dos seus momentos se desenvolve no momento seguinte, através de transações conjuntivas ou disjuntivas que prolongam o tecido da experiência. A vida está tanto nas transições quanto nos termos conectados."[39] Temos aqui um verdadeiro trabalho de tecelagem ou de costura. Cada pedaço de experiência é costurado a um outro pelas suas "franjas". É por essa razão que William James, ao falar da continuidade do mundo, invoca uma trama ou um tecido da experiência.[40] Cada indivíduo é

37 W. James, *Philosophie de l'expérience*, pp. 169-170.

38 A descrição da filosofia de James como um arquipélago aparece, primeiramente, em G. Maire, *William James et le pragmatisme religieux*, Denoël et Steel, 1933, p. 159: "Poderíamos, sem faltar com o respeito, comparar a unidade final do pensamento filosófico de James à unidade geológica desses atóis oceânicos compostos, primeiramente, de madrepérolas isoladas." Encontramos isso em Deleuze (cf. *Crítica e clínica*, trad. bras.: Peter Pál Pelbart. São Paulo: Editora 34, 2011, pp. 112-113). Esse tema já aparece nas narrativas de Melville, como destaca P. Jaworski em *Melville, le désert et l'empire*, Presses de l'École normale supérieure, 1986, pp. 63 sq.

39 W. James, *Essais d'empirisme radical*, p. 84 (trad. mod.).

40 Tecido é um outro sentido do termo inglês "material". A imagem do tecido volta muitas vezes em William James, cf. *Essais d'empirisme radical*,

um fragmento desse amplo tecido e se comunica com outros fragmentos através das suas "franjas".

Deleuze define a concepção pragmatista da experiência como uma arte do *patchwork*, "uma colcha de retalhos de continuação infinita, de juntura múltipla [...], a invenção americana por excelência".[41] Como isso é verdadeiro nos irmãos James, que veem em toda experiência consciente uma progressão gradual, pedaço por pedaço, costurados entre si com as linhas das vibrações sensitivas, nervosas e cerebrais.[42] Cada indivíduo costura pedaços de experiência uns nos outros, garantindo assim a continuidade multicolorida do seu "fluxo de consciência". Um fluxo de consciência se apresenta, de fato, como um desfile de "motivos" ou de "temas" pertencentes às experiências mais diversas, ligados entre si pelo entrelaçado de "franjas" micropsíquicas que garantem subterraneamente a continuidade do fluxo. Se podemos, legitimamente, falar de patchwork de "continuidade infinita", como faz Deleuze, é porque a experiência se apresenta, na realidade, como um *patchwork de patchworks*: cada

---

p. 66: "O conhecimento das realidades sensíveis chega assim à vida no interior do tecido da experiência" ou ainda, *La signification de la vérité*, p. 102 (trad. mod.): "Mas o objeto e [o sujeito] são todos dois fragmentos da grande colcha e do tecido da realidade no seu conjunto."

41 G. Deleuze, *Crítica e clínica*, op. cit., p. 113. Cf. igualmente G. Deleuze e F. Guattari, *Mil platôs: capitalismo e esquizofrenia 2, vol. 5*, trad. bras.: Peter Pál Pelbart e Janice Caiafa. São Paulo: Editora 34, 2012, p. 194 sq. É Melville, em Moby Dick, quem invoca a "grande máquina de tecer do mundo" (capítulo 102). Cf. igualmente, a análise de *Redburn* em P. Jaworski, op. cit., pp. 119 sq.

42 Cf., W. James, *Aux étudiants et aux enseigants*, p. 103. As características associadas "formam juntas uma rede de ligações que tecem essa impressão no tecido do nosso pensamento". E p. 105: "O melhor sistema no qual seja possível tecer uma ideia é, portanto, um sistema racional, ou seja, uma *ciência*."

fluxo de consciência está ligado a outros por suas "franjas", compondo, não um universo mais amplo, mas um "pluriverso" crescente em todas as direções.

É preciso invocar novamente a "pequena filósofa inexorável" de *The ghostly rental*, que talvez resuma sozinha todo o pragmatismo de Henry James: "Observe atentamente, ela me diz certa vez, e pouco importa onde o senhor esteja. Pode ser dentro de um armário negro como um forno. O senhor só precisa de um ponto de partida; uma coisa puxa a outra e tudo se encaixa. Deixe-me trancada em um armário escuro e, algum tempo depois, observarei que alguns cantos são mais escuros que outros. Depois disso (se o senhor me der tempo), poderei lhe dizer o que o presidente dos Estados Unidos vai comer no jantar." E o interlocutor lhe responde: "Sua observação é tão fina como uma agulha e suas observações são tão sólidas quanto as suas costuras."[43] Tudo se resume nessa troca: o conhecimento como deambulação através das experiências intermediárias, a junção progressiva, o trabalho de tecelagem que costura experiências heterogêneas. Por mais longe que ele vá, o conhecimento nunca poderá se elevar até o saber absoluto, como pretendem os hegelianos anglo-saxônicos, que William James sempre combateu. O melhor que temos a fazer é costurar pedaços de experiência para compor uma espécie de "filosofia em mosaico". "Nossas aspirações e nossas dificuldades são apenas peças e pedaços, mas o Absoluto não pode fazer nenhum trabalho individual para nós."[44]

43 H. James, "Le fantôme locataire", *Nouvelles*, 2, p. 65. Cf. igualmente *Nouvelles complètes*, i, pp. 1254-1255.

44 W. James, *L'expérience religieuse* (trad. mod), p. 432. Sobre o patchwork artificial dos absolutistas hegelianos, cf. *Philosophie de l'expérience*, p. 176. Sobre a "filosofia em mosaico", cf. *Essais d'empirisme radical*, pp. 58; 83.

Tapete, tecido e tela constituem um dos grandes temas que atravessam a obra dos irmãos James. Desenvolver um ponto de vista, descobrir um segredo, conhecer consiste em bordar ou tecer, produzir novas conexões, *contexturas*. Cada narrativa se apresenta como "desenho do tapete". É o título da famosa novela, mas é também uma definição que sempre volta nos textos críticos de James.[45] Uma narrativa não é apenas um quadro ou uma sucessão de cenas, é um tapete. Ou melhor, o tapete é o quadro *sendo feito*, cujas figuras vão aparecendo à medida que a tecelagem progride. O tempo é a tela sobre a qual as consciências bordam seus temas e os

---

Henry James também descreve as experiências como sendo costuras, como, por exemplo, em *La coupe d'or*, p. 32 (trad.mod.): "Ela precisava preencher dois grandes vazios na sua existência, e se dizia ocupada em jogar nela fragmentos de atividade social, assim como havia visto, nos seus jovens anos de América, velhas senhoras jogarem retalhos de seda nas cestas onde juntavam panos para fabricar eventuais colchas de arlequim [*patchwork quilt*]." É em termos análogos que James também se descreve em *Mémoires d'un jeune garçon*, p. 296: "É a partir de tais retalhos, de fato, que se revela a trama do tecido da minha jovem sensibilidade – quando a memória (se a sensibilidade nuca existiu por si) remexe no nosso velho baú cheio de roupas da mente e, sempre tirando com tanta emoção isso e aquilo e outros trapos esfarrapados, ela apresenta o modelo abertamente. Percebo que, quanto a isso, remexo com tanta impaciência e emoção que os trapos, por mais finos que sejam, vêm aos punhados e que cada um parece estar emaranhado no outro."

45 Cf. por exemplo, em *La création littéraire*, p. 155: "É deles [esses ricos efeitos de resumo e atalhos] que vem a verdadeira coerência, precisa e densa, que dá sua unidade às diferentes partes, como os fios entrelaçados de uma tapeçaria. 'The chaperon' tem talvez, de certa maneira, alguma coisa dessa textura." Sobre o romance como tapeçaria, cf. igualmente, *La création littéraire*, p. 21-22; 367; *Du roman considéré comme un des beaux-arts*, p. 253. E sobre a experiência como tecelagem, cf. *Carnet de famille*, pp. 212; 347; 404; 436.

entrecruzam.[46] O romance se apresenta então para James como um quadro móvel, uma "procissão", quase como cinema.[47] E talvez essa arte do patchwork seja mesmo um componente do estilo tão particular de James. Sob certo aspecto, a escritura se apresenta, de fato, como uma malha apertada de alusões, de subentendidos, de referências, como se as palavras estendessem "seus tentáculos, em todas as direções, como os componentes químicos no diagrama de uma molécula";[48] sob um outro aspecto, porém, temos uma justaposição de sintagmas costurados entre si por diversas preposições e locuções, como uma frase que está sendo escrita. Sob determinado aspecto é uma escritura em rede (*network*), sob um outro aspecto é uma escritura em pedaços (*patchwork*). Podemos reduzir a frase de James à seguinte estrutura elementar: "*ela* porque *ele*", cada pronome tomando o lugar de pedaço, enquanto a locução conjuntiva garante sua junção. Esse duplo modo de composição determina a estrutura sintática da frase, favorecendo uma desarticulação em segmentos autônomos, disjuntivos, no interior, porém, de uma construção conjuntiva complexa que os integra numa continuidade de ordem superior: *patchwork* e *network*.

Não é o que sempre vimos em William James? De um lado, as experiências concebidas como "todos" ou pedaços; de outro, o encadeamento das experiências concebidas como

46 H. James, *Carnet de famille*, p. 104.

47 Sobre a prefiguração do cinematógrafo, cf. *La création littéraire*, p. 333: "Seu papel encantador consistira apenas em projetar sobre o vasto campo da visão do artista, que permanece fixado ali, sempre no mesmo lugar, como o pano branco pendurado para receber as imagens da lanterna mágica de uma criança, sombra mais fantástica e móvel."

48 R. W. Short, "La structure de la phrase chez Henry James" em *L'art de la fiction*, op. cit., p. 270; sobre a costura e a arte do patchwork, pp. 273-275.

"linhas de ordem", linhas de conduta ou processos deambulatórios. De um lado, as sínteses passivas do conhecimento direto, do outro, as sínteses ativas do conhecimento indireto. Pedaços e linhas, patchwork e network são as duas dimensões do construtivismo dos irmãos James, a lógica dupla das coisas *enquanto estão sendo feitas*. É porque a experiência se apresenta a nós sob essa forma heteróclita, multicolorida e fugidia que nenhuma unidade final é possível. A única unidade é aquela, indefinidamente construtível, da continuidade da experiência.

Podemos medir aquilo que separa essas duas concepções através dos retratos comparados que Henry James faz de Tennyson e Browning. Tennyson era um homem de uma só coisa, uma "rígida idiossincrasia" que não era "intelectualmente dispendiosa ou heteróclita"; Browning, pelo contrário, "era heteróclito e profano, composto de peças e de pedaços, que deixavam visíveis algumas aberturas nas junções, e se dedicava às digressões a partir das quais as aberturas se formavam nele: de modo que ele precisava *provar* que era poeta, apesar de todas as aparências".[49] Tennyson é o homem unificado, o homem-Um, enquanto Browning, assim como os personagens de Melville, é um homem-Múltiplo, um homem-patchwork, heteróclito e deambulante, sempre no intervalo da derivação ou da "digressão", sempre entre dois temas costurados um no outro por linhas secretas.[50] Foi a partir desse retrato que James escreveu a belís-

49 H. James, *Carnet de famille*, pp. 434-435.

50 Cf. a observação de F. Nietzsche, *Œuvres philosophiques*, IX, Gallimard, 1997, 5 [1] 208, p. 221: "*cada uma* das nossas ações continua a *nos* criar, a tecer nossa roupa multicolorida. Toda ação é livre, mas a roupa é necessária. Nossa *experiência* – é nossa roupa".

sima novela "A vida privada", na qual o escritor nunca está onde esperamos encontrá-lo, mas está clandestinamente presente onde ninguém pode vê-lo, como se a continuidade fosse a mais secreta das realidades. E se o escritor se confunde, em James, com o cosmopolita, é porque ele é inseparável de modos de subjetivação "heteróclitos", tomados no amplo tecido multicolorido do mundo, patchwork de patchworks.

SOCIUS

ENTRE OS ATOS

William James define o pragmatismo como uma "filosofia social, uma filosofia do 'co-', na qual as conjunções fazem o trabalho".[1] Em que consiste esse "trabalho" das conjunções? Como agem os indivíduos, efetivamente, uns sobre os outros? Sabemos como eles se interpretam, se percebem, se conhecem, mas ainda não sabemos como eles agem uns sobre os outros. Não sabemos como eles formam sociedades nem como essas sociedades se relacionam umas com as outras. A questão é ainda mais pertinente porque não há ação direta, física, diádica em Henry James, se entendermos por isso as peripécias do romance de aventuras, crimes, raptos, duelos. Em James, agimos sobre alguém na medida em que o "levamos" a agir de determinada maneira. Agir é *fazer acreditar*. O mundo social é antes de tudo um mundo de crenças, um mundo onde cada um acredita e faz acreditar. Fazer acreditar não é dar uma informação na qual o outro acreditará: é levá-lo a agir de determinada maneira, de acordo com a informação transmitida. É esse o sentido da definição pragmatista da crença, em William James: acreditar é estar "disposto a agir", em função de uma crença dada; reciprocamente, fazer acreditar é levar o outro a agir de acordo com determinada crença.

É uma outra forma de relação indireta: os indivíduos só agem uns sobre os outros por intermédio de crenças. Não há outras ações em Henry James, embora resultem daí tantos efeitos certeiros quanto no romance de aventuras. Não são mais *ações* físicas, mas *atos*, os atos do mental, aquilo que se passa *entre* os indivíduos e determina a natureza das suas interações. Claro que as sociedades se compõem de incontáveis ações coordenadas entre si, mas sua coordenação

1 W. James, *La signification de la vérité*, p. 93 (trad. mod.).

depende dos "atos" que levam seus agentes a se comportarem de determinada maneira. O funcionamento do mundo social se parece, sob certos aspectos, com o de uma conversa. Um indivíduo fala, mas, ao falar, incita o outro a responder. É o "ato" de toda enunciação, de todo signo social, não ser necessariamente um enunciado performativo do tipo "eu juro", mas ter uma força elocutória que comprometa o interlocutor de uma maneira ou de outra. De um modo geral, o mundo social está povoado de regras, de hábitos que coordenam todas as trocas, regulam o tráfico das ações, das enunciações e dos comportamentos – todo um sistema de crenças pelas quais os indivíduos incitam uns aos outros a agir, falar, interpretar. Acreditamos e fazemos com que os outros acreditem em nós. Antes mesmo de estudar de que tipo são as crenças, é preciso descrever o funcionamento geral do campo social, a maneira pela qual os indivíduos agem indiretamente uns sobre os outros.

Com o que se parece o mundo social dos James? Ele se baseia numa concepção distributiva e pluralista. Distributiva porque o essencial não consiste no caráter coletivo de um grupo dado, mas nos *intervalos* que regem as relações entre termos independentes (sociedades, grupos ou indivíduos); pluralista porque cada sociedade, assim como os novos espaços urbanos do final do século xix, se compõe de um mosaico de pequenos mundos distintos. O que caracteriza a coesão de *um* grupo é o conjunto das regras ou crenças tácitas segundo as quais seus membros se dispõem a pensar, falar, agir. Em certo sentido, um grupo social é tão extenso que não precisa se explicar. Ele age de acordo com a pressuposição de uma base comum de regras de interpretação que circulam entre seus membros e harmonizam seus comportamentos. É social, primeiramente, aquilo que podemos calar, a parte implícita que torna possível qualquer interação. Isso significa que as crenças pelas quais os indivíduos agem uns sobre os outros são inseparáveis de relações de confiança, sensíveis no próprio intervalo que as liga.[2] Henry James exprime perfeitamente esse implícito do conhecimento familiar relativo a um grupo social dado: "Você não lembra do que eu lhe disse sobre as nossas relações? Tudo é tácito entre nós, e nada é dito. As ideias que compartilhamos, nossas perpétuas mundanidades, nossa busca constante de ocasiões não é o tipo de coisas que se possa exprimir graciosamente quando se faz questão, como nós, de preservar as formas: de modo que basta que possamos nos compreender. Nós nos compreendemos como sempre fizemos, e não há nada de novo nisso, porque sempre houve alguma coisa entre nós que não podíamos discutir."[3]

Em todos os casos, aquilo que reúne os indivíduos é ter crenças sobre as quais eles não têm mais nada a se explicar ou concordar; todo um sistema de regras, de valores, de normas que garantem a coesão do "mundo" deles. Contrariamente ao que supõe Simmel, isso não quer dizer que esse

2 Sobre o papel da confiança como fundamento da ligação social em William James, cf. *La volonté de croire*, pp. 58-59 (trad. mod.): "Um organismo social qualquer, grande ou pequeno, é aquilo que é, porque cada membro cumpre o seu dever com a crença [*trust*] de que os outros farão da mesma maneira, no mesmo momento. Em todos os lugares onde um resultado procurado é obtido através da cooperação de várias pessoas independentes, a existência positiva desse resultado é a simples consequência da confiança [*faith*] mútua das partes interessadas. Um governo, um exército, uma organização comercial, um colégio, uma sociedade esportiva, só existem sob essa condição, sem a qual não só não poderíamos realizar nada, como também nada tentar."

3 "Louisa Pallant" em *Nouvelles, 2*, p. 744 (trad. mod.). Cf. também, *Nouvelles complètes II*, p. 1048.

implícito seja necessariamente secreto.[4] Às vezes, ele é até mesmo tão pouco secreto que se manifesta assim que um indivíduo vem contestar sua validade. O que é a história de "Daisy Miller" senão a narrativa do levante dos pressupostos da pequena comunidade suíça, o despertar de todo um plano de fundo moral, reativado em toda a sua potência contra a jovem que os ignora?[5] O próprio deste implícito é, justamente, retornar à superfície assim que a necessidade se faz sentir. Ele aparece, então, por aquilo que é: um sistema de valores e de forças, a potência da moralidade dos costumes.

Os pedidos de explicação ou de tradução vêm sempre de um outro mundo; a pergunta "o que você quer dizer com isso?" é sempre uma tentativa de lançar uma ponte entre mundos que não se compreendem ou se compreendem mal. Vimos que o papel dos personagens migrantes, em James, sempre divididos entre dois meios, entre dois continentes, é tentar decifrar essas regras implícitas. É esse, por exemplo, o sentido das perguntas do velho senhor Longdon, em *The Awkward Age*, que esteve ausente por muito anos dos meios londrinos. Seu interlocutor lhe diz que conhece uma de suas amigas há muito tempo. "O que é que vocês chamam

---

4 Cf. *Secret et sociétés secrètes*, Circé, 1991, p. 89: "Aquilo que é secreto nas sociedades é um fato sociológico primário, uma certa maneira de estar juntos, uma colaboração, uma qualidade formal das relações que determinam, numa interação direta ou indireta com outros, o *habitus* do membro do grupo ou do grupo com ele mesmo."

5 Cf. a carta de James a E. l. Linton em *Nouvelles complètes II*, p. 1321: "Toda essa história é apenas a pequena tragédia de uma criatura miúda, magra, natural e crédula, que é, por assim dizer, sacrificada num escândalo mundano que a ultrapassa completamente". Cf. igualmente a heroína de *Retrato de uma senhora* que é, finalmente, "massacrada pelas engrenagens da convenção" (p. 740).

de muito tempo? [...] – Eu a conheço há dez anos. Mas conheço muito bem. – O que é que você chama muito bem?"[6] O pedido de explicação, é evidente, não diz respeito ao sentido dos termos, mas à regra de interpretação de cujo uso ela depende. Ou melhor, seu sentido se confunde com o uso, em função desse ou daquele "jogo de linguagem". "O que você quer dizer com isso?" é, primeiramente, em James, uma pergunta de antropólogo ou de sociólogo. Ela vem de personagens que não conhecem os acordos tácitos de um grupo, o conjunto das suas regras, dos seus hábitos, enfim, todo o *knowledge by acquaintance* que compõe sua trama implícita.

De um ponto de vista pluralista, o espaço social é concebido, portanto, como um patchwork de pequenos mundos que se distinguem por suas regras de comportamento, seus códigos; é um "pluriverso" de grupos transitórios e móveis que se fazem e se desfazem em função dos sistemas de crenças e das relações de confiança entre seus membros. Como diz um personagem de *The awkward age*: "Nem uma associação oficial, nem uma sociedade secreta, menos ainda um 'bando perigoso' ou uma organização com um objetivo definido. Somos simplesmente uma reunião de afinidades naturais... que se reúnem no salão da senhora Brook [...] e, em todo caso, governados em todos os lugares pela senhora Brook, nos nossos misteriosos fluxos e refluxos, assim como as marés são governadas pela lua."[7] E cada um desses pequenos

6 H. James, *L'Âge difficile*, p. 15.

7 Ibid., pp. 124-125. Ou ainda *"La vie privée"*, p. 128 (trad. mod.): "Éramos todos membros de uma mesma comunidade [...] governados pelas leis, tradições, idiomas e doutrinas de um mesmo grupo social." Cf. M. Ozouf em *La muse démocratique*, op. cit., pp. 161-162: "É o infinito mosaico social, vantagem para o romancista que, das profundezas urbanas, vê sempre surgirem novas figuras, novas intrigas, novos destinos."

universos é atravessado por mundos mais amplos – mundo dos negócios, mundo das artes, mundo da política – que se subdividem, por sua vez, em círculos, cenáculos, associações, de acordo com regras e "jogos de linguagem" distintos, como a concepção pluralista do universo de William James.[8]

Como vemos, o essencial não é tanto descrever a variedade dos grupos sociais quanto determinar o que se passa *entre* os grupos ou os indivíduos, já que é exatamente ali que *se faz* o social. Em primeiro lugar, socialmente, estão os intervalos. O campo social deve, de fato, ser concebido a partir das "distâncias morais que fazem da cidade um mosaico de pequenos mundos [que] se tocam sem se interpenetrar. Isso dá aos indivíduos a possibilidade de passar, fácil e rapidamente, de um meio moral para um outro e encoraja essa experiência fascinante, mas perigosa, que consiste em viver em vários mundos diferentes, contíguos, é verdade, mas distintos apesar de tudo".[9] Se a escola de sociologia de Chicago reivindica para si, legitimamente, a filosofia de James, é exatamente porque ela se interessa por essas zonas meeiras onde nascem grupos ou acordos provisórios que vêm ocupar o espaço intermediário entre grupos já constituídos.[10]

---

8 Cf. W. James, *Le pragmatisme*, p. 132: "Resulta daí, para as diversas partes do universo, inúmeros pequenos grupamentos no interior de grupamentos maiores; pequenos mundos [...] no interior do universo mais amplo."

9 R. Park, citado por U. Hannerz, *Explorer la ville*, op. cit., p. 45.

10 Sobre a importância dos interstícios na escola de sociologia de Chicago, cf. as observações de Trasher em U. Hannerz, *Explorer la ville*, op. cit., p. 58. Também podemos invocar os trabalhos de Thrasher sobre as "gangues" que se constituem numa "zona" intersticial, cada uma surgindo entre dois bairros e cada nova gangue surgindo entre duas outras, de onde, correlativamente, uma definição do delinquente como "homem-fronteira" (cf. U, Hannerz, ibid., pp. 56-62).

Ao mesmo tempo que cada grupo afirma sua autonomia relativa, ele acrescenta uma peça no mosaico e reforça a continuidade do tecido social.

Sabemos que a microssociologia se interessou muito pela *conversa*, concebida não como um espaço intersubjetivo onde se enfrentam opiniões, mas sim como um campo de interações onde personagens se confrontam. Durante suas conversas, vimos que os personagens de James se "dispõem", uns e outros, em função do encadeamento de "atos de linguagem". Repetindo mais uma vez, esses atos não são performativos do tipo "eu vos declaro unidos pelos vínculos do matrimônio", mas enunciações que levam os interlocutores a compor personagens sociais de acordo com seu "tom" (irônico, sério, natural), seu modo ou sua força elocutória (pergunta, sugestão, afirmação), toda uma arte das composições que caracteriza a sociabilidade como tal. Ainda nesse caso, os irmãos James antecipam os trabalhos da escola de sociologia de Chicago que mostram como a interação social transforma os agentes numa sucessão de personagens, de papéis ou de registros que variam em função dos "quadros" da troca. Se a pragmática introduziu os "atos de linguagem" no campo da linguística, é a microssociologia que descreve sua dramaturgia e as múltiplas cenografias através do estudo das formas ou dos "quadros" da sociabilidade.[11] A enunciação se torna social, ao mesmo tempo que a sociedade se torna o espaço ou o "palco" das enunciações. O espaço da

---

11 Cf. E. Goffman, *Les cadres de l'expérience*, Minuit, 1991, p. 499: "O que eu gostaria que compreendessem, em suma, é que falar não é enviar uma informação a um destinatário, é apresentar um drama diante de um público. Não passamos nosso tempo comunicando informações, mas apresentado espetáculos."

conversa não é um espaço lógico de comunicação das informações verdadeiras, mas um espaço social trabalhado de fora por regras convencionais (decoro, civilidade, polidez), "jogos de linguagem" que ela interioriza e que fazem com que os enunciados sejam avaliados, em função do seu sucesso ou de seu fracasso cênico, em um campo social dado.

Compreendemos por que Henry James tenha sido irresistivelmente atraído pelo teatro, talvez pelo teatro em si, mas também como *limite interior da narrativa*, já que cada narrativa tende a apresentar as conversas como "cenas" que compõem a dramaturgia, a cenografia do social.[12] Em "A vida privada", James faz, justamente, o retrato do homem reduzido apenas a seu personagem social, "tão imperturbável quanto um ator seguro das suas réplicas".[13] Ele não tem nenhuma existência própria, já que ele deixa de existir – literalmente – quando não está mais em sociedade; ele é o fantasma da sociabilidade, uma simples superficialidade produzida pelo jogo das interações, um pouco como as "qualidades sem homem", de Musil. Se a conversa não é um espaço intersubjetivo, é porque não há sujeito; o sujeito é apenas uma sucessão de personagens sociais que

12 Sobre a importância da noção de "cena", em James, cf. *La création littéraire*, pp. 321, 348.

13 H. James, "La vie privée", p. 136. Cf. as observações de James nos *Carnets* sobre o personagem mundano, p. 136: "Lorde Mellifont é o ator público – o homem cuja personalidade se dispersa em representações, em espetáculos, em sonoridades, fraseologias, promessas e tudo de fachada..." Esse retrato se aproxima do retrato da atriz em *La muse tragique*, p. 167: "Logo lhe veio a ideia de uma mulher cuja essência era 'fazer acreditar', fazer com que acreditássemos que ela era qualquer um, e todos os seres que quiséssemos que ela fosse e cuja identidade residia nessa multiplicidade de personagens."

se encadeiam em função das circunstâncias sociais que as suscitam. Como diz William James, durante um mesmo dia, passamos do eu pai de família ao eu empregado, do eu apaixonado ao eu amigo. Há quase tantos eu quantas são as interações sociais.[14] Daí o fato de que toda conversa supõe uma distribuição móvel dos papéis e dos graus de convicção que correspondem a eles, toda uma arte das distâncias e das "reservas".[15] "Ela falava e, ora diríamos que sua arte era completamente inocente, ora que sua inocência era completamente uma arte."[16] A duplicidade é uma consequência necessária da interação. Mais do que isso, é sobre um engano de todos os instantes que se faz o consenso.

Cada indivíduo se apresenta como uma sucessão de personagens sociais em pertinência com a situação. Essa pertinência dos papéis é o que define a competência pragmática dos indivíduos. Ou seja, os indivíduos se definem menos como locutores do que como os *enunciadores* de afirmações que convêm ao papel exigido pela situação. O que é, na verdade, um enunciador? É aquele que retoma o enunciado de um outro no seu próprio enunciado, fazendo com que o outro fale no interior da sua própria enunciação.[17] Nesse

---

14 Cf. W. James, *Précis de psychologie*, 6, pp. 134 e seguintes: "Falando claramente, *um homem possui tantos eu sociais quantos são os indivíduos que o reconhecem* e têm sua imagem na mente [...]. Daí resulta, praticamente, uma divisão do homem em vários eu."

15 Como diz I. Joseph, em *Le passant considérable*, op. cit, p. 96: "O princípio de reserva determina que um ator seja ainda mais sociável porque ele mantém com seus interlocutores uma distância crítica e que ele conserva a possibilidade de explorar um além-mundo."

16 H. James, *Les ambassadeurs*, p. 738.

17 Cf. a definição de O. Ducrot, *Le dire et le dit*, Minuit, 1985, pp. 189 sq: "O sentido do enunciado, na representação que ele dá da enunciação, pode

sentido, cada papel pelo qual passamos faz de nós um enunciador. Endossamos o papel que convém de acordo com a circunstância, assim como encaixamos seus enunciados na trama dos enunciados anteriores. Os indivíduos não são então apenas *refletores* (óticos) e *ressonadores* (acústicos), mas também *enunciadores* (sociolinguísticos) uns dos outros. Outras vozes, outras consciências, outras crenças se fazem ouvir nas suas. Desse ponto de vista, *Os embaixadores* se apresenta como o grande livro sobre os enunciadores, na medida em que cada personagem é apresentado como o ressonador da voz de um outro. É o caso de Strether que faz com que ouçam, na sua voz, a voz da senhora Newsome, a mulher de quem ele é o emissário; mas essa mulher é ela mesma a voz de Woollett, o vilarejo bostoniano que ressoa mil vozes autoritárias e moralizantes; é também o caso da irmã, enviada a Paris para fazer com que ouçam, novamente, a voz ofendida da senhora Newsome, pois, no intervalo, Strether tornou-se o enunciador de outras vozes, as do filho e de sua encantadora amiga, a senhora de Vionnet; aliás, não é essa última que é ouvida na voz de sua filha (Jeanne de Vionnet)? Da mesma forma, não é Melrose, outro vilarejo bostoniano, que é ouvido nos julgamentos peremptórios que Waymarsh emite sobre a Europa? Cada personagem é como a caixa de ressonância e o enunciador de outras vozes cujos enunciados se encaixam nos seus. Não é, portanto, coletivamente, mas *distributivamente,* que os indivíduos formam sociedades, cada um por sua conta, na medida em que

---

fazer com que apareçam vozes que não são as de um locutor [...] O locutor, responsável pelo enunciado, faz com que existam, por meio deste, enunciadores cujos pontos de vista e atitudes ele organiza [...] Eu diria que o enunciador é para o locutor aquilo que o personagem é para o autor."

eles são os "refletores", os "ressonadores", os imitadores ou os "enunciadores" dos processos interindividuais que os atravessam e os constituem.

Vemos assim se destacar *um primeiro nível* de descrição do mundo social. Os indivíduos se definem como agentes, ao mesmo tempo *competentes* (na medida em que possuem regras de ação ou de interpretação), *pertinentes* (na medida em que sabem aplicá-las às situações) e *performáticos* (na medida em que representam seus personagens sociais segundo graus de convicção variáveis). São as três características pragmáticas próprias às regras do social, na medida em que as compreendemos como variáveis ou regras de interpretação, enfim, enquanto permanecemos no nível de uma gramática dos atos de linguagem e das formas de vida. Nesse nível, um indivíduo não é nada mais do que um sistema de regras, uma sucessão de linhas de comportamento e de "atos de fala", realizados de acordo com essa gramática. A pergunta é a seguinte: o que isso quer dizer? Ou ainda: como isso funciona? Quais são seus usos, seus hábitos, seus códigos implícitos? O sentido se confunde com o uso, isto é, com o conhecimento das regras de interpretação, dos jogos de linguagem. É a razão pela qual o social pode se confundir com uma imensa conversa entre comunidades distintas e o pragmatismo, reduzido então a um pensamento que se desgasta em problemas e exercícios de tradução. Mas esse nível ainda constitui apenas a *trama* do social, sua "banalidade"; ele é o social já constituído e o aprendizado dessa gramática só diz respeito às regras já operantes como formas de vida, isto é, como sistemas de crenças.

◊

É preciso supor um outro nível que não diga mais respeito ao aprendizado das regras, sua significação ou a possibilidade de se adaptar a elas. Não importa mais saber quais são as regras em uso nem como compreendê-las. O que importa é saber o que os indivíduos fazem uns aos outros, a maneira pela qual eles se afetam uns aos outros na sua potência de agir, um outro pragmatismo totalmente diferente. Não é mais uma questão de competência ou de pertinência. Não existem, de fato, inclinações mais profundas do que aquelas dos personagens sociais, mais profundas do que suas competências ou suas performances, e que tocam nas potências de vida em cada um de nós? Para isso, é preciso determinar mais exatamente a natureza das regras segundo as quais agimos e *os modos de existência que elas implicam*. Não se trata mais de descrever a maneira pela qual sistemas de crença determinam a circulação dos comportamentos, o determinismo aparente pelo qual os indivíduos se tornam os enunciadores, ou os personagens sociais exigidos por cada "circunstância social", trata-se de destacar as devidas *condições* dessas crenças. Não é mais: o que leva os indivíduos a agir? Mas, o que os *leva a crer* que, dessa maneira, estão agindo, de fato, de acordo com aquilo em que acreditam? A partir de que certezas, de que verdades, eles determinam sua linha de comportamento? Qual é o conteúdo desses sistemas de crenças e a lógica que os anima?

Em *The outcry,* James descreve o enfrentamento entre dois campos, numa luta violenta que mistura, indistintamente, bens e pessoas. De um lado, um lorde que, para reembolsar dívidas de jogo de uma de suas filhas, tenta incentivar a outra filha a fazer um rico casamento; só que ele precisa de um dote. É então que um rico marchand americano vai visitar o lorde e propõe comprar dele um de seus preciosos quadros, assinado por um mestre do Renascimento, Moretto da Brescia. Esse primeiro grupo, porém, exclusivamente centrado nas relações de interesse, entra em choque com um jovem apreciador de arte que revela que o quadro é uma obra muito rara de Mantovano e, por isso, ele acha que o quadro não deve sair do país. Ele tenta se opor à transação com o apoio da filha mais nova do lorde, que, por sua vez, recusa o casamento que lhe querem impor. Juntos, eles provocam um "protesto" junto à opinião pública para que o quadro não deixe o patrimônio inglês. Trata-se de opor dois campos baseados em dois sistemas de regras distintas: o do interesse e da especulação, e o da simpatia e da generosidade. O primeiro grupo apela para aqueles que reconhecem a legitimidade dos valores do mercado e para aqueles que querem preservar os valores aristocráticos ingleses, mesmo que seja ao preço de negócios escusos – é dessa forma que o orgulhoso lorde se compromete com o colecionador vulgar e seu "espantoso talão de cheques". É também a filha que quer obter do pai o dinheiro necessário para quitar suas dívidas de jogo. "Sempre hábil, quando inspirada pelo interesse, ela consegue convencê-lo, até que ele veja as coisas através dos olhos dela."[18] Finalmente, são as negociações financeiras entre o pai e o pretendente da futura noiva. O lorde, o pretendente, o colecionador, a filha endividada, os credores, todos formam um grupo heteróclito, sem afinidade, mas reunidos indiretamente por um interesse comum: lutar contra a aliança entre o jovem expert e a filha mais nova – fundada, por sua vez, numa confiança mútua da qual tira toda a sua força. O casal apela para um outro modelo (que conta com a ajuda dos museus e da imprensa): a aliança daqueles

18 H. James, *Le tollé*, p. 59.

que colocam a arte acima das transações comerciais e esperam substituir a troca pela doação, o interesse pela simpatia. Como declara o jovem à sua aliada: "Você e eu damos importância apenas àquilo que demos um ao outro, não é? O que importa é que nada nos separe, não é?"[19]

Tudo se passa, à primeira vista, como se James encenasse a oposição clássica entre as duas formas maiores das paixões humanas que o empirismo distingue: o interesse e a simpatia.[20] O primeiro se exprime no egoísmo, na posse, na mesquinhez; a segunda, na generosidade, no amor, na tolerância e na estima. Encontramos com frequência, em James, esses dois tipos de personagens: de um lado, aqueles que querem possuir – os seres, os objetos de valor, o capital, a devoradora paixão da avidez de Hume;[21] de outro, aqueles que querem dar ou receber, que nada procuram, a não ser um pouco de indulgência. Mas, por trás dessa oposição, estão, na realidade, dois modelos sociais que se enfrentam: de um lado, um modelo social baseado na circulação das *dívidas*, do outro, um modelo social baseado na *doação*. No primeiro campo, tudo parte, de fato, das dívidas de jogo da irmã. No interior desse sistema, *o que vem primeiro é a dívida*. Ela circula, se propaga, passa de um personagem para outro e determina suas linhas de comportamento: só lidamos

19 Ibid., p. 181.

20 Em "Sympathie et individualité dans la philosophie politique de David Hume", *Revue Philosophique*, n. 2, 199, F. Brahami destaca claramente a oposição, e mesmo a contradição, entre interesse e simpatia, mas mostra que, em Hume, ela é apenas aparente.

21 H. James, *La création littéraire*, p. 140: "Na verdade, é um signo evidente dos nossos costumes a difusão dessa curiosidade e dessa avidez, que dá claramente a ideia da sua influência possível sobre outras paixões e outras relações."

com *credores* e *devedores*. Não é através disso, na verdade, que os personagens *se apoiam* uns aos outros? Eles contraem dívidas – financeiras ou morais – que não conseguem pagar e que tentam transferir para outros. A dívida é onipresente, em Henry James; ela constitui um dos temas mais poderosos de ação de seus personagens. Assim, quando o herói de *The tragic muse* escolhe seguir uma carreira política como seu pai, ele age em nome de uma dívida para com a família, seu pai, primeiramente, mas também sua mãe, uma de suas irmãs e até mesmo sua noiva. De todos os membros da família vem a mesma queixa: não seja egoísta, pense na gente. É o sentido da discussão entre a mãe e o filho onde tudo se mistura inextricavelmente, o fantasma do pai e as súplicas da mãe, o destino da mãe e o das irmãs ("somos três pobres mulheres numa casa horrorosa"), a questão da liberdade, da riqueza e do poder ("que liberdade existe em ser pobre?"),[22] e, para terminar, a corda da piedade familiar ("Não nos abandone, não nos abandone") que vibra na consciência do filho indeciso. Sob a efusão sentimental é, na realidade, a hora de prestar contas – cupidez e culpa misturadas. A mãe ganhou, provisoriamente: o filho vai embora com a vontade de se comportar como herói para elas, isto é, "reembolsá-las" pelas perdas ocasionadas pela morte do pai. Podemos dizer da mãe aquilo que James diz da irmã endividada, em *The outcry*: "Sempre hábil, quando inspirada

22 Cf. os sonhos de poder da mãe (que invoca o espírito do pai), através do casamento do filho, p. 218: "Para um homem público, ela seria a mulher ideal [...]. Juntos, não há nada que vocês não pudessem fazer [...] Que liberdade existe em ser pobre? Como isso seria possível sem dinheiro, e que dinheiro você poderia ganhar por você mesmo, que dinheiro você herdaria? Esse é o crime, negligenciar esse instrumento de poder, um instrumento destinado a fazer o bem."

pelo interesse, ela consegue convencê-lo até que ele veja as coisas através dos olhos dela." A dívida é um sistema de domínio e posse. É isso que ilustra, particularmente, a relação que une o velho amigo do pai ao filho: se ele sustenta financeiramente o filho, é porque não tem nenhuma dúvida de que ele não trairá sua confiança: seu pai "me disse que continuaria a viver através de você, que trabalharia em você [...]. Não espero nada mais do que seu pai esperava".[23] É com seu futuro que você pagará suas dívidas para com aqueles que se sacrificaram por você. Nós confiaremos em você, contanto que você hipoteque sua vida futura. Dívida, fantasma e ganho no investimento.

Balzac já havia descrito o poderio da dívida através das visões de *Gobseck*, o filósofo usurário espinozista que deduz todo o sistema das paixões humanas por ter visto aquilo que os homens podem fazer em nome da equação vida=dinheiro, a acumulação primitiva que se tornou substância e o dinheiro que se tornou número do *conatus*. Gobseck é aquele que reuniu antes da hora Marx e Espinosa. Encontramos essa equivalência entre a vida e o dinheiro, sob uma forma diferente, em Henry James. Em todos os lugares, os personagens de James invocam a "confiança" como disposição para crer. O que é essa confiança senão a própria forma do *crédito*? E esse crédito é ele mesmo apenas o inverso da dívida. Não estamos longe daquilo que Marx diz quando afirma que o crédito é a única moralidade do capitalismo. A confiança que podemos ter num indivíduo se confunde, exatamente, com o crédito que podemos dar a ele. Posso

23 H. James, *La muse tragique*, p. 269. Sobre a confiança do amigo no filho, cf., pp. 78-79; 219. Sobre a presença espectral do pai, a declaração do filho p. 212: "Apesar de morto, ele ainda é uma força viva."

confiar nele? É a mesma coisa que perguntar: ele é solvente? É o conjunto das suas qualidades pessoais que é examinado desse ponto de vista: sua saúde, sua moralidade, seus gostos, como componentes do crédito.[24] Não é em nome dessa moral que a jovem ambiciosa recusa se casar com o herói de *The tragic muse*? Sua atração "mórbida" pelas belas-artes não é o sinal de que ele não acredita muito na sua carreira política? E não é a razão pela qual, finalmente, ela não "acredita" nele? Sua confiança nele é proporcional às garantias que ele pode lhe oferecer, à dívida que ele quer se impor. As crenças do mundo social se confundem aqui com o sistema de crédito geral, engendrado pela dívida.

Não é preciso multiplicar os exemplos para compreender a natureza das relações de interesse, em James: elas são todas *contratuais*. Estão todas fundadas em um contrato, ou melhor, o contrato funda-se na pressuposição de que os indivíduos agem, exclusivamente, tendo em vista interesses determinados, e de que há neles uma parte interessada ou egoísta. Se o contrato implica uma relação de confiança para ser concluído, ele também supõe uma desconfiança prévia para ser enunciado. Desse ponto de vista, o contrato é igualmente um acordo entre indivíduos particulares e uma concepção do homem em geral. Em que consiste esse

---

24 Cf. Marx, *Œuvres, Économie*, ii, "Économie et philosophie", Gallimard, "Bibliothèque de la Pléiade", 1968, pp. 20-21: "O que constitui a natureza do crédito? Fazemos aqui total abstração do conteúdo do crédito, que é sempre o dinheiro. Não consideramos o conteúdo dessa confiança, segundo o qual um homem é reconhecido a um outro pelo fato de que ele lhe empresta valores [...]. O crédito é o julgamento que a economia política faz da moralidade de um homem [...]. Em vez do dinheiro, do papel, é minha existência pessoal, minha carne e meu sangue, minha virtude social e minha reputação que são a matéria, o corpo do espírito-dinheiro."

acordo? Ele é baseado em uma *limitação* recíproca da potência de agir dos indivíduos quando têm que renunciar a certas satisfações em troca de uma segurança ou de bens superiores (confie em mim). O contrato é, portanto, por natureza, limitado ou restritivo. Ele age como elemento terceiro de uma díade, uma relação cujo conteúdo explícito é sempre apenas a expressão de um cálculo de interesses. E, a cada vez, aquilo que leva os indivíduos a fazer o contrato é uma instância *coletiva*, familiar ou conjugal, que pede que renunciem a seu egoísmo; não pense apenas em você, aja no interesse de todos. Como você pode se casar com um homem sem fortuna, quando sua família está necessitada de dinheiro? (*As asas da pomba*). Como você pode escolher uma miserável vida de artista, quando poderia contribuir para o interesse geral escolhendo uma carreira política, já que sua família conta, financeiramente, com seu sucesso eleitoral? (*The tragic muse*). Assim como em toda teoria contratualista, trata-se de submeter o interesse particular à vontade de um ser *coletivo* (Estado, sociedade, família, casal). Daí a necessidade de limitar a potência de agir dos indivíduos dos quais pressupomos que os fins são sempre egoístas.

Em *La muse démocratique*, Mona Ozouf lembra, justamente, toda a importância negativa do contrato, em James.[25] Ela mostra como, em *As asas da pomba,* há uma série de contratos familiares, comerciais, sentimentais que visam limitar por todos os lados a potência de agir dos personagens. Mesma coisa em *The tragic muse*, salpicado de contratos que são igualmente hipotecas sobre a potência de agir dos personagens. Ou ainda na novela "Mora Montravers" que confronta duas perspectivas, a do tio pueril e ingênuo que

25 M. Ozouf, *La muse démocratique*, op. cit. pp. 232 sq.

observa com simpatia a união da sobrinha com um jovem artista, e a da tia desconfiada, convencida de que a sobrinha não tem nada de uma jovem respeitável, e que impõe a ela um negócio sob a forma de um contrato de casamento. Em James, o contrato é sempre um meio de garantir o domínio de uma vontade sobre a outra. Contratar é sempre contrair uma dívida ou colocar num quadro formal, explícito, dívidas subjacentes. Recebemos um crédito (pagaremos nossas promessas) contanto que esse crédito não seja outra coisa senão o contrato de uma dívida (você será o responsável diante de mim). Como diz um personagem de James: "Era preciso saber pagar para ter sucesso na vida; mas, para isso, pedíamos emprestado aos outros. Quando não podíamos tomar emprestado, não tínhamos sucesso; pois será que havia uma situação na vida exigindo que enfrentássemos sozinhos todas as provas?"[26]

Em James, falar não serve para comunicar ou informar, mas para negociar, fazer negócios, estabelecer contratos; a linguagem serve como moeda de câmbio, moedas falsas e verdadeiras circulando entre os negociantes, palavras emprestadas, palavras devolvidas. "Você me disse pouca coisa, você sabe, e também sabe que, no mesmo instante em que você insiste em que eu lhe dê alguma coisa, você não me dá nada. Eu não dou nada *em troca de* nada."[27] Esse empréstimo ou essa dívida determina todas as ações e todos os "atos de linguagem" das comunidades de interesse. Isso quer dizer que, de agora em diante, teremos sempre que *responder* por nossos comportamentos, por nossos enunciados e até mesmo por nossos silêncios. Falar não é, primeiramente,

26 H. James, *La muse tragique*, p. 275.

27 Id., *Les journaux*, p. 178.

responder? *Primeiramente, temos sempre que responder, mesmo que sejamos os primeiros a falar*. Aquilo que nos atinge com a linguagem é, primeiro, uma *responsabilidade*, isto é, a obrigação de responder a uma dívida preexistente que ela põe em circulação. Aprendemos a falar para responder àquilo que exigem de nós. A responsabilidade nos desce pela garganta, no exato momento em que temos acesso à linguagem.

É nesse sentido que podemos falar de *atos* de fala. Falar não consiste apenas em enunciar alguma coisa "sobre" um objeto ou um estado de coisas; cada enunciado possui também uma força assertiva variável (segundo se trate de uma pergunta, de uma suposição, de uma afirmação) que faz daquele que o enuncia um sujeito. A asserção torna o locutor responsável por aquilo que é afirmado do objeto.[28] A responsabilidade designa aqui a capacidade de responder por si sendo fiador da legitimidade da asserção. Para retomar os termos de Ducrot, a enunciação transforma o locutor em *sujeito jurídico*, no sentido em que ele tem que ser *responsável* pelos seus enunciados diante dos outros, como instância coletiva. Se há tantos diálogos, em James, não é para dizer alguma coisa, mas para fazer com que o outro o diga ou, pelo menos, pense. O essencial é não ter afirmado nada, ter apenas sugerido, insinuado ou subentendido. Evitamos assim qualquer responsabilidade, pois sempre temos o recurso de dizer: é você quem está dizendo. Se há tantas alusões e subentendidos nos diálogos de James não é para

28 É esse o sentido de certas observações de Peirce para quem uma asserção "pertence a uma classe de fenômenos como ir a um tabelião e fazer uma declaração, executar um ato jurídico, assinar uma nota, cuja essência é que nos colocamos, voluntariamente, numa situação em que sofreríamos penalidades se uma afirmação não fosse verdadeira". [8.313] citado em C. Chauviré, op. cit., p. 144.

se tornar misterioso ou impenetrável, mas sim, primeiramente, para evitar qualquer risco de imputação, qualquer "responsabilidade", enfim, para aliviar o peso da dívida.

Estamos vendo de que os personagens tentam escapar: as conversas são como as minutas de um processo que dobra a circulação das enunciações, toda uma *trama jurídica* que compõe, precisamente, a dramaturgia da sociabilidade, uma cena onde cada um deve comparecer diante dos outros para pedir justiça, defender seu caso ou o de alguém, negociar sua dívida, estabelecer contratos e fazer valer os seus direitos, enfim, uma quantidade de personagens jurídicos. Os "atos de linguagem" tornam-se compromissos contratuais, "atos" jurídicos ou tabelionatários.[29] O que torna possível essa juridicização das relações sociais é a *memória*, a memória de longa duração da dívida, aquela que não esquece nada das obrigações, dos deveres, e cujos imperativos agem sobre as almas como se fossem fantasmas. É a memória das palavras marcadas a ferro em brasa, aquelas que, como diz Nietzsche, fazem de nós seres capazes de prometer; não a memória daquilo que fizemos, mas a memória daquilo que devemos dizer ou fazer, que não nos deixará mais, boa ou má consciência:[30] a memória como responsabilidade, isto é, como aptidão para responder por si diante dos outros.

---

29 Ducrot mostra, justamente, que se um enunciado possui uma força elocutória é porque ele "atribui à sua enunciação um poder 'jurídico', o de obrigar a falar (no caso de uma interrogação), o de tornar lícito aquilo que não era (no caso de uma permissão) etc." Cf. *Le dire et le dit*, op. cit., p. 183.

30 Cf. Nietzsche, *Généalogie de la morale*, II. Cf. também G. Deleuze, *Nietzsche et la philosophie*, PUF, 1962, p. 131; 154.

James, pelo menos, não ignorava esses aspectos, já que ele sonhava com um mundo de acordos tácitos, acordos silenciosos. É verdade que poucos personagens falam tanto quanto os de James: eles não param de fazer comentários, de interpretar uns aos outros. "Discutimos tudo e sobre todo mundo; estamos sempre discutindo. Mas você não acha que é o tipo de conversa mais interessante?"[31] Entretanto, para além dessas negociações incessantes, alguns personagens tentam fazer acordos silenciosos que correspondem, justamente, a um outro tipo de relações. Não mais ter que "responder", mas poder, finalmente, ficar calado. É que, para James, os acordos mais profundos não são os acordos negociados nos "atos" de fala ou através deles, mas aqueles que são feitos antes ou depois de se ter falado, aqueles sobre os quais não temos nada ou nada mais a explicar. "Eu tinha a impressão, não sei por que, que essa confiança entre as duas senhoras era muito forte; que sua união de pensamento, seu sistema de intuição recíproca era notável, e que elas raramente, talvez, precisassem recorrer ao expediente, desajeitado e, às vezes, perigoso, de colocar suas ideias em palavras."[32] São momentos de grande intensidade, em James, quando dois personagens podem, finalmente, ficar calados de comum acordo, quando conseguem um entendimento

---

31 H. James, *L'Âge difficile*, p. 152.

32 Id., "Louisa Pallant", em *Nouvelles, 2*, p. 724 (e em *Nouvelles complètes, II*, p. 1016). Sobre o papel das "franjas", cf. igualmente, *La Tour d'ivoire*, p. 143: "Estava claro que sua associação havia ultrapassado o estágio no qual a manifestação de um interesse, de uma parte e de outra, precisava de uma prova verbal. Eles não precisavam de quase nada, nem mesmo de procurar os olhos um do outro: ela não precisava olhar para o amigo para seguir o que ele dizia – ela podia olhar para os espaços longínquos que ele mesmo contemplava, e era seguindo-o *lá longe* que ela o compreendia."

mútuo tácito, cheio de simpatia. É justamente isso que fundamenta a aliança entre os dois personagens de *The outcry*: "Esses dois jovens não falaram imediatamente; a primeira troca entre eles foi silenciosa – eles permaneceram imóveis por um instante; era evidente que cada um deles, durante esse silêncio, apelava para a total confiança do outro."[33] Pouco importa, então, saber quem fala primeiro, pois *falar vem sempre depois*. É um outro modo de relação, completamente diferente: não nos referimos mais às palavras explícitas, aos compromissos definitivos, mas sim aos signos furtivos, às pequenas vibrações, à "tonalidade" dos enunciados, enfim, a todo o universo microfísico das "franjas", todo esse mundo do qual gostariam que acreditássemos que, se ele não é enunciado, é porque é inexpressivo. É verdade que se trata de um mundo constituído, não mais de trocas de informações ou de obrigações, mas de *comunicações* "diretas" e concretas, – ainda mais diretas porque só passam pela linguagem de maneira derivada.

De que natureza são os acordos? Para que tipo de confiança eles apelam? A confiança não se baseia mais na garantia de que cada um irá respeitar seus compromissos ou honrar sua dívida; não se trata mais de colocar uma dívida em circulação, mas de favorecer uma cooperação que aumente a potência de agir de cada um, à maneira de um sistema de ajuda mútua no qual há uma troca de forças. Não há mais nem negociação, nem promessa, nem compromisso. "Não quero suas juras; quero apenas sua confiança e tudo aquilo que essa mesma confiança poderá lhe inspirar."[34] No interior desse sistema, *o que vem primeiro é o dom*, que precede

33 Id., *Le tollé*, p. 171.

34 Id., *Les bostoniennes*, p. 220.

legitimamente qualquer dívida. É o que declara a jovem americana de *As asas da pomba* àqueles que vivem sob o regime da dívida: "Eu dou, ainda e sempre; liguem-se a mim tanto quanto quiserem e verão. Mas não posso nem ouvir, nem receber nem aceitar; não posso estabelecer um acordo, nessas condições. Não posso negociar. É impossível, acreditem."[35] Na medida em que, de fato, o dom nada exige em troca, ele não engendra nenhum sistema de obrigação comparável ao da dívida.[36] Ter confiança consiste, exatamente, em dar primeiro, sem garantias nem certezas, apenas com a esperança de encontrar alguém disposto a receber.

Não estamos mais lidando com contratos, mas com *convenções*. A convenção se define, de fato, como um acordo tácito que aumenta a potência de agir de seus membros, ao invés de limitá-la, como faz o contrato. Enquanto o contrato determina seu conteúdo através de uma limitação das vontades, a convenção apela para a indeterminação da potência de agir de cada um, e vai criando as regras implícitas que favorecem sua expressão.[37] Não temos mais que lidar com vontades que se limitam reciprocamente, mas sim com potências que se reforçam mutuamente. Trata-se de um sistema que também não é contratualista, mas *mutualista* ou

35 Id., *Les ailes de la colombe*, p. 327, ou a declaração da heroína de *Portrait de femme*, p. 203: "Não sou tola, só não entendo nada de negócios que envolvem dinheiro."

36 Cf. a descrição da jovem de *La coupe d'or* por um dos personagens, p. 85: "Ela não é egoísta. Não existe nada, absolutamente nada que sejamos obrigados a fazer por ela. Ela é tão modesta, ela não tem nenhuma exigência [...]. Ela faz tudo espontaneamente."

37 Cf. D. Hume, *Tratado da natureza humana*, III, II, seções I, V e VI, trad. bras.: Déborah Panowski. São Paulo: Unesp, 2009 e G. Deleuze, *Empirismo e subjetividade*, trad. bras.: Luiz B. L. Orlandi. São Paulo: Editora 34, 2001, pp. 42 sq.

"meliorista",[38] segundo os termos de William James; "O universo meliorista é concebido a partir de uma analogia social, como um pluralismo de potências independentes; ele será bem-sucedido proporcionalmente ao número de potências que trabalharão para seu sucesso. Se nenhuma delas trabalhar para isso, ele irá fracassar; se cada uma fizer o melhor de si, ele não fracassará".[39] Não se trata mais de encontrar um acordo que permita subordinar as vontades individuais à vontade de um ser coletivo. Não nos baseamos mais num suposto *egoísmo* dos indivíduos que seria preciso limitar; pelo contrário, apoiamo-nos no respeito de uma *independência* mútua que é preciso reforçar. Se for preciso fazer um acordo, ele deve não apenas respeitar, mas reforçar essa independência. Podemos até mesmo supor que, quanto mais nos unirmos, mas independentes seremos uns dos outros. "Um dia – sem que ele nunca tivesse sabido qual dos dois havia sugerido primeiro – eles acabaram dizendo que nem mesmo se preocupavam um com o outro. Com isso, tornaram-se ainda mais íntimos, e sua confiança mútua foi renovada."[40] O acordo constitui uma unidade não mais coletiva,

38 Meliorismo: doutrina dos anglo-saxões para indicar uma visão de mundo que não é pessimista nem otimista, mas guiada pela esperança do melhor e pela vontade de realizá-lo. [N.T.]

39 W. James, *Introduction à la philosophie* (trad. mod.), p. 202. Cf. também as observações de Henry James, *Lettres à sa famille*, p. 21: "Vivemos todos uns com os outros [...] ajudamos uns aos outros, mesmo sem saber; cada um, por seus próprios esforços, alivia os do outro, contribui para o sucesso geral e torna possível que os outros vivam."

40 H. James, *L'Autel des morts*, p. 44. Cf. também *Les ailes de la colombe*, p. 292: "Vou ajudar você a realizá-lo de tal maneira que, na maior parte do tempo, você não vai perceber que está fazendo isso [...] Nós nos ajudaremos mutuamente a viver, e você pode ter certeza absoluta que não vou falhar."

mas *distributiva*, já que cada um o conclui por sua conta. *A unidade do acordo não absorve a multiplicidade de maneiras de se referir a ele*; pelo contrário, ela exige isso. É o caso de dizer que a relação é exterior aos termos que ela liga e que os indivíduos são independentes uns dos outros. Independência dos termos e exterioridade das relações, a fórmula do empirismo torna-se a fórmula do pragmatismo como "filosofia social".[41] Por outro lado, o sistema da dívida é o esforço para fechar os indivíduos no interior de uma relação preexistente (limitação das potências), mas também para inscrever as relações no interior dos indivíduos (responsabilidade e culpabilidade), duplo fechamento: *em* mim, existe crédito para você, diz o credor, contanto que *em* você exista uma dívida.

Vemos, portanto, dois grandes sistemas que se opõem, o sistema contratual da dívida e o sistema mútuo das convenções ou dos dons, o mundo das vontades egoístas e o das vontades independentes, o mundo dos interesses e o das simpatias. Cada um desses universos funciona com regras opostas: dívida contra dom, interesse contra simpatia, confiança contra confiança. É a grande díade que divide o *socius*, em Henry James, mas é claro que, em seus romances, as distinções estão longe de serem assim tão exatas. Esses mundos estão sempre interferindo, misturando-se uns aos outros. O que se apresenta, exteriormente, como um conflito social interindividual torna-se, em certos personagens, um *conflito moral interindividual*.

41 W. James, *La signification de la vérité*, p. 93: "De um ponto de vista ético, a forma pluralista me parece ter, sobre a realidade, uma maior influência do que, ao que eu saiba, qualquer outra filosofia, porque ela é essencialmente uma filosofia social, uma filosofia do 'co-', na qual as conjunções fazem o trabalho".

Essa oposição entre dois sistemas sociais não estaria, de fato, na origem de todos os "atarraxamentos", em James? Não é ela que enrosca os casais clandestinos e as almas hesitantes, desdobra as consciências e cinde os corpos? Por um lado, dar-se um ao outro, mas, por outro, passar contratos, vender-se ou se deixar comprar. Alguns personagens estão sempre divididos entre os dois sistemas. É o caso, por exemplo, de Kate, a mulher de *As asas da pomba*. De um lado, ela quer escapar das transações comerciais, daquilo que as pessoas querem dela ou para ela, levando em conta o seu "valor"; mas do outro lado, a pressão é muito forte: ela é empurrada, de todos os lados, para explorar sua grande beleza e sua elegância, para provar sua "responsabilidade", em vez de viver egoisticamente sua paixão amorosa.[42] Dividida, a jovem também se divide, interiormente, de acordo com essa dualidade de perspectiva, ora calorosa e magnética, ora fria e distante.

O mesmo acontece em *A taça de ouro*: de um lado, o laço apaixonado que unia os amantes; do outro, obrigações contratuais que os separaram um do outro. Desde o começo da narrativa, sabemos que, se os amantes se separaram uma primeira vez, é porque o homem, um príncipe italiano, tinha que fazer um rico casamento para garantir e salvar seu nome e seus bens. Ele se deixou, então, comprar pelo pai da sua futura mulher. O pai, riquíssimo colecionador de selos, ofereceu o príncipe em casamento à filha.[43] Mas, se os aman-

---

42 H. James, *Les ailes de la colombe*, p. 76: "Seu pai obsessivo e importuno, sua tia ameaçadora e inflexível, seus sobrinhos e sobrinhas sem dote, fazem vibrar excessivamente a corda da sua piedade familiar."

43 Id., *La coupe d'or*, p. 14: "Você é um elemento da sua coleção, ela explicou, um daqueles que só podemos encontrar deste lado do oceano. Você é uma raridade, um objeto de arte, uma peça muito cara."

tes estão novamente reunidos, é porque, por seu lado, a filha não quer deixar o pai sozinho e abandonado; ela sente ter uma dívida para com ele e quer, por sua vez, encontrar uma mulher para ele. É desse modo que pai e filha recrutam juntos a antiga amante do príncipe ("Eles tinham *contratado* Charlotte, para usar uma expressão tão crua, para que ela assumisse as *tarefas mundanas*").[44] A situação é, portanto, a seguinte: há duas uniões contratuais que correspondem aos dois casamentos (o príncipe e a filha; o pai e Charlotte), mas que não correspondem a nenhum dos casais existentes (o casal clandestino e o casal edipiano) a não ser numa relação de *simetria invertida*. A ironia é, justamente, que o casal clandestino está reunido unicamente para preservar o casal edipiano. É o reinado da "falsa posição", visto que ninguém ocupa o lugar que lhe pertence, por conta dos acordos passados. Estamos vendo como o sistema da dívida não deixa de interferir com o do dom, como o príncipe deve honrar uma dívida ancestral que o leva a renunciar à sua paixão amorosa, como a filha, por sua vez, confunde amor filial e dívida edipiana, como todos misturam os dois sistemas (comprar e dar, tomar e receber) e vivem divididos entre os dois. Divididos entre dois mundos, divididos interiormente, são os amantes que introduzem a "pequena rachadura" que vai trincar todos os arranjos mútuos. Toda a narrativa consiste, justamente, em mostrar como a filha nasce dessa rachadura, como ela retoma seu lugar junto ao príncipe, redistribuindo assim o conjunto das relações e das posições no interior do quadrilátero. É o movimento de reconquista que permite que a narrativa revele todas as "falsas posições", a do príncipe, premido entre a mulher e a amante, a da filha

44 Ibid., p. 253.

premida entre o pai e o príncipe e a dos amantes premidos entre o pai e a filha.

Todas as tragédias, todas as traições se produzem nesse intervalo, nessas zonas incertas onde os personagens não estão mais seguros do sentido dos signos, onde eles não podem mais se referir unicamente à gramática dos "jogos de linguagem", onde essas gramáticas se confundem porque a imanência à linguagem e a seus "atos" não basta mais. As distinções se tornam muito difíceis de estabelecer, tendo em vista a ambiguidade dos signos e da superposição dos sistemas de significação. "Um minuto mais cedo, ele ainda estava se perguntando se Chad não era um pagão; agora, ele se surpreendia pensando que talvez estivesse lidando com um cavalheiro."[45] Como fazer para distinguir os seres simpáticos dos seres interesseiros? Como fazer quando essas duas características coexistem na mesma pessoa? Como distinguir um esteta de um verdadeiro artista (*The tragic muse*), um homem independente de um miserável egotista (*Retrato de uma senhora*)? Não são mais perguntas de etnólogo ou de sociólogo: torna-se *vital* saber. É sobre esses signos que se desenrola a escolha das vidas cujas consequências são, às vezes, trágicas. Os pequenos signos – aqueles que "traem" – não são bastante manifestos nem bastante significativos por eles mesmos; e os signos manifestos, os avisos explícitos, nunca são suficientes. Nunca é através deles que a *comunicação* se estabelece; decifrar o sentido dos signos exige uma outra competência bem diferente do que simplesmente conhecer seu uso ou sua regra de significação.

◊

45 Id., *Les ambassadeurs*, p. 577.

Como vimos, existe em James *um outro nível* que nada mais tem a ver com o aprendizado das regras, sua significação ou a possibilidade de se adaptar a elas. A questão não é mais saber como se compreender ou fazer acordos, mas determinar que *efeitos* produzem esses acordos sobre a potência de agir dos indivíduos. Eles aumentam ou não sua potência de agir ou seu desejo de viver? Isso não diz mais respeito à crença como "disposição para agir". Não estamos mais situados no nível do encadeamento horizontal dos "atos" de crenças, passamos para o lado das variações intensivas da *potência de acreditar*, feita de movimentos verticais, de subidas e descidas, de quedas e de elevações: que efeitos produzem as crenças, não mais sobre nossa disposição para agir, mas, primeiramente, sobre nossa disposição para acreditar? Em toda crença, em todo signo, não há, primeiramente, algo que faz ter esperança ou desesperança? Esperar e desesperar não são mais aqui crenças como as outras, são afetos ou emoções que levam a acreditar ou a não acreditar mais. Ora as crenças se abrem para um vasto horizonte rico de novas possibilidades, ora, pelo contrário, elas reduzem a perspectiva, esvaziam-na das suas possibilidades até suscitarem o sentimento de não acreditar mais em nada, esperança e desespero como graus ou "tonalidades" derradeiras dessa potência.[46] Não se trata mais da crença como dispo-

---

46 Cf. W. James, *L'expérience religieuse,* p. 197 (trad. mod.): "Em certos estados, os campos de consciência são amplos, em outros, eles são estreitos. Geralmente, quando nosso campo de consciência é largo, ficamos contentes porque percebemos então uma maior soma de verdades e entrevemos relações que adivinhávamos sem ver; porque essas relações são levadas para além do nosso campo de consciência atual, para regiões ainda mais distantes do mundo objetivo, regiões que estamos quase percebendo, mas ainda não percebemos efetivamente. Por outro lado, na

sitivo para agir, mas da *confiança* ou da "fé" como *disposição para acreditar*. Talvez estejamos lidando com os mesmos atos, mas eles não produzem mais os mesmos efeitos.

A importância do conceito de *confiança*, no pragmatismo de James, deve ser medida pelas avaliações que ele permite. É ele que permite uma percepção vitalista das vidas. Não há conceito de vida no pragmatismo de James. Mas o conceito de "fé" ou de confiança designa *a emoção que a vida produz sobre os indivíduos*. A vida deles se confunde com a "fé", da qual ela é a expressão. Perder a "fé" é perder a vida ou ver a vida diminuir, vagar num desespero que pode se voltar contra a própria vida. É uma "morte na vida", segundo os termos de William James.[47] Isto quer dizer – e os melancólicos dos James o sabem: uma coisa é estar vivo, outra é se sentir na vida e testar suas potências. O eu pelo qual passam os melancólicos os impede que se sintam como vivos.[48] Se as crenças descrevem encadeamentos de enunciações ou de ações, a confiança apela para um outro tipo, completamente diferente, de movimentos, nos quais, em graus diversos, trata-se sempre de vida ou morte. Existem pequenas mortes interiores, mortes parciais, mortes infinitesimais, como as pequenas mordidas dos mundanos em "A morte do leão",

---

sonolência, no cansaço ou na doença, o campo da consciência pode se retrair até ser apenas um ponto único, e nos sentimos então contraídos e oprimidos." Cf. igualmente, *Principles of psychology*, IX, p. 247.

47 Cf. *La volonté de croire*, p. 73.

48 Em um texto inspirado em Husserl, L. Binswanger invoca a ideia de uma "confiança transcendental". Cf. *Mélancolie et manie*, PUF, 1987, p. 22: "Trata-se de uma 'pressuposição' transcendental, podemos também dizer de uma confiança transcendental. O 'fim do mundo' esquizofrênico é o exemplo mais impressionante da destruição dessa confiança transcendental e através disso da 'perda completa da realidade'."

que já participam da morte exterior final. Não diremos que sejam mortes simbólicas; não é porque não morremos por inteiro que não morremos completamente.[49] Inversamente, podemos falar de possibilidades de vida, de novas vidas que aparecem no curso das vidas ou de enunciados que nos fazem ter apego pela vida. Todas as questões relativas à confiança dizem respeito direta ou indiretamente à vida (e à morte) como disposição para acreditar.

É nesse nível que podemos falar de relações *causais* em Henry James. Não percebemos quanto os personagens de James morrem sem motivo aparente, sem causa estabelecida, embora saibamos sempre de que eles morrem. De que eles morrem, de fato, senão de um desespero ou de uma fé quebrada? É assim em *As asas da pomba*, onde a narrativa termina com a morte da jovem americana. Sua saúde era tão frágil que parecia, a todo instante, que ela devia escolher entre viver e morrer. Entretanto, não se trata propriamente de uma morte intencional. James nos diz apenas que a jovem herdeira "voltou-se contra a parede".[50] Que significa isso, senão que ela estava *disposta* a morrer? Nem assassinato, nem suicídio, nem acidente, mas um pouco dos três, ao mesmo tempo, numa estranha disposição para morrer que triunfa finalmente sobre seu intenso desejo de viver. Vítima

---

49 Cf. W. James, *La philosophie de l'expérience*, p. 201 (trad. mod.): "Falo desse fato, análogo à morte, que certos processos psicológicos, objeto da experiência individual, terminam, fracassam repentinamente e, pelo menos em certas pessoas, se deterioram no desespero."

50 É um gesto recorrente, em James, para designar o ato de morrer. Ele não deixa de ter relação com a concepção do personagem como "refletor" ou como "quadro"; voltado contra a parede, ele não reflete mais nenhuma imagem. Cf., por exemplo, a bela novela "The Beldonald Holbein", em *La revanche*, p. 251.

da cupidez alheia, da frustação dos outros, mas também de seus escrúpulos, ela renuncia a viver. O que tomaram dela não foi o dinheiro que esperavam, mas suas últimas forças de vida. E é talvez isso que encontramos no fundo de cada crença, nos James, que faz dela uma questão de vida ou morte. "É um fato da natureza humana que os homens podem viver e morrer, apoiando-se numa fé independente de qualquer dogma e definição."[51] Aquilo em que as pessoas acreditam e são obrigadas a acreditar é o que as dispõe a viver ou a morrer? Como se, do fundo das crenças, o corpo fosse atingido na sua potência e como se apenas a doença dos personagens de James pudesse mostrar essas derradeiras disposições inseparáveis de *toda* crença.

Sob o pragmatismo clássico dos "atos de linguagem", nos quais cada um deve se mostrar, ao mesmo tempo, pertinente, performático, e competente, é de outra coisa que se trata. Esse é o profundo vitalismo dos irmãos James. Algumas vidas são carregadas pela sua "fé", uma fé tão intensa que toda sua vida está suspensa nela. Pensamos que James, algumas vezes, escolhe seres que estão morrendo para que possamos perceber melhor o caráter vital da "fé" ou da confiança. *É através das suas crenças que os indivíduos estão ligados à vida* (inversamente, essa é a razão pela qual eles estão tão ligados às suas crenças). É através da confiança que as vidas se conservam; é o seu *conatus*. "O poeta, por sua essência, não pode se preocupar com a ação de morrer. Quer ele se ocupe dos mais doentes entre os mais doentes, é sempre na medida em que vivem que eles lhe interessam, e isso ainda mais quando as circunstâncias estão contra eles e impõem

---

51 Cf. W. James, *La volonté de croire*, p. 85.

esse combate."[52] Como diz William James, a faculdade de acreditar não nos foi dada "para criar ortodoxias e heresias, mas para nos permitir viver".[53] Inversamente, é quando a confiança vem a faltar ou quando ela se rompe que se introduz uma espécie de "morte na vida", depressão ou neurose. "Admirem esse mundo maravilhoso e reflitam sobre aquilo que pode significar estar morto, sobre o que isso representa."[54] O que é que pode acontecer com Daisy Miller, a não ser a morte, condenada pelo veredicto da pequena comunidade suíça, mortificada pelos julgamentos de seu apaixonado? "Era uma jovem que um cavaleiro não devia se dar ao trabalho de respeitar."[55] É um performativo da classe dos *veredictivos*; no caso presente, não é apenas condenação moral, é sentença de morte.[56] Daisy Miller morre de um veredicto, de um enunciado veredictivo. Podemos dizer que todas as conversas de "Daisy Miller" têm em si essa sentença de morte sempre adiada, mas que se realiza um pouquinho mais a

52 H. James, *La création littéraire*, p. 311.

53 W. James, *La volonté de croire*, p. 85.

54 Roderick Hudson, p. 376. Cf. igualmente "Le château de Fordham" em *Les deux visages*, p. 144: "Acontece que, para mim, 'voltar' será voltar à vida. E como posso voltar à vida, depois de estar tão morto quanto estou?"

55 Cf. *Nouvelles* 2, p. 152 (*Nouvelles complètes* ii, p. 113).

56 Sobre o veredictivo, cf. J. L. Austin, *Quand dire, c'est faire*, Seuil, 1970, p. 153. Sobre o enunciado como sentença de morte, cf. G. Deleuze e F. Guattari, *Mil platôs: capitalismo e esquizofrenia 2, vol. 2*, trad. bras.: Ana Lúcia de Oliveira e Lúcia Cláudia Leão. São Paulo: Editora 34, 2011, p. 57: "a palavra de ordem é sentença de morte, implica sempre uma sentença como essa, mesmo muito atenuada, devinda simbólica, iniciática, temporária... etc. A palavra de ordem traz uma morte direta àquele que recebe a ordem, uma morte eventual se ele não obedece ou, antes, uma morte que ele mesmo deve infligir, levar para outra parte." Sobre essa questão, Deleuze e Guattari se inspiram, em grande parte, nas análises de E. Canetti em *Massa e poder*.

cada vez, uma morte interior que ela afasta com todas as suas forças, mas que, finalmente, se abate sobre ela.[57]

Para cada enunciado, pode-se fazer a pergunta: perdido ou salvo? Condenado ou absolvido? Mortificado ou fortificado? É uma morte análoga que atinge Julia Bride, uma jovem forte e mais dura que Daisy Miller, quando um dos seus amigos anuncia seu noivado. "'Julia, vou me casar.' Seus 'Julia' eram como a morte para ela, ela sentia isso, mesmo através de todo o resto." Ela se sente vítima de um castigo que a condena a vagar pelo "grande deserto cinzento da sua condenação" e faz com que ela sofra uma espécie de morte interior.[58] Enunciados como esse não testemunham apenas a força das regras sociais, agindo como palavra de ordem ou comando, mas também um poder de vida ou de morte, pelo menos parcial, sobre os indivíduos. Porque há também palavras de ordem vitalistas, nas quais o comando é "viva"! Como a grande declaração de Strether, em *Os embaixadores*, ou a ordem de "viver", que o médico dá à jovem americana de *As asas da pomba*: "a imensidão cinzenta era aquilo que [o médico] havia introduzido na vida dela [ao dizer-lhe que estava gravemente enferma], e a expressão do rosto que revestiu, fatalmente, essa ordem de 'viver' que ele lhe havia dado era de viver porque ela escolhia, porque ela queria viver. Ela

---

57 Mesma coisa para a jovem americana de *Les ailes de la colombe*. Sobre o efeito que produzem sobre ela certos enunciados, p. 419: "Isso teve um tal efeito sobre ela que ela renunciou a tudo. Renunciou para sempre a se interessar por qualquer coisa, e é disso que ela morre." Agora, compreendemos que era sua vontade que a mantinha viva."

58 "Julia Bride", pp. 306-308: "Ela havia deixado, como indivíduo, ela havia deixado, materialmente [...] de existir para ele, e todo seu dever de homem do mundo tinha consistido em decorar com flores, com toda piedade e galanteria, uma presença morta."

caminhava em frente, sem fraquejar, com força [...] Ela afirmaria, sem protelar, sua escolha, sua vontade; essa tomada de posse de tudo aquilo que estava em torno dela constituía, para começar, uma bela afirmação."[59] Só que não é fácil determinar com antecedência que efeitos pode produzir um enunciado. Acontece que alguns deles, apesar da vontade de seus enunciadores, se transformam em sentenças fatais. Acreditamos que podemos salvar um menino de uma família horrível, mas quem sabe se a própria ideia dessa salvação não lhe seria funesta, se ele poderia sobreviver a uma esperança tão intensa. Existem casos onde nem se deve suscitar uma esperança tão forte. Poucos autores souberam como James fazer com que se perceba até que ponto certos enunciados agem como sentenças de morte, exatamente porque eles quebram a "fé", o princípio de esperança dos indivíduos. E, de modo geral, como poderemos nos erguer de um encontro com um cínico, um desencantado, ou um homem mau? Como não nos sentirmos mortificados por certos enunciados, enfraquecidos na nossa confiança, atingidos na nossa potência vital com a atitude deles?[60]

59 *Les ailes de la colombe*, pp. 200-201. Cf. o conjunto da bela conversa com o médico, pp. 193-204.

60 Assim, por exemplo, a reação da heroína de *Portrait de femme* sobre o cinismo do marido, p. 589: "Era a desconfiança profunda que ela havia nutrido pelo marido que obscurecia o mundo", e todo o final do romance.

MEMÓRIA E PREDAÇÃO

Decifrar os signos não consiste, portanto, apenas em determinar as regras de interpretação implícitas, próprias a um grupo, mas também em estabelecer relações de "causalidade" entre indivíduos. A questão é sempre saber *quem* age "por trás" de um indivíduo. A que vontade ele obedece? Quem o impede de agir livremente? Que força o mantém prisioneiro? Talvez sejam as perguntas de um espírito delirante que projeta espectros "por trás" da malignidade das crianças, mas também são as perguntas que faz cada personagem quando quer saber com que tipo de indivíduo ele está lidando. No final das contas, talvez seja a preceptora de "A volta do parafuso" ou o narrador de *The sacred fount* que fazem as boas perguntas: quem se esconde por trás das aparências? Que vontade secreta tomou conta dos indivíduos? Com quem eles contraíram uma dívida? A consciência se define, em William James, por um ato de apropriação; ela está sempre se apropriando de novos conteúdos, ao mesmo tempo que cada campo de consciência herda conteúdos anteriores. Por convenção, podemos chamar de "eu" a série dos proprietários sucessivos desses campos de consciência. O "eu" se apropria dos conteúdos de um fluxo de consciência, ele os personaliza ao submetê-los à sua perspectiva. O "eu" é, portanto, proprietário, mas *quem* é proprietário desse eu? A quem ele pertence? A que perspectiva ele está, por sua vez, submetido? Podemos invocar pressões de todos os tipos, familiares, sociais ou até mesmo espectrais, que despossuem os indivíduos deles mesmos. Ora é uma família francesa que decide o destino de uma jovem, ao impedir seu casamento (*The American*), ora é a maldição de um antepassado que pesa sobre o destino de um jovem descendente ("*Owen Wingrave*"), ou é ainda um instinto arcaico pagão que atormenta a alma de um conde italiano ("O último dos Valérios"). Sempre há alguém "por trás" da fachada dos personagens sociais, alguém que se apoderou da sua potência de agir e os manipula na sombra. "Por trás" de cada consciência, no fundo de cada uma delas, o que descobrimos é um *fantasma*.

Que a ligação de causalidade seja real ou delirante, ela mostra sempre a mesma coisa: a relação de causalidade se exprime sob a forma de uma relação de *posse* e de *inclusão*. Posse porque os indivíduos são despossuídos da sua potência de agir em benefício de um outro, e inclusão porque vivem todos sob a perspectiva daquele que se apoderou dessa potência.[1] Por exemplo, se Strether age como um "embaixador" bostoniano em Paris, não é apenas porque ele recebeu essa missão, mas porque a mulher da qual ele é o emissário tomou posse dele e assombra seus pensamentos como um espectro.[2] Compreendemos, então, que cada um se pergunte: *quem* age "por trás" de determinada pessoa, que fantasma ou que vontade a domina. Como diria o gato de Lewis Carroll, a questão não é mais saber o que isso quer dizer, mas saber quem dá as ordens. Não é, de fato, sobre essa despossessão de uns pelos outros que é fundado o sistema da dívida? Não é disso que ele se alimenta?

O sistema da dívida é inseparável da proliferação de espectros que assombram os vivos, que bebem das suas

---

1 James tinha projetado escrever uma narrativa específica sobre esse tema. Cf. *Carnets*, p. 139: "Eu poderia fazer um pequeno conto no qual o tema seria verdadeiramente uma ideia, bela e tocante – a ideia da hipnose de uma personalidade fraca por uma personalidade mais forte, uma vontade mais forte, de modo que a primeira deixasse que lhe fosse imposta uma certa opinião definida dela mesma, que se considerasse sob o ângulo de uma outra mente etc."

2 Cf. a página sobre o assombro, *Les Ambassadeurs*, p. 695.

forças vivas para retirar daí a parte necessária para a sua sobrevivência e transformá-los, por sua vez, em fantasmas deles mesmos, um verdadeiro vampirismo. Os fantasmas são, primeiramente, a sobrevivência de um passado que exige o que lhe é devido. Tudo se passa como se um imperativo emanasse do passado para exclamar, como faz a mãe de *The tragic muse*: Não nos abandone! Não nos abandone! O passado se confunde com uma dívida que transforma os personagens em seres eternamente devedores que sofrem para estabelecer uma relação viva com o mundo presente. É uma verdadeira "morte em vida", toda a espessura do presente vivo é absorvida, vampirizada pelos fantasmas do passado. Assim como o herói de *The tragic muse* que é perseguido pelo fantasma do pai, as exortações da mãe e os incentivos da noiva, e que luta para escapar da carreira para a qual todos o destinam. Quantas jovens, em James, são submetidas à vontade de uma mãe ou de uma tia autoritária, ao mesmo tempo que são abandonadas por um pai cínico ou infantil? Quantas crianças são reféns de seus pais, vítimas da sua educação e da sua vontade de perfeição? Quantas crianças "perfeitas", em James, mas já enfraquecidas, sacrificadas em nome de um ideal moral ou estético? O presente é esvaziado da sua substância e o futuro hipotecado sob o peso da dívida. Todos esses personagens, entretanto, voltados para o futuro, já estão sem força. "Percebo que sou um ser ativo, sensível, inteligente, com desejos, paixões, com a possibilidade de ter convicções – até mesmo aquilo com o qual eu nunca tinha sonhado: a possibilidade de ter uma vontade que me seja própria! [...] O mundo acena para mim, me sorri, me chama, mas uma força indefinível vinda do passado, à qual não posso nem me submeter nem me opor inteiramente, parece me reter.

Estou pleno de impulsos, mas, não sei por que, não estou cheio de força."[3]

Nada mostra melhor esse processo de vampirização do que a novela *"Europe"*, que descreve o destino de três irmãs sob o domínio de uma velha mãe, impotente e autoritária. As três querem ir para a Europa, para longe da casa da família, mas cada tentativa de fuga é como uma morte para a mãe, que, apesar da idade avançada, ainda "quer" viver e continuar reinando sobre as três filhas.[4] Cada tentativa de fuga equivale a uma morte parcial da mãe que se vê, então, definitivamente rejeitada para o passado. Não me abandonem... Não me abandonem... É como uma inversão do curso das gerações, com tudo que isso supõe de mortífero: são as filhas que têm que sacrificar a vida pela mãe. Aquela que consegue escapar lhe dá um golpe quase mortal do qual ela só se recupera explorando ainda mais a "fonte sagrada" daquelas que ficaram. O passado se alimenta do presente, enfraquece-o, esvazia-o da sua substância até que as filhas se tornem pálidas, enfraquecidas, sempre solteironas.[5] Nenhuma delas

---

3 "Eugène Pickering", em *Nouvelles completes* I, p. 1114 (trad. mod.). Essa novela é justamente a história de uma mulher que se apaixona por um homem por tédio e depois o abandona, quando acha que já absorveu dele toda a substância vital.

4 Cf. H. James, "Le Départ", p. 185, sobre a morte da mãe: "Se ela quisesse, *teria* partido. Ela sentiria que é conveniente, decente, necessário partir. Só que ela prefere *não* partir. Ela prefere ficar e manter a tensão."

5 Sobre uma das filhas, ibid., p. 205: "Ela estava doente há anos, mas ela passara a vida toda esperando o acontecimento que deveria transformá-la, de modo que não tivera tempo de prestar atenção à doença. E quando, finalmente, teve um momento de extrema lucidez, foi para descobrir que era tarde demais; então, naturalmente, de uma vez por todas, ela deixou de resistir."

conhecerá o presente, todas terão vivido no passado e pelo passado, inclusive a mãe, remoendo suas lembranças. Para as filhas sempre foi tarde demais, já que o presente delas se desenrolou no interior do passado da mãe, que exerce sobre elas todo o seu poderio imóvel, cujo único objetivo é conservar sua eterna juventude. Acontece que também assistimos ao processo inverso: filhos que vampirizam os pais, que matam a mãe de trabalho, como na novela *"Greville Fane"*, ou ainda em *"The marriages"*, onde a terrível jovem cultua a memória da mãe e manobra secretamente para impedir que o pai se case outra vez: "Uma mulher dessas, depois de mamãe!"[6] O vampirismo talvez seja o ponto culminante de uma comunicação negativa entre potências, a maneira pela qual uma potência pode ser, não apenas dominada, mas privada de suas forças vivas por uma outra.

Se os fantasmas transformam os vivos em fantasmas, é porque eles substituem a legitimidade do seu presente já acabado pela dos vivos, formando assim estranhas linhagens que correm de fantasma em fantasma sem que nenhum ente vivo, em carne e osso, se interponha. Diríamos que os fantasmas aspiram a se perpetuar como espécie tanto quanto os vivos, formando uma espécie de impulso espectral cujo modo de reprodução seria feito por vampirização. Eles absorvem as forças do presente, retiram-nas do ente vivo que nada mais faz a não ser sobreviver a essa morte lenta. "A ideia da morte me parou e reteve completamente, diz Henry James; porque se por um lado ela implica o fim da consciência, por outro, ela implica o começo do drama, em todos os casos em que a consciência sobrevive. Em que

---

6 Cf. H. James,"Les mariages", principalmente, p. 37; 63: "Roguei a Deus que me iluminasse, salvei a memória de minha mãe."

caso podemos dizer que há sobrevivência, de modo que o homem se torne o espectador da sua própria tragédia? Nos casos de derrota, fracasso, sujeição, sacrifício para outras solicitações ou outras considerações."[7] É como se existisse um impulso espectral que duplica o impulso vital, potência dessa longa memória própria da dívida. É claro que a vida continua avançando, mas é como se ela fosse atrasada ou retardada por uma corrente contrária, uma espécie de vento que a resseca e debilita. É o caso de todos os indivíduos que se fecham no mundo de um outro, que passam pelo seu ponto de vista sem poder sair dele. Fechar-se, em Henry James, é sempre se fechar no passado e morrer, é sempre morrer do interior, definhar. Isso faz com que os indivíduos não se sintam mais como vivos, mas como sobreviventes, já mortos ou ainda não nascidos, como os zumbis. Tudo está obstruído, bloqueado, a geração se faz ao contrário, como no mito do *Político*, de Platão. Os filhos voltam para os pais, como os salmões voltam ao local do seu nascimento, alimentam os pais da sua vitalidade; eles dão um futuro para os pais enquanto os pais transmitem a eles, como se fosse um futuro, um passado do qual eles não sairão.

A dívida se apresenta, então, como um vasto sistema fundado na despossessão; ela absorve as forças individuais para obrigá-las a servir no interior de um sistema onde cada um está despossuído de si mesmo em vários graus e de várias maneiras (por influência, por contrato, por astúcia). Mas essa despossessão pode ser percebida de acordo com duas *perspectivas* distintas, simétricas e complementares. Em um caso, temos uma dívida para com um passado ao qual permanecemos *ligados* de maneira mórbida; estamos tão

7 Id., *Carnets*, p. 170 e toda a nota.

ligados a esse passado que dele parece emanar uma queixa perpétua: não nos abandone! Não seja egoísta! Todo o registro da "piedade familiar". No outro caso, os personagens estimam que o futuro tem uma dívida para com eles; eles esperam que lhes seja devolvido aquilo de que foram despossuídos. O primeiro caso corresponde a todas as figuras da *comemoração*, o segundo a todas as figuras da *espera*. Também diríamos, em termos nietzschianos, que os primeiros vivem na culpa e os outros vivem no ressentimento. O ressentimento está naqueles que se sentem despossuídos, não deles mesmos, mas de um destino grandioso que o dinheiro, a glória ou um casamento poderia lhes dar. Se eles nunca tiveram a vida que deveriam ter, é porque acham que foram privados daquilo que foi dado aos outros, o caso exemplar desse ressentimento é incarnado por Osmond, o esteta de *Retrato de uma senhora*: "Ele nunca havia perdoado à sua estrela por não tê-lo feito nascer num berço de duque inglês";[8] daí seu ódio pela vida e seu reinado não compartilhado sobre um mundo de relíquias, seu isolamento no passado e sua reclusão num santuário "que devia exigir, daqueles que ali haviam penetrado, uma boa dose de energia para sair".[9] Encontramos aqui as características de certos celibatários de James: reclusão, ressentimento, solidão e todo o poderio exercido sobre a posse maníaca de relíquias. Sob formas variadas, é a mesma frustação que encontramos no fundo dos personagens que querem "possuir".

8 Id., *Portrait de femme*, p. 470; e o comentário de um personagem sobre Osmond, p. 416: "poderia ser um príncipe disfarçado [...], um príncipe que teria abdicado, numa crise de desespero, e continuado eternamente furioso."

9 Ibid., p. 421. Sobre o ódio da vida, cf. p. 593 (trad. mod.): "[Isabel] tinha um certo modo de considerar a vida que ele tomava como uma ofensa pessoal."

Como os outros, eles são prisioneiros de seu passado; talvez, sua ligação com o passado seja ainda mais violenta, mais visceral, na medida em que ela se confunde com um sentimento agudo de *perda*. Eles querem recuperar de qualquer jeito aquilo que acham que lhes foi tirado. Eles não conseguem se conformar com a perda daquilo que, entretanto, eles nunca tiveram. Se outros tiveram, eles deveriam ter também. Portanto, estão lhe devendo. Essa é a lógica do ressentimento, ou melhor, seu paralogismo. Eles nunca desistiram de querer ser atendidos. Durante esse tempo, como uma espécie de superstição, *eles não deixaram de esperar*, essa crença infantil que é, ao mesmo tempo, um alívio e a impossibilidade de fechar a ferida. Eles só se definem por suas posses e por sua vontade de "possuir", a grande paixão da avidez.[10] Se eles se identificam com essa vontade, é porque se consideram *lesados*. É o próprio fundamento do seu "egoísmo". O egoísta não é aquele que pensa primeiro nele, mas aquele cujo *ego* se define pelo círculo das suas posses reais ou pretensas, imagens nas quais ele se reflete até a hipnose.

O que esses personagens "querem" não é uma coisa ou outra, mas sempre *seu princípio* ou sua "fonte". Eles nunca terão o bastante: querem sempre um Tudo. Não um acordo, mas uma submissão completa; não uma simples mentira, mas uma traição absoluta; não uma soma de dinheiro, mas um capital como fonte de financiamento. *É preciso se apropriar até mesmo das vidas*. Eu quero você *para mim*. A

---

10 Sobre a concepção dos indivíduos, em função de suas posses, cf. as observações da senhora Merle, ibid., p. 371 (trad. mod.): "Você nunca encontrará um homem ou uma mulher isolados: cada um de nós é um feixe de pertencimentos. O que é que chamamos de personalidade? Onde ela começa e onde ela termina? [...]. Sei que uma grande parte da minha vem dos vestidos que escolho. Tenho um grande respeito pelas *coisas*."

apropriação está à altura daquilo em que eles acham que foram lesados, daquilo a que eles acham que têm direito. Por essa razão, não encontramos em James os vigaristas que encontramos, por exemplo, em Melville (exceto em "O discípulo"), onde a questão é apenas recolher pequenas somas de dinheiro. O vigarista de Melville é como o camaleão invisível que trai todas as confianças e todas as credulidades, aquele que opõe a mentira sadia à hipocrisia da caridade.[11] Mentira contra mentira, ausência de escrúpulos contra consciência tranquila ou não, reunidas numa ampla denúncia da caridade. Os princípios que Melville ataca são os princípios do idealismo americano ingênuo. Pois aquilo que o capitalismo cria ou recupera são os ingênuos, os crédulos, os tolos ou os "paspalhos", os mesmos paspalhos que encontraremos mais tarde em Goffman. O capitalismo como vigarice universal com seus sistemas de compensações simbólicas que consistem em acalmar populações inteiras de "paspalhos".[12] Ninguém acredita mais nisso, embora todos se achem lesados. O importante, em Melville, não são, é claro, as quantias recolhidas, mas a corrupção, a corrosão do idealismo americano (consciência tranquila e culpa misturadas, desconfiança e credulidade confundidas).

11 Cf. H. Melville, *Le grand escroc*, Seuil, 1984.

12 Cf. o notável texto "Calmer le jobard" em *Le parler frais d'Erwing Goffman*, Minuit, 1990. Nesse texto, Goffman descreve o mecanismo da vigarice que coloca em cena três personagens, o vigarista ou "picareta", a vítima ou o tonto e um terceiro personagem que vai "acalmar o paspalho" para evitar que ele avise a polícia. Ele mostra como esse sistema de compensação, consolo, atenuação se encontra em todos os níveis do mundo do trabalho. Trata-se a cada vez de fazer com que o indivíduo sobreviva à morte simbólica que lhe é infligida (a demissão, por exemplo), e que ele continue avançando no contexto dessa morte social.

Mas os irmãos James se situam numa época ainda diferente do capitalismo. Não estamos mais na época da propagação das (falsas) moedas e da privatização dos bancos. Entramos na época do "sopro frio dos trustes" e dos "monopólios sem escrúpulos que agem como nunca havia agido nenhuma antiga loucura de poder pessoal [...]; *a propriedade individual tornou-se, cada vez mais, um tipo de propriedade que consiste apenas na sua relação com propriedades bem mais consideráveis e esmagadoras, que não permitem nenhuma pergunta e impõem todas as condições de existência"*.[13] Compreendemos, de fato, que o dinheiro do crédito circule entre os trustes, assim chamados porque colocam a equivalência capital = confiança, sistema da dívida *e* do crédito. O problema não é mais distinguir entre moedas falsas ou verdadeiras, falsos ou verdadeiros profetas, como em Melville, mas entre dois regimes de circulação do dinheiro e os sistemas de posse que eles supõem e engendram: o dinheiro disponível e o dinheiro do crédito, o dinheiro do poder de compra e o dinheiro fiduciário do poder de financiamento, "fonte" ou princípio. É a dualidade de *A taça de ouro*: a família como truste, o poder de financiamento nas mãos do pai e o dinheiro vivo nas mãos da filha. Tudo é, a cada vez, questão de capital.[14]

Por isso, a vigarice não diz mais respeito ao idealismo, mas sim ao *vitalismo*. Não se trata mais de enganar a confiança dos indivíduos, mas de despossuí-los da sua potência

---

13 H. James, *La scène américaine*, p. 140 (grifo do autor).

14 Cf. por exemplo, *Portrait de femme*, p. 476: "Aquilo que suscitava seu terror [...] era, bem no fundo do seu ser, a consciência de um movimento no qual ela acreditava sentir uma paixão inspirada e confiante. Ela a sentia como se fosse uma grande quantia depositada num banco que tememos ver corroída."

vital. O capitalismo não é apenas a vigarice universal ou o mundo dos paspalhos, mas é a dívida ilimitada ou o mundo dos zumbis. Esse é o outro aspecto que Goffman destaca no seu texto sobre os paspalhos: há uma coorte de mortos que circula por entre os vivos, seres sem vida, sem crença, desfeitos. "Os mortos foram destituidos, mas não estão isolados, e continuam a caminhar por entre os vivos."[15] Eles se arrastam com seu "eu defunto" como uma máscara que serve de vida, ou como o retrato de *The sacred fount* do qual não sabemos se a figura representada tira uma máscara de vida para revelar uma máscara mortuária ou se, pelo contrário, ela tira uma máscara mortuária para revelar uma vida esvaída. Para Henry James, a nova economia capitalista nos faz passar por uma morte, a mesma que mata as jovens e as crianças; são elas que a *mostram*, que são seus refletores trágicos, *porque não sobrevivem a ela*. Não é apenas a jovem americana de *As asas da pomba*, com sua saúde frágil e seu pesado capital, mas o conjunto de todos os seres inocentes, inocentes porque ainda não têm passado (a não ser aquele que lhes é imposto) e lutam contra o presente no qual querem confiná-los. Ninguém mais acredita nisso, é verdade, mas todo mundo é traído assim mesmo.

Sob sua forma mais geral, o capitalismo se apresenta, então, em Henry James, como uma ação *indireta de despossessão das vidas*: vampirismo, hipnotismo, espiritismo, tantos meios invisíveis e secretos para enfraquecer as vidas, privá--las da sua potência e destruí-las. É nesse sentido que tudo é uma questão de *posse*. Os indivíduos não se definem pelo que são, mas pelo que possuem. Até mesmo o *eu* – principalmente ele – é uma questão de posse. Como diz William

---

15 *Le parler français d'Erwing Goffman*, op. cit., p. 300.

James sobre o *eu* empírico: "É claro que entre aquilo que um homem chama de *eu* e aquilo que ele chama simplesmente de *meu*, é difícil traçar uma linha [...]. *No seu sentido mais amplo, entretanto, o Eu de um homem é a soma total de tudo aquilo que ele pode chamar de seu.*"[16] O ser que sou é apenas o *ter* mais intenso. Aquilo que sou é o que possuo mais intensamente, mais intimamente.[17] Mas é exatamente por isso que eu posso ser despossuído: só aquilo que possuímos pode mudar de proprietário. O *"eu"* é aquilo pelo qual um indivíduo se despossui de si mesmo. Se, de direito, a vida é a propriedade daqueles que a recebem, sabemos bem que, na verdade, há sempre outros indivíduos para tirá-la deles. E as forças das quais eles foram despossuídos não seriam aquelas que voltam para assombrá-los, e para reivindicar sua parte na identidade do personagem, contra as reivindicações do seu *eu*? Não é o próprio indivíduo que se despossui de potencialidades que, a partir de então, vêm assombrá-lo como um remorso? O fantasma mostra, a cada vez, um problema relativo à propriedade das vidas. Ora ele se introduz na vida de um outro e tira todas as suas forças; ora, pelo contrário, ele permanece ligado a um indivíduo para fazê-lo compreender que ele incarna a parte de vida da qual foi despossuído.

Esse mesmo problema – o da propriedade das vidas – encontra-se num plano diferente na novela "Os papéis de

---

16 W. James, *Principles of psychology*, x, p. 279.

17 O fluxo de consciência se define como um movimento constante de apropriação, ibid., p. 322: "Cada pensamento nasce 'proprietário' e morre 'possuído', transmitindo tudo aquilo que ele pôde realizar ao seu proprietário seguinte", ou ainda, p. 378: "A consciência de si implica um fluxo de pensamento do qual cada parte como 'eu' pode 1) lembrar das partes anteriores e conhecer as coisas que elas conheciam; 2) acentuar e privilegiar alguma delas como sendo o 'eu' e atribuir a elas a posse das outras."

Aspern", que conta a maneira pela qual um jovem crítico literário tenta, por todos os meios, conseguir a correspondência amorosa mantida, na juventude, entre uma velha senhora e um grande poeta. A questão colocada pela narrativa é saber a quem pertencem as cartas. A quem de direito? Elas pertencem à história literária ou à senhora que as guarda preciosamente no seu quarto? A velha senhora tem o direito de privar a humanidade de um tesouro tão inestimável? Mas, por outro lado, temos o direito de tirar dela a parte mais íntima da sua vida? Temos o direito de despossuir os indivíduos da sua intimidade? E torná-la pública? A velha senhora protege suas cartas com tanto ciúme quanto um fantasma: ela é como os espectros de algumas novelas que velam a memória de um morto (*"Sir Dominick Ferrand"* e *"The real thing"*); eles não são apenas os guardiões de uma memória; eles protegem aquilo que, nas vidas, é *propriedade privada*. É uma questão que sempre volta, em James. Está também em *"Reverberator"* ou *"The papers"*: a quem pertencem as vidas? Em nome de que interesse a esfera pública pode se apossar delas? Nesse ponto, a resposta de James não varia: existe nele a reivindicação de um direito inalienável da reserva, do segredo, da vida privada contra a exposição pueril da intimidade. Sempre se está defendendo o privado contra o público. James percebe com assombro a publicidade crescente do mundo, essa vulgaridade generalizada na qual as pessoas não mais distinguem entre o privado e o público, na qual a esfera privada recua cada vez mais diante da expansão ilimitada de um palco público que tende a se confundir com o espaço da *publicidade das vidas*, a vida como publicidade de si mesmo.[18]

18 Cf. H. James, *La scène américaine*, pp. 166-167: "Por toda a parte existe o instinto, que vemos em ação, de minimizar, em cada 'interior', a culpa,

◊

Para James há algo de terrível nessas vontades possessivas e autoritárias, aquelas que, através de artimanhas, cálculo ou intimidação, submetem outras vontades. Mas são também inquietantes as vontades passivas que, por medo, fraqueza ou fascínio, se deixam submeter. Existe aí uma estranha simpatia, uma vontade que penetra de forma simpática numa outra vontade para submetê-la à sua perspectiva, sendo que essa última aceita, rigorosamente, a perspectiva daquela que a domina, sem resistir. São relações de subjugação, de hipnose, de dominação, enfim, relações de poder *percebidos* de *forma perspectivista*. Elas não são descritas do exterior, na violência de um enfrentamento afetivo, mas sim do interior, através do efeito de curvatura que as forças imprimem às representações, através da maneira pela qual uma consciência se identifica com as forças que, do exterior, exercem sua pressão sobre ela. Uma bela descrição desse processo se encontra em *As asas da pomba*, quando Densher, o jovem pretendente, vai visitar, pela primeira vez, tia Maud, mulher autoritária e calculista, para desafiá-la. Ele é obrigado a esperar

---

a arrogância, a responsabilidade, tudo aquilo que pode parecer conter o fato de ser um interior. A convenção quer imediatamente conspirar para abafá-lo com violência, para negar seu direito à existência, para ignorá-lo e abortá-lo de todas as maneiras possíveis, para fazer desaparecer todos os indícios pelos quais ele poderia se distinguir do exterior." Na mesma passagem, James mostra seu terror diante do crescimento dos espaços públicos que acabam com "tudo aquilo que faz parte da essência de um espaço privado, de tudo aquilo que sugere o que é indispensável, não apenas para a ocupação e a concentração, mas para a própria conversa, para o jogo das relações sociais colocado num outro nível que não sejam os gritos e os berros".

num salão onde a agressividade, a feiura e a vulgaridade do mobiliário exercem sobre ele uma primeira forma de intimidação. Ele já sabe com que tipo de indivíduo vai ter que lidar, e a sequência lhe dá razão; desde o começo da conversa, ela impõe sua vontade, com uma amabilidade quase surpreendente. À medida que ele acredita convencê-la, é ela quem, na realidade, se insinua de forma simpática, fazendo-lhe ver a situação do ponto de vista dela.[19] Porque, do seu lado, a tia sabe bem que a questão não é saber quem é mais inteligente ou mais penetrante; não se trata nem mesmo de ter razão, mas apenas impor sua vontade. Ela logo adivinhou que a inteligência do rapaz era proporcional à sua falta de vontade. A inteligência é nele apenas um outro nome para a faculdade de se submeter e obedecer. É a faculdade de ter medo. Como muitos personagens de James, o rapaz tem tudo a seu favor, uma grande inteligência, uma grande sensibilidade, imaginação, um gosto refinado, mas ele foi despossuído da energia vital que permite agir. "Depois de ter tantas vezes concluído que tinha um fraco, como ele dizia, pela vida – sua força estando reservada para o pensamento –, ele acreditava que a vida era aquilo que ele devia tentar, bem ou mal, anexar e possuir. Isso era tão necessário que o pensamento, entregue a si mesmo, só podia girar no vazio; era do ar da vida que ele tirava seu fôlego."[20]

19 Id., *Les ailes de la colombe*, p. 105 (trad. mod.): "Ele se deu conta [...] que entendera muito bem o que ela quisera insinuar; que ela o tinha obrigado, rapidamente, a lhe perdoar a exibição da sua potência; que se ele não prestasse atenção, acabaria dando razão a ela, a ela e à sua força de vontade, sem falar da sua riqueza [...]. A atividade da inteligência nos trai terrivelmente na ação, nessa necessidade de ação onde a simplicidade é tudo."

20 Ibid., p. 87. Cf. igualmente, pp. 334-335.

Existe algo de imperioso nos *seres de vontade*, aqueles cuja potência é "inteiramente vontade, sem que a menor parcela de força se transforme [neles] em gosto, em ternura ou perspicácia, em sentido das sombras, das relações ou das proporções".[21] A relação está invertida: eles só têm a inteligência, a sensibilidade, a imaginação necessária para agir. Em vários aspectos, James se aproxima do diagnóstico de Lawrence: "Tudo na América está fundado na vontade. Uma potente vontade negativa parece se opor a toda vida espontânea – parece não haver ali nenhum sentimento – nenhuma verdadeira compaixão e simpatia viscerais; só existe essa vontade crispada, vontade de ferro, tolerante, mas que é, finalmente, diabólica [...]. Por isso, penso que a América não é nem livre nem brava, mas um país de pequenas vontades mesquinhas que soam como metal, todo mundo querendo enganar todo mundo, e um país de homens absolutamente desprovidos da verdadeira coragem que é a confiança, a confiança na espontaneidade sagrada da vida. Eles não confiam na vida enquanto não a dominam."[22] É o retrato mais fiel de certos personagens de James. Só que, nele, esse diagnóstico não está reservado aos americanos, vale para todos os seres de vontade. O que ele compartilha com Lawrence é a ideia de que um indivíduo dominado apenas pela força da vontade vive de acordo com uma perspectiva estreita que torna sua vontade finalmente sempre negativa.

Quem são os seres de vontade em James? São quase sempre *mulheres,* nem tanto as jovens independentes quanto as

21 Id., *La création littéraire*, pp. 147-148.

22 D. H. Lawrence, *Lettres choisies*, Gallimard, 2001, pp. 143-144.

tias teimosas e as solteironas autoritárias.[23] Salvo exceção, os homens não têm vontade. Eles são sensíveis, inteligentes, "compreensivos", mas não sabem o que querem. Eles não agem, veem as mulheres agir e obedecem a elas. "Por trás" dos homens, encontramos quase sempre a vontade de uma mulher. Ora, como diz Lawrence, essa vontade tem sua tolerância diabólica e sua piedade. Ela tem como missão velar sobre os outros, proteger seus interesses. Se tia Maud se mostra impiedosa com o jovem pretendente, é porque, primeiramente, ela quer o bem da sobrinha. "Ela impunha sua vontade, mas essa vontade só se exercia para que um ou dois seres não perdessem um benefício ao recusar se submeter, se pudéssemos obrigá-los a isso."[24] Por sua vez, a sobrinha submete o amante à sua vontade, mas para seu interesse comum: ela imaginou um "plano" para salvá-los. Da mesma maneira, a senhora Merle, a alcoviteira de *Retrato de uma senhora*, só age de acordo com sua vontade, tendo como justificação o "bem" da filha.[25] Ainda da mesma forma, em *Os embaixadores*, é a mãe que, pelo bem do filho, quer que ele deixe Paris o mais rápido possível e retome os negócios familiares. Ela incarna essa vontade férrea de que fala Lawrence, "eminente e quase austeramente fiel a ela mesma: pura, 'fria' aos olhos do vulgar". Sua determinação se manifesta com força por intermédio, não do seu "embaixador" – homem muito hesitante –, mas da irmã, como se

23 Cf. as observações de J. J. Mayoux, *Vivants piliers*, op. cit., p. 108: "Em toda a obra temos um matriarcado ávido e imperioso, ladeado por uma leve cavalaria (ligeiramente) de moças pobres. A Mulher como Vontade está presente em cada obra."

24 H. James, *Les ailes de la colombe*, p. 172.

25 Id., *Portrait de femme*, p. 566: "Sua vida estava submetida à sua vontade."

a vontade só pudesse passar de mulher para mulher.[26] Strether é menos acusado de ter traído do que de ter hesitado, isto é, de ter enfraquecido a vontade da mãe.[27] Ele se tornou um elemento não condutor. Em *Os embaixadores*, a vontade pertence exclusivamente às mulheres; elas são ora seu motor imóvel, ora seu braço armado. São ainda as mulheres de vontade que encontramos em *The tragic muse*, através dos personagens da atriz ambiciosa ("Vou conseguir, vou conseguir, vou conseguir"),[28] da mãe que quer o bem das filhas ou da jovem viúva que quer satisfazer suas ambições através do noivo indeciso. Por toda parte, são as mulheres que *querem*, que agem, que lutam (enquanto os homens lutam apenas contra sua indecisão).

É que, aos olhos deles, o que legitima sua ascendência sobre os outros é que elas sabem o que é bom para eles (mesmo e, principalmente, quando ignoram); elas sabem, melhor do que eles mesmos, onde está seu interesse e como ajudá-los. Elas agem para a sua "salvação". *A vontade se torna negativa quando ela toma posse das vidas dando-se como missão "salvá-las".* Por isso, a vontade se apresenta, ao mesmo tempo, como tolerância ou *caridade*. "Salvar" o outro consiste em saber melhor do que ele aquilo que lhe convém ou o que ele deve fazer: confie em mim. Queremos "por" ele, decidimos

---

26 Como diz, aliás, o marido da irmã, *Les ambassadeurs*, p. 719: "Sally vem sempre para agir, você sabe [...], cada vez que ela sai de casa." Sobre a vontade e o temperamento da irmã, p. 176. O marido explica: "Elas não dizem desaforos a torto e a direito e não causam rebuliço [...] É quando elas devoram que fazem menos estardalhaço."

27 H. James, *Les ambassadeurs*, p. 797: "O que é sua atitude senão uma afronta para mulheres como nós. O fato, quero dizer, de que você age como se fosse possível hesitar."

28 Id., *La muse tragique*, p. 140.

por ele, com a consciência ainda mais tranquila porque ele não sabe o que quer.[29] Despossuídos de nós mesmos, tomamos posse dos outros. Vontade e caridade constituem a dupla determinação da potência concebida como dominação. Já encontramos a crítica da caridade, das almas caridosas e do *charity business*, em Emerson, Thoreau ou Melville. Aliás, é certamente em Melville que ela é mais virulenta. Sabemos que existem, de fato, duas figuras de exceção em Melville: Ahab e Bartleby, um demente animado de uma vontade de nada e um miserável abandonado por qualquer tipo de vontade, um nada de vontade ("Eu preferia não..."), um capitão monstruoso e um empregado incapaz. Temos a sensação de que cada um desses personagens é um desafio, um da *vontade*, o outro da *caridade*. Como definir Ahab, de fato, a não ser como aquele que excede a potência de vontade e revela seu caráter obsessivo, monomaníaco, que atrai sobre ele as maldições ao desafiar Deus, uma vontade devastadora, apocalíptica, animada por um insaciável desejo de vingança? *Ahab ou o além da vontade*. Na outra extremidade, Bartleby, que atrai sobre ele outras maldições, evitando qualquer compromisso, não mais uma promessa ou um sonho apocalíptico, mas a certeza do desastre:[30] *Bartleby ou o aquém da*

---

29 Cf. as observações de Fanny Assingham em *La coupe d'or*, p. 307: "Sempre acreditamos compreender os problemas dos outros e saber resolvê-los melhor do que eles mesmos. Mas, nesse caso, ela insistiu, tínhamos a desculpa de que aquelas pessoas não viam muito bem como resolvê-los, não viam absolutamente como. Ficávamos irritadas por pura pena do estrago que eles faziam de tantos elementos preciosos, do desperdício ao qual eles se entregavam. Eles não sabiam como viver e, resumindo, se tivéssemos algum interesse por eles, não podíamos ficar plantadas sem fazer nada."

30 Cf. as observações de Blanchot sobre Bartleby e o desastre, *L'écriture du désastre*, Gallimard, 1980, pp. 33-34.

caridade. Aquele que ninguém pode mais salvar nem ajudar, que não entra mais nos requisitos da vontade (sua estranha "não preferência"). É a potente prensa da América, vontade e caridade, que explode, contestada em cada um dos seus polos. E entre as duas coisas? Entre o excesso de Ahab e a deficiência de Bartleby? É a grande comédia dos falsários e dos idealistas de *The Confidence-Man*, ou, como diz Lawrence, "todo mundo tenta enganar todo mundo", uma moeda falsa generalizada onde todos vivem, enriquecidos por uma dívida que é transmitida uns aos outros sob a forma de um crédito vazio. "Crédito morreu."

Nenhuma narrativa de James mostra melhor a crueldade própria da dupla vontade/caridade quanto a bela novela "O banco da desolação". A história é a seguinte: uma mulher, com quem Herbert Dodd, o personagem focal, não quer mais se casar, resolve processá-lo porque ele rompeu a promessa de casamento. Com medo da desonra e, principalmente, pelo desgosto da vulgaridade que provocaria essa exposição pública, ele prefere dar a ela uma importante quantia de indenização que lhe pouparia a indignidade de ser arrastado aos tribunais, mas que o arruína. Toda a sua vida é destruída para sempre, empobrecida. Os anos passam, mas uma pergunta continua a persegui-lo: ela podia *mesmo* fazer alguma coisa contra ele? Ele não teria tido uma oportunidade de ganhar o processo? Uma profunda apreensão sempre o impediu de querer saber mais. Por orgulho e medo ele nunca ousou agir. "Ele teria sido terrivelmente enganado pela vida se não estivesse certo com respeito a ela."[31] Um dia, a mulher reaparece. Eles voltam a se encontrar e falam do passado. Ela diz a ele que durante todos aqueles anos guardou o dinheiro dele e

---

31 H. James, "Le banc de la désolation", p. 427.

o fez render. Ela conservou esse capital para salvá-lo. "De repente, com surpresa, ele teve consciência da ternura, da paciência e da crueldade da qual fora objeto"[32] – é o momento exato em que a vontade se transforma em caridade. Porque, se num primeiro tempo, a mulher estava animada por um desejo de vingança, demonstrando um agudo interesse e uma vontade de ferro, ela se sente agora "prestes a impor à indigência de Herbert uma esmola inesperada nos anais da caridade pública".[33] A dívida se transformou, indiretamente, em crédito, a vingança em caridade, porque são esses os dois aspectos de uma mesma e única vontade. Durante a vida, o personagem central conheceu apenas as duas vertentes da mesma forma de domínio, imprensado entre vontade/caridade, sem conseguir se liberar.

Essa caridade não é outra coisa senão a vontade transformada em "amor", o modo pelo qual os indivíduos tornam-se o objeto de um cuidado [*take care/look after*]. Desse ponto de vista, a caridade é a antítese da simpatia, embora venha dela: ela não simpatiza com as afecções de um *sujeito*; ela se representa o outro como *objeto de uma política de cuidado*: ela lhe "quer" bem, o altruísmo como complemento do egoísmo. Se, como diz Lawrence, a vontade é negação, a caridade quer ser *abnegação*. Vemos que tipo de piedade está agindo aqui: trata-se de um projeto de salvação ou de redenção, salvar corpos ou salvar almas, segundo a definição cristã da caridade. São as duas garras da prensa, uma negação voluntarista e uma abnegação caritativa, atarraxamento assustador. A cada volta, a vontade negativa aperta mais e a abnegação caritativa torna-se mais devoradora, mais sufocante,

32 Ibid., p. 446 (trad. mod.).
33 Ibid., pp. 450-451.

até estrangular uma criança para garantir sua "salvação": obedecer ao mestre e salvar as almas perdidas. No fundo, a grande narrativa de James sobre a loucura da vontade não seria "A volta do parafuso", com sua exaltação moral e a missão atroz de salvar vidas?[34]

É uma das raras lições que se destacam das narrativas de James: infeliz daquele que quer salvar vidas, infeliz daquele que procura um salvador, e infeliz, principalmente, daquele que não pedia nada. Só podemos salvar a nós mesmos, se pudermos. Todas as tentativas de "salvar" os outros, mesmo de uma situação atroz, são fracassos. Não é só o caso de "A volta do parafuso", mas também de *The Author of* Beltraffio", onde o narrador visita um escritor que ele admira e se surpreende ao ver que a esposa deste, "limitada, fria, calvinista", é hostil a seus livros;[35] num primeiro tempo, ele quer "salvar" a obra do escritor dos olhos da esposa, mas ele adivinha, num plano de fundo, na penumbra, que os dois esposos lutam pela posse do filho. Ele se convence, então, de que a criança pede a ele para ser "salva". "O rostinho fixo e lívido da criança parecia sempre me suplicar que não o abandonasse, e logo produzia em mim uma nova impressão, das mais estranhas, indefinível [...]. Foi seu olhar que, pouco a pouco, acendeu em mim a chama da inspiração [...]. Essa luz suplicante [...] parecia dizer: 'Eu sou o filho do meu pai, mas também sou o filho da minha mãe, e estou triste em ver tudo o que os separa.'"[36] O narrador sente uma nova consciência despertando nele,

---

34 Cf. em "Le tour d'écrou", a invocação de uma vontade impassível [*rigid will*] (p. 174) e a declaração da preceptora: "A inspiração [...] me insuflou uma vontade transcendente e capaz de chegar até lá." (p. 181).

35 *Carnets*, p. 81.

36 "L'auteur de Beltraffio", pp. 62-63.

iluminada pela luz de uma nova missão.[37] Ele se vê como o herói de um romance familiar (cuja queixa inicial é sempre a mesma: não me abandone!). Não é mais a vontade que o obriga, é a caridade que o inspira. Ele passa de uma *moral da obrigação* e da dívida (o poderoso que diz: confio em você; obedeça-me e você será recompensado) para uma *moral da inspiração* e da salvação (o impotente que diz: salve-me; você é o único em quem confio). Mas são sempre apenas as duas faces de uma mesma vontade. Parece que estamos em Lutero, quando a submissão à Lei se transmuta em uma submissão ao apelo de Cristo como fé interior. Na sua loucura, o narrador não vê que a vida da criança está suspensa no próprio equilíbrio do combate que neutraliza as forças dos pais. Como em "O discípulo", é a vontade de fazer bem que rompe o frágil equilíbrio que o ligava à vida. Em James, as ações caridosas, as tentativas de "salvação" acabam todas de maneira trágica. Entre as crianças, só a pequena Maise se sai bem, mas é porque ela entendeu que aqueles que querem "cuidar" dela não lhe querem nenhum bem; ela encontra o meio de se livrar disso sem os pais, só com a ajuda da governanta. Ela não está submetida a nenhuma moral; deve sua salvação justamente apenas a uma decisão tomada por ela, "num espasmo mais profundo do que aquele do sentido moral".[38]

---

37 Cf. igualmente a iluminação da preceptora de "Le tour d'écrou", p. 58: "uma luz prodigiosa me inundava", quando ela toma consciência que sua missão consiste em "salvar" as crianças da perversidade dos espectros (pp. 58-59). Ver também a nota sobre "The author of *Beltraffio*", em *Carnets*, pp. 81 sq. Ou ainda a jovem, em "Les mariages", que impede que o pai case outra vez e declara, p. 63: "salvei a memória da minha mãe."

38 H. James, *Ce que savait Maisie*, pp. 386; 372: "A necessidade de tomar essa decisão se erguia diante dela, mais forte do que nunca; ela sabia agora que sua decisão dependia apenas dela."

◊

No interior do sistema da dívida, vemos, portanto, desenvolver-se um tecido de relações onde cada um está despossuído de suas forças, vampirizado por um outro ou por ele próprio, ao mesmo tempo que ele se apropria ou se alimenta da potência dos outros, um vampirismo generalizado. O mundo de James é um mundo darwiniano no sentido em que, como em Darwin, as relações entre os vivos se organizam de acordo com uma relação essencial de predação.[39] De um lado, as feras, tigres, leões, panteras; de outro, as pombas, mas também os pequenos cervos ou os cabritos, todo um bestiário que mostra uma percepção dos indivíduos segundo suas relações de predação. Os instintos animais não param de passar pela trama da sociabilidade. A atitude dos personagens é a marca da mais alta sociabilidade, ao mesmo tempo que uma sucessão de posturas animais de perseguição ou de caça, como a jovem heroína de *A taça de ouro*, "recolhida em si mesma como uma tigresa tímida" ou como o personagem de *The sacred fount*, "quase tão prudente e silencioso quanto se estivesse espreitando um pássaro ou perseguindo um cervo".[40] Eles estão à espreita, vigiando os menores sinais, sensíveis aos "pequenos ruídos de asas na conversa",[41] aos olhares, às inflexões de voz. O grande ner-

---

39 Como lembra G. Canguilhem, em *La connaissance et la vie*, Vrin, 1985, p. 137: "A relação fundamental, aos olhos de Darwin, é uma relação entre vivos. Ele prioriza a relação entre o vivo e o meio no qual vive um organismo, é um entorno de vivos que são para ele inimigos ou aliados, presas ou predadores."

40 H. James, *La coupe d'or*, p. 324; *La source sacrée*, p. 548.

41 Id., *La muse tragique*, p. 152.

vosismo dos personagens é, primeiramente, uma espécie de vigilância animal em um mundo composto de presas e predadores. Os nervos, a tensão nervosa, não estão mais associados às emoções, mas à tensão dos instintos, à inquietude da vigília, "quando os nervos estão no limite por terem lhe sustentado por tanto tempo e quando eles lhe abandonaram numa obscuridade assombrada de vagos perigos, que lembra a prova a que foi submetido um vigilante noturno, numa região ameaçada pelas feras e onde ele não pode mais acender o fogo".[42] Mesmo os solitários, que, entretanto, nada têm a temer de ninguém, estão cheios de inquietude; eles vigiam a fera no fundo deles mesmos. São como o personagem de "A bela esquina", que caça seu duplo, uma criatura "talvez mais formidável do que nenhuma outra fera da floresta". Na sua confusão, ele se pergunta até mesmo se não é ele a presa, se ele não se tornou um "gato monstruoso e furtivo", perseguido por um outro animal.[43]

As asas da pomba, "A fera na selva", "A morte do leão" não são apenas títulos simbólicos. Sempre podemos dizer que a pomba é o símbolo da inocência da jovem americana, uma metáfora da sua natureza angelical. Mas o que dizer, então, quando a jovem morre de fraqueza, traída no seu amor? Ela não é, realmente, um animal indefeso? "Kate percebia, perfeitamente, que corria o risco de ser devorada... a leoa esperava – pelo menos, era o que sentia o cabritinho; ela não ignorava a proximidade de um bocado que ela tinha boas razões para acreditar ser macio."[44] Podemos sempre supor que o cabrito é uma metáfora da fragilidade, da vulnerabilidade, da presa

---

42 Id., *La coupe d'or*, p. 548.

43 Id., *"Le coin plaisant"*, p. 137; 141.

44 Id., *Les ailes de la colombe*, p. 75.

fácil. Mas o que é então que distingue o cabrito metafórico do cabrito real? O que é um cabritinho diante da leoa, senão uma presa fácil? É a parte instintiva dos personagens, a intuição das suas respectivas potências que determina essa presença animal em James. É verdade que a pomba real não é inocente e que, nesse caso, podemos falar de símbolo. Mas a pomba *também* é um animal sem defesa, e se a heroína de James é uma pomba, é tanto porque ela é inocente quanto porque não pode se defender dos predadores que andam à sua volta.

As narrativas de James são, principalmente, retratos de *presas* que pertencem a uma espécie frágil, seres doentes, moribundos, quase sempre vítimas de um meio demasiado duro ou cruel. Elas formam uma espécie à parte. "Poderíamos afirmar, sem exagero, que ela não parecia adaptada às realidades da vida. Poderíamos dizer que ela representa uma espécie de experiência tentada pela natureza – que ela é um protótipo, uma amostra, um espécime, um exemplo, um simples sujeito sem objeto. De qualquer modo, ela era a vítima inocente, o brinquedo da sua própria inteligência."[45] James invoca aqui o caso real de Minny Temple,[46] mas que vale igualmente para os personagens dos romances. A jovem americana de *As asas da pomba* não é só uma jovem inocente, ela é um espécime de uma *nova espécie*, frágil demais para viver e lutar. É a grande série: Daisy Miller, Milly Theale, Maisie, Maggie, irmãs pela sua quase homonímia, mas principalmente pela sua luta desesperada para sobreviver. É também o menino de "*The author of* Beltraffio", "requintado demais para viver" e cujo "charme é como um sinal de

---

45 Id., *Lettres à sa famille*, p. 94.

46 Prima dos James, que morreu prematuramente de tuberculose. [N.T.]

uma sentença de morte".[47] Ou ainda o menino-prodígio de "O discípulo", inteligente demais para viver, que "não tem um grande número de qualidades geralmente comuns à espécie".[48] Por excesso de sensibilidade ou de inteligência, as presas são seres de vida frágil, indefesas, não por causa de uma fraqueza intrínseca, mas porque elas procuram, desesperadamente, um meio que convenha à sua natureza especial. Elas são por demais graciosas para encontrar um lugar na natureza. Como é possível sobreviver, de fato, quando não podemos triunfar nem pela força, nem pela astúcia?

É que do outro lado está o mundo dos *predadores*, feras ou caçadores que cercam as presas, vigiando o menor sinal de fraqueza. Esse mundo é feito por eles e para eles. Como

47 H. James, "L'auteur de *Beltraffio*", p. 28. O narrador explica: "Havia até mesmo alguma coisa de comovente, de inquietante, na sua beleza, que parecia formada de elementos muito duros e muito delicados para enfrentar os ventos desse mundo." A beleza dele é como uma máscara mortuária que prefigura a morte desencadeada pelos pais, tendo, de um lado, o ressentimento da mãe, "tigresa ferida", e, do outro, a indiferença do pai esteta. E. Labbé observa justamente que a criança carrega com ela a sombra "de um desejo parental onde a filiação toma a forma de uma criação artística" (*Nouvelles completes II*, p. 1512), mas também, é preciso acrescentar, a de uma edificação moral. Ele está preso entre duas ideias abstratas, o Bom em si da mãe e o Belo em si do pai.

48 H. James, "L'élève", p. 28; 50. Diferentemente do menino de "L'auteur de *Beltraffio*", o pequeno Morgan não é vencido sem lutar. Cf. p. 47: "O elemento mais singular dessa personalidade tão ampla – um temperamento, uma sensibilidade, até mesmo um ideal íntimo que o fazia, intimamente, renegar o estofo do qual era feita a família. Morgan tinha uma pequena parte de orgulho secreto que lhe dava uma intuição aguda para descobrir a mesquinharia... ele era o único da sua espécie, na família". Inversamente, os pais aparecem como predadores, p. 37: "toda sua concepção da vida, concepção vaga, confusa e instintiva, como as artimanhas dos animais cegos para as cores, era calculadora, voraz e mesquinha".

diz William James, "o homem, considerado de um ponto de vista biológico, e o que quer que ele possa ser além disso, é simplesmente o maior animal predador, de fato, o único que caça sistematicamente aqueles da sua espécie".[49] O mundo dos predadores se confunde com o dos seres de vontade. Alguns deles têm um instinto muito seguro: a tia que recebe o jovem pretendente sabe, imediatamente, o que deve considerar nele: inteligente, porém, inofensivo.[50] É o signo de um profundo darwinismo, em Henry James, que vai se juntar e prolongar de forma diferente o de William James. Os indivíduos se percebem uns aos outros em função da sua adaptação a um meio, da sua resistência, da sua vulnerabilidade. Os animais não são figuras metafóricas, mas a expressão de uma aptidão para lutar ou resistir, a afirmação de um grau de potência e a manifestação de um "instinto". Talvez James se junte através disso a uma tendência geral do romance americano. Na verdade, não é toda a literatura americana que é obcecada pelo tema da *caça*, dos caçadores de peles de Fenimore Cooper à demência de Ahab, da caça às bruxas de Hawthorne às narrativas de Hemingway e Faulkner? Até mesmo pesquisas filosóficas são apresentadas como caças. Se aquilo que mira o sujeito conhecedor, em William James, é comparável a tiros de pistola num alvo, não seria porque ele está comprometido com uma espécie de caça da verdade?[51] William James retoma, aliás, a imagem do filósofo Blood, que define a filosofia não por um símbolo

49 W. James, *Essays in religion and morality*, p. 121.

50 Cf. H. James, *Les journaux*, pp. 129-130, onde o personagem se confunde com "um animalzinho [...] hipnotizado pelos lentos movimentos de uma serpente de escamas brilhantes".

51 W. James, *La signification de la vérité*, I.

– a coruja de Minerva –, mas pela imagem bem real de um falcão; de modo que "o universo conserva, felizmente, seu aspecto selvagem, esse odor de caça que companha seu voo".[52] Até mesmo Henry James se arma, às vezes, de um fuzil para caçar índices, impressões e atmosferas.[53] Se Deleuze e Guattari puderam dizer que o personagem conceitual do empirismo é o investigador, talvez um dos personagens conceituais do pragmatismo seja o *caçador*, ou seja um investigador num mundo não mais newtoniano, mas darwiniano.[54]

Se esse tema assombra a literatura é porque, certamente, ele é também uma obsessão para a própria América. Porque, se podemos invocar a caça aos índios ou aos ímpios, das novelas de Fenimore Cooper e de Hawthorne, ou a caça à baleia de *Moby Dick*, não seria primeiramente porque a história dos Estados Unidos se apresenta como uma sucessão ininterrupta das mais diversas caças? Caça aos índios, caça aos negros, caça às bruxas, caça aos sindicalistas, caça aos comunistas, caça aos capitais? Talvez as guerras tenham, a cada vez, favorecido uma nova concepção da caça, novos

---

52 Id., *La volonté de croire*, p. 34. Cf. H. D. Thoreau, em *Walden*, Gallimard, 1990, p. 212: "é assim até mesmo nas sociedades civilizadas, nas quais o homem passa pela etapa de desenvolvimento de caçador." Mais recentemente, N. Goodman, no entanto muito acadêmico, apresenta seu livro, *Manières de faire des mondes*, como uma caça.

53 H. James, *La scène américaine*, p. 340: "Que emprego [o peregrino palpitante] iria assim encontrar, que presa ele iria abater, efetivamente, esse apetite determinado e dirigido por impressões agudas."

54 Sobre o investigador como personagem conceitual do empirismo, cf. G. Deleuze e F. Guattari, *O que é a filosofia?*, trad. bras.: Bento Prado Jr. e Alberto Alonso Muñoz. São Paulo: Editora 34, 2010, p. 87. Cf. as observações de F. Brahami sobre a busca da verdade, já concebida como caça, em David Hume, *Introduction au traité de la nature humaine*, op. cit., pp. 206-207.

predadores e novas presas. Michael Rodgin observa que, antes da guerra de Secessão, a caça se concentra essencialmente nos índios e nos negros, mas que, a seguir, os conflitos interiores se deslocam. Eles deixam, progressivamente, de focalizar o Sul e o Oeste para ganhar a América Urbana, a classe operária imigrante e os sindicatos (mesmo se as antigas caças continuam). O inimigo muda novamente com a "guerra fria". Agora, são os supostos agentes da União Soviética que se tornam inimigos, um inimigo cada vez mais interior para um Estado cada vez mais paranoico.[55] E, provavelmente, as guerras recentes suscitaram também novos inimigos e novas formas de caça.

A partir das observações de Michael Rodgin, podemos estabelecer uma espécie de mapa bem sumário dessas diversas caças no continente americano, um mapa meio real, meio fictício, em função da polaridade dos seus pontos cardinais, no campo da ficção literária. Vemos assim, ao Norte, erguer-se uma imagem específica da caça que se confunde quase sempre com a figura do caçador solitário: ele mantém uma relação simbiótica com a natureza (florestas, montanhas rochosas) assim como o índio, com o qual ele tende, às vezes, a confraternizar; é a figura do *caçador de peles*, que faz par com a figura do *pastor* do vilarejo, o chefe da horda puritana que lidera a caça às bruxas. Ao Sul, é um outro meio (desertos, pântanos, plantações), uma pesada atmosfera de degenerescência que paralisa de tal maneira as vidas que

---

55 Cf. Michael Rodgin, *Les démons de l'Amérique*, Seuil, 1998, p. 54: "Após o primeiro [momento] que lançara os brancos contra os povos de cor, e o segundo, que mobilizara os americanos contra os estrangeiros, esse terceiro tempo, que gira em volta da sociedade de massa e do Estado, deveria colocar entre as mãos de uma burocracia, encarregada da segurança da nação, a tarefa de enfrentar os agentes invisíveis de uma potência estrangeira."

uma violência feroz pode explodir a qualquer momento. A ideologia pastoral, a famosa quietude "sulista", é acompanhada de terríveis caçadas aos negros, em torno dos quais se constituem verdadeiras matilhas das quais uma das figuras centrais é o *plantador* e suas milícias. A Oeste, no "prado", o que se caça, é claro, são os índios cuja presença nômade já se faz sentir ao norte e ao sul. Talvez até a caça ao índio seja a matriz das outras caças, quando o modelo da caça ao homem substitui o da guerra organizada. Desta vez, a figura correspondente será ora o *criador*, ora o *empreendedor*, de acordo com a dupla dimensão da vida de "fronteira" e a conquista territorial dos proprietários fazendeiros e comerciantes.

Nesse quadro muito esquemático, podemos nos perguntar: onde situar Henry James? Em que direção ele orienta a caça? James é aquele que *abre o caminho do Leste*. A caça não é mais no continente americano, mas na Europa. Londres e seus círculos mundanos. Paris e seus teatros. Roma, Florença e seus monumentos constituem um quarto e último meio. Tudo é feito de maneira indireta, "civilizada", longe das díades anteriores (brancos/negros, colonos/índios), mas a caça não é menos real. Desta vez, o que caçamos são os europeus cultos e seu passado de prestígio, suas antiguidades ou seus títulos de nobreza. É a explicação que recebe o príncipe italiano de *A taça de ouro*: "O senhor é um elemento da sua coleção, ela explicou, um daqueles que só podemos encontrar deste lado do oceano. O senhor é uma raridade, um objeto de arte, uma peça de grande valor."[56] Caçadores de obras de arte, de relíquias e de títulos de nobreza são os *colecionadores*. Desse ponto de vista, a América não é uma terra de sonho. Ou melhor, é um sonho de predadores,

56 H. James, *La coupe d'or*, p. 14.

como ilustram certas descrições de *The American scene*. Os predadores formam comunidades de caçadores, entre a matilha, a batida e a sociedade da caça.[57] O homem de negócios constitui também uma nova espécie, simétrica inversa da jovem moderna americana (se bem que também exista um "mercado de casamento" onde as jovens conduzem a caça em companhia da mãe).[58] "É surpreendente que a intimidade profunda desse acordo pudesse [...] se comparar à associação comercial, financeira, fundada há muito tempo sobre uma comunidade de interesses [...]. Essas pessoas (e numa síntese um pouco livre ele incluía capitalistas e banqueiros, homens de negócio aposentados, ilustres colecionadores, sogros americanos, pais americanos, meninas americanas, mulheres americanas), todas essas pessoas pertenciam, poderíamos dizer assim, ao mesmo grupo extenso e satisfeito; em todo caso, globalmente, *eles constituíam a mesma espécie e tinham os mesmos instintos.*"[59]

Só quando eles descobrem a Europa é que a relação se inverte e os americanos se tornam, por sua vez, a presa dos europeus. Os europeus são vampiros que se alimentam da fortuna e da vitalidade dos americanos crédulos; esses últimos, aliás, costumam *cair em armadilhas,* segundo uma concepção indireta, triádica da caça. Esta não consiste mais em um enfrentamento direto, diádico, ela toma uma forma mais

---

57 Id., *La scène américaine*, p. 102: "É aí que o analista inquieto, pelo menos, pode procurar, em cada canto, os pesados traços de passos, na textura mais fina da vida, de uma grande democracia comercial que busca ter a supremacia no seu próprio sentido e não ver nada que a contradiga."

58 Cf. H. James, "Lord Beaupré", p. 15: "não só as senhoras sabem que as jovens estão caçando, mas também, é claro, elas as acompanham."

59 Id., *La coupe d'or,* pp. 232-233 (grifo do autor).

refinada, mais sutil, na qual a dissimulação tem o papel principal. A caça se tornou a arte da armadilha. Preparar uma armadilha é, antes de tudo, uma arte semiótica. Preparar uma armadilha consiste, de fato, em penetrar simpaticamente na perspectiva da presa para, em seguida, emitir os signos, os "chamarizes" que a conduzem até a armadilha onde ela deve, inevitavelmente, cair. Nenhum combate, nenhum enfrentamento direto, mas uma sucessão de signos destinados a enganar – essa é a história das jovens americanas de *Retrato de uma senhora* e *As asas da pomba*. Em todos os casos, estamos apenas lidando com um mundo de predadores e caçadores. É por isso que os seres frágeis não sobrevivem.

O QUE É UM CELIBATÁRIO?

O mundo de James é um mundo povoado de fantasmas, de personagens divididos entre várias personalidades que lhes pertencem ou às quais eles pertencem de diversas maneiras, simpática, espiritual, comercial e contratualmente. Eles parecem impedidos de agir livremente. É o que declarava um personagem: uma força saída do passado parece me privar das minhas forças e me manter prisioneiro. É claro que há o devir universal do mundo, o entrelaçamento de todas as relações que estão sempre sendo feitas, toda essa circulação entre experiências que compõem o presente de cada uma. O presente é um pedaço de devir, um "todo" que se prolonga incessantemente fora de si mesmo. Mas os indivíduos não coincidem com esse fluxo. Há sempre uma parte deles mesmos que se atrasa no devir, uma crença que os fixa e os mantém cativos. Quanto mais eles se prendem a essa crença, menos eles são capazes de participar do devir; eles não estão mais completamente no presente. Ou melhor, eles só percebem, no presente, a parte que corresponde à sua crença, de modo que não podem tomar o presente "como ele vem". "Tudo o que ele queria resumia-se, aliás, em uma única graça: o dom, a arte vulgar (e inacessível) de tomar as coisas como elas vêm. Ele se via como qualquer um que tivesse dedicado a vida a saborear ativamente as coisas como elas não vêm."[1] Alguma coisa lhes escapa que só irá se revelar mais tarde, se for o caso. É por ocasião dessa revelação que ressoa a "nota do tempo", aquela em que vibram todas as narrativas de James, a nota do "Tarde demais".

O "Tarde demais" é a estrutura geral do tempo em Henry James. Nenhum personagem escapa a essa fatalidade. Quando descobrem a verdade, quando compreendem o que

---

1 H. James, *Les Ambassadeurs*, p. 527.

aconteceu, quando desvelam, finalmente, o segredo, é para perceber que, na realidade, é tarde demais e não poderia ser de outra maneira. Essa observação vale para todos os personagens de James: eles só se comunicam com o presente e participam do devir dessincronizados. Não há mais harmonia preestabelecida, mas uma pluralidade de temporalidades paralelas e assíncronas, porque nunca é "tarde demais" no mesmo momento para cada vida, mesmo que todas acabem concordando com essa constatação.[2] Cada uma tem seu ritmo, levando-se em conta suas crenças, os fantasmas que as assombram. É nesse sentido que podemos distinguir o tempo do mundo – como presente universal – e o tempo das vidas (ou das "idades da vida")[3] – como dessincronizações individuais. O tempo das vidas designa aqui a parte de memória que entra na compreensão dos signos não menos que o tempo que uma série de signos leva para ser decifrada ou percebida como significativa. De acordo com as idades, a ação do tempo não é sentida da mesma maneira, mesmo que todos tenham em comum o fato de só tomar consciência da ação do tempo sob a forma do "tarde demais".

É isso que separa cada indivíduo de qualquer comunicação com o restante do universo, na medida em que, precisamente, só temos relação efetiva com ele por intermédio do presente. Essa separação ou essa reclusão é o que define, em James, *o celibato*. É celibatário aquele que vive separado de

2 O filósofo Josiah Royce, amigo e colega de William James, desenvolve, nesse sentido, uma interessante concepção dos indícios temporais e dos modos de temporalização. Cf. G. Marcel, *La métaphysique de Royce*, Aubier, 1945, pp. 137-142.

3 É nesse sentido que, em *Les Ambassadeurs*, um personagem pode se perguntar sobre um outro, p. 566: em que idade da vida ele está [*true time of life*]?

seu próprio presente, do presente no qual ele poderia agir. O celibato é a parte de insularidade de cada personagem, a percepção de si como ser separado, isolado. A obra de James é povoada de celibatários, porém em nenhum lugar eles são descritos com mais força do que nas três célebres novelas "O altar dos mortos", "A fera na selva" e "A bela esquina". Essas novelas compõem uma espécie de tríptico do qual cada painel explora uma dimensão do tempo, o passado, em "O altar dos mortos", o presente, em "A bela esquina" e o futuro, em "A fera na selva", – o "Tarde demais" constituindo a quarta dimensão que reina sobre as três outras. Esses celibatários pertencem a uma série de personagens que James chama de "pobres homens sensíveis"[4] e que vão se juntar a outros grandes celibatários da literatura americana, antes de James, o "Wakefield" de Hawthorne e o "Bartleby" de Melville.

O que interessa a James não é o celibato como realidade social, à maneira de Balzac, mas como *condição de existência*, à maneira de Kafka.[5] A condição do celibatário não é a de um excluído, mas a de um recluso. É claro que ele mantém relações com seus próximos (círculo quase sempre restrito), mas essas relações não transmitem nada; nada passa por elas. Ele não dá nem recebe. Ele é "não condutor". Suas ideias não levam a lugar nenhum, a não ser sempre ao mesmo ponto, à mesma ideia fixa. Em James, o celibatário é o homem de uma só ideia que precede de direito e em importância qualquer

4 Cf. H. James, *La création littéraire*, pp. 266 sq. Podemos citar outras narrativas onde se encontra o mesmo tipo de personagem, como "O banco da desolação", "The Fordham castle" ou "Broken Wings".

5 Cf. a diatribe de Balzac contra o celibato, no prefácio de *Pierrette* na *Comédie humaine*, IV, Gallimard, "Bibliothèque de la Pléiade", 1976, pp. 21-23. Em Kafka cf. as belas páginas do *Journal*, Le livre de Poche, 1982, pp. 9-14; 138; 156.

outra consideração. Assim, o personagem de "A fera na selva" vive na ideia de que lhe está prometido um futuro excepcional. Ele espera o acontecimento que vai transfigurar sua vida. Da mesma forma, o personagem de "O altar dos mortos" contenta-se em comemorar o passado e vive recluso com "seus" mortos. Finalmente, o personagem de "A bela esquina" se fecha no seu apartamento para insistir numa única e mesma pergunta ("O que é que a vida poderia ter feito de mim, o que ela poderia ter feito de mim? Não paro de me perguntar, estupidamente"),[6] e procurar por seu duplo. Tudo aproxima esses três personagens, sua ideia fixa, o caráter obsessivo de suas atividades, a revelação final, sua grande solidão e a presença de uma mulher ao lado deles. Como não ver ali a sucessão de *perfis* de uma mesma figura, a figura circular de um mesmo *ego* projetado de forma diferente? Um vive no futuro, o outro no passado e o terceiro num presente assombrado pelo condicional.[7] Nenhum dos três, porém, consegue *ocupar o presente*, entrar numa relação viva e atuante com o presente.

Vejamos o caso da espera. Sabemos, pelo menos desde Beckett, que a espera não espera nada, que seu processo

---

6 H. James, "Le coin plaisant", p. 123.

7 A importância do condicional já aparece na novela "Journal d'un homme de cinquante ans": "E suponho que, qualquer que seja a importância do passo que possamos ter dado aos vinte e cinco anos, e qualquer que seja a maneira que tenha justificado, pelos acontecimentos, a conduta que pudemos ter, sempre ficará um certo elemento de arrependimento, uma certa sensação de privação encoberta pelo sentimento das vantagens, uma tendência para imaginar, com muitos desejos, *aquilo que poderia ter sido*. Aquilo que poderia ter sido, nesse caso preciso, teria sido, sem nenhuma dúvida, muito triste, e aquilo que foi, foi, de uma forma confortável e alegre. Existem, porém, duas ou três perguntas que eu deveria me fazer. Por que, por exemplo, não me casei?", em *Nouvelles 2*, p. 268 (igualmente em *Nouvelles complètes* II, p. 294).

é, de direito, independente daquilo que é esperado. Mas, em Beckett, sempre podemos fazer alguma coisa *esperando* participar do presente, como os personagens de *Godot* que se perguntam o tempo todo o que estão fazendo ali e respondem como se tivessem esquecido: estamos esperando Godot. O presente deles serve para fazer passar o tempo.[8] A espera engendra ocupações, pequenos divertimentos, justamente esperando, o que faz com que tenhamos podido supor (erroneamente) um aspecto pascalino em Beckett. "É isso, vamos nos divertir." Eles ocupam a forma vazia do tempo, como tempo a ser preenchido ou espera a ser enganada. Em James, acontece exatamente o contrário. O personagem espera: ele espera que a vida comece. Compreendemos, então, que nada deve desviá-lo da sua espera. Quem sabe se, de fato, o acontecimento esperado não vai se produzir assim que ele virar as costas? Esperar é, portanto, não fazer nada. Não procuramos passar o tempo (para ir ao encontro do inesperado), é preciso, pelo contrário, criar uma forma vazia do tempo (para esperar melhor aquilo que é esperado). É uma espera bem mais vigilante do que a dos personagens de Beckett, já que não devemos fazer nada enquanto esperamos. Distração (Beckett) e vigilância (James) são as duas formas da espera pura, uma em que fazemos aquilo que podemos para esperar melhor (miséria cômica), a outra em que não podemos fazer nada melhor do que esperar (grandeza patética). Mas, correlativamente, são duas formas do esquecimento. *Prætendere, præterire.* Em um caso,

---

8 S. Beckett, *En attendant Godot*, Minuit, 1952, p. 104: "O que é certo é que o tempo é longo, nessas condições, e nos leva a povoá-lo de ações que, como dizer, podem, à primeira vista, parecer razoáveis, mas com as quais estamos habituados."

quase esquecemos de esperar (de tanto que estamos distraídos); no outro caso, *esquecemos de não esperar* (de tanto que vigiamos).

O personagem de James vive recluso na sua condição, numa espécie de vida preparatória, um tempo anterior ao tempo. Não se trata de uma espera empírica (como esperamos que o açúcar derreta), mas de uma espera "transcendental". Sua espera não está no tempo, ela é uma disposição em relação ao tempo inteiro; o tempo se confunde com a forma da espera infinita. O tempo não é mais a forma a priori de toda experiência, é a espera que se torna a forma a priori de toda temporalização; ela dispõe, de acordo com sua ordem, todas as outras dimensões do tempo. É um estranho kantismo. A espera não é a condição de toda experiência possível, mas a condição da experiência enquanto esta for possível, enquanto for vivida no e para o possível. O personagem se sustenta na própria possibilidade de viver, submetido à forma infinita da espera que age como um princípio transcendental. A espera precede a própria vida, ela a subordina à sua forma vazia e imperativa, em função de um acontecimento = x, como horizonte final. Se o homem que espera falta ao seu presente, é primeiramente, segundo ele, porque o presente não está à altura da sua espera. Não é ele que falta ao presente, o que falta são as ocasiões para que ele se comporte como herói viril. Aliás, uma espera tão obstinada já não constitui em si mesma um ato de heroísmo?[9] Se a espera está no fundo dos personagens de James, é porque eles são heróis em potencial, aos quais faltam apenas

9 Cf. H. James, "La bête dans la jungle", p. 145: "Devo dizer que não creio que sua atitude possa ser ultrapassada [...]. – Ela é heroica? – Com certeza, qualifique-a assim [...] – Então, sou um homem de coragem?"

circunstâncias favoráveis (mesmo que eles pressintam que poderiam ter esperado em vão).[10] Esperar é pretender.

Durante essa espera, que dura quase o tempo de uma vida, é como se o tempo ainda não tivesse começado a passar. É preciso, primeiramente, que o acontecimento formidável se produza. Alguma coisa deve acontecer ao personagem para que ele possa, finalmente, fazer a experiência, não do próprio tempo, mas da sua ação sobre ele: para que exista na sua vida um *antes* e um *depois* e não apenas uma sucessão de "agora".[11] Não só fazer a experiência do tempo que passa, mas de nós que passamos com o tempo. Poderemos objetar: mas, enfim, todo esse tempo passado esperando constitui uma experiência do tempo. A espera não é a forma por excelência de uma experiência do tempo enquanto ele dura? Abstratamente, o tempo passa, é verdade, mas tudo acontece como se ele passasse do lado de fora, enquanto o personagem preserva seu sentimento de todo-poderio na espera. Na realidade, *só pode haver experiência do tempo se acabarmos com a espera,* quando terminamos, finalmente, de esperar e a espera pertence ao passado. É que a espera rejeita o tempo como sendo exterior ou, o que dá no mesmo, organiza-o segundo a lógica intemporal de uma

10 Sobre o heroísmo da espera, cf. igualmente a atitude do príncipe em *La coupe d'or*, p. 133: "O príncipe reservava, por algum desígnio misterioso, mas talvez muito belo, toda a sabedoria, todos os esclarecimentos, todas as opiniões e concepções de conjunto que ele recolhia; ele guardava o material para poder carregar seus canhões o máximo possível, até o dia em que decidisse abrir fogo."

11 Minkowski distingue o "agora" como um presente pontual que nunca vemos se tornar passado e que age como um imperativo, e o "presente" percebido em toda a sua espessura de duração. *Le temps vécu*, PUF, 1995, p. 32.

vida imóvel. Nesse sentido, a espera só teme uma coisa: penetrar finalmente no interior do tempo, ficar submetida à sua ordem, ou melhor, que o tempo penetre no interior do personagem, o que significaria tanto o fim da espera quanto a revelação do seu absurdo. Para que o esperado aconteça, diz Blanchot em *L'attente, l'oubli*, é preciso primeiro parar de esperar, *é preciso esquecer*.[12] O que é a confirmação de que a espera não espera nada. Ela não espera que alguma coisa aconteça; pelo contrário, sua única função é impedir que aconteça o que quer que seja. "Durante a espera, a própria espera era o seu quinhão."[13]

A espera devia, portanto, protegê-lo de quê? O que lhe é revelado, ao final da novela, é a totalidade da sua vida, num imenso e lancinante "Tarde demais". Ele cruza o rosto de um desconhecido devastado pela tristeza, numa alameda de cemitério e, pela primeira vez, um movimento de simpatia tira-o do seu mundo. "Ele havia visto fora da sua própria existência, e não aprendido por dentro, o modo pelo qual uma mulher é pranteada quando foi amada." É então que ele tem acesso ao presente em toda a sua espessura, um presente que comunica com a totalidade da sua vida passada; enfim, ele descobre "sua" vida, ou melhor, ele descobre que não teve vida. "Nunca fora tocado por nenhuma paixão [...]; ele sobrevivera, chorara e definhara; mas onde estava sua própria e profunda devastação?"[14] O final da narrativa

12 Cf. Blanchot, *L'attente, l'oubli*, Gallimard, 1969, p. 69: "Esperar era esperar a ocasião. E a ocasião só vinha no instante roubado da espera, instante onde não se trata mais de esperar." Embora James não seja citado, esse texto tem muitas afinidades com "A fera na selva".

13 H. James, "La bête dans la jungle", p. 175.

14 Ibid., p. 174.

vê finalmente surgir a fera; ela já havia aparecido sub-repticiamente uma primeira vez como ocasião perdida (na presença da mulher que ele não soube amar);[15] mas, dessa vez, ela salta sobre ele, ainda mais terrível, pulando do fundo da "Selva da sua vida", pois é sua vida inteira que foi uma única ocasião perdida.

Que sentido dar à aparição final da fera? Alguns viram ali a repetição de um trauma originário, uma imagem da morte ou a condensação "da sexualidade e da morte, as duas negativadas".[16] Mas aquilo que a espera revela, primeiramente, não é nada além do vazio dessa vida de espera e a dor que essa revelação provoca ("aquilo que, naquele instante, ele estava contemplando era, resumindo, o vazio da sua vida"). Nesse sentido, é a espera que expulsa a fera, não o inverso. O que é a fera, de fato, senão a revelação da ordem do próprio tempo? O tempo como perda irreparável, nem Eros nem Tânatos, mas Cronos devorador. É a melancolia própria dos celibatários de James que veem no tempo *um processo contínuo de despossessão*. Imaginar o tempo como perda significa que o passado não é mais apenas um passado perfeito (aquilo que foi), mas um futuro passado (aquilo que nunca mais será)

15 Ibid., p. 175: "Como ele não adivinhava, a Fera havia saltado; ela havia saltado no momento que, ao perder toda a esperança, a mulher se afastou dele."

16 Cf. A. Green, "L'aventure négative", em *Nouvelle revue de psychanalyse*, n. 34, p. 213. Ao reconduzir a narrativa para suas formações originárias, Green escamoteia uma das suas dimensões essenciais, ou seja, a própria espera e seu produto final: uma vida vazia. Temos a impressão que, se não tivesse se passado algum tempo entre o trauma inicial e a derrocada final, a análise teria sido a mesma. Daí o fato de que Green vê apenas, na derrocada final, a repetição do trauma inicial (o luto não completado da mãe) e não uma *consequência* da espera (uma vida desperdiçada).

que a espera tem justamente como função de evocar. O salto final da fera se confunde com o imenso grito de frustação por ter passado ao largo da vida, enquanto se supunha que a espera, justamente, não deixaria passar nenhuma ocasião. A espera era sempre apenas a obsessão de ser despossuído. É o sentido de uma observação de James, nos seus *Notebooks*, quando ele descreve seu personagem como "sempre ocupado em poupar, preservar sua vida, protegê-la".[17] Podemos sempre reconduzir a espera para um trauma inicial do qual ela seria a para-excitação; mas o que interessa a James são as *consequências* de uma vida de espera, seu produto: uma vida totalmente esvaziada da sua substância. O que importa não é o trauma inicial que conduz à separação dos tempos, mas o choque final, que revela a espera como tempo separado e vida desperdiçada.[18] Henry James não escreve nunca o romance das origens, ele escreve o das consequências. "Não nos interessa procurar de onde vem a ideia, mas aonde ela conduz": todo um pragmatismo.[19]

17 H. James, *Carnets*, p. 346.

18 Cf. a preciosa nota dos *Carnets*, p. 170: "O que existe na ideia do *Tarde demais* – de uma amizade, ou paixão, ou ligação –, uma afeição desejada e esperada por muito tempo, que se une tarde demais? Quero dizer, tarde demais na vida [...]. Eles não esperaram – esperam por muito tempo – até que alguma outra coisa acontecesse? A única *'outra coisa'* deveria ter sido, indubitavelmente, o desperdício da vida; e o desperdício da vida implica a morte..."

19 W. James, *La volonté de croire*, p. 52. A obra de Henry James interessou muito os psicanalistas (na França, principalmente, com os estudos de Anzieu, Green, Pontalis). Mas as hipóteses que nos parecem mais próximas da obra dos James são as de F. Roustang. A aproximação poderia, de fato, ser estabelecida a partir dos seguintes pontos: 1) o inconsciente como campo diferencial de pequenas percepções; 2) a primazia das

A tentativa de evocar a ação do tempo concebido como processo de despossessão é o que aparece, ainda mais claramente, em "O altar dos mortos". "Nenhum outro sentimento estava mais enraizado nele do que o de ser despossuído." O que preserva o personagem da perda não é mais o todo-poderio da espera como posse de um possível sempre possível, mas a *comemoração* como posse de um passado sempre vivo, o todo-poderio da lembrança. Se, no caso precedente, era preciso preservar o futuro, desta vez é preciso que, de uma maneira ou de outra, o passado seja conservado. "Sua natureza profunda se contentava com a calma certeza de ter salvo seus mortos. Não se tratava de uma vaga salvação teológica nem de uma esperança de sobrevida nascida de um mundo efêmero; eles estavam salvos, bem melhor do que pela fé ou pelas intenções, salvos para o mundo caloroso que eles não queriam deixar, *salvos para o presente e a continuidade*, e para a certeza da lembrança humana."[20] Essa é a missão do personagem, concebida como caridade suprema: "salvar" os mortos do esquecimento, percebido como uma segunda morte. Trata-se do mesmo sentimento de

---

relações interindividuais como comunicação efetiva entre inconscientes; 3) as potências animais do inconsciente. Esses três pontos estão desenvolvidos em *Influence*, Minuit, 1991. Um último ponto seria uma concepção "pragmática" da psicoterapia (a partir dos trabalhos de Erickson e de Bateson). Cf, *ibid.*, p. 111: "A psicanálise é obrigada a se entregar [...] à reconstruções do passado [do indivíduo] e, portanto, a fazer conjecturas para escrever seu romance, enquanto essas psicoterapias [inspiradas de Bateson e de Erickson (o qual, aliás, invoca William James)] deverão utilizar as relações com as quais o indivíduo está envolvido. O passado que ele pode evocar é apenas o indício de uma situação presente. Um dos paradoxos da psicanálise está no fato de que os conhecimentos que ela fornece não conduzem à modificação."

20 H. James, "L'autel des morts", pp. 71-72 (grifo do autor).

todo-poderio, da mesma reclusão, da mesma incapacidade de lidar com o presente, como em "A fera na selva" (sua vida é apresentada como uma "imensa evasão longe do presente"), da qual só a matéria mudou (o passado e não mais o futuro). Ele admite o caráter irreparável da fuga do tempo, mas não de ser despossuído daquilo que não existe mais. Enquanto dura a lembrança, esse processo de despossessão é evocado. "Meus mortos são aqueles que morreram em meu poder. Eles me pertencem na morte porque eram meus na vida."

Encontramos essa disposição na maioria dos colecionadores de James, dos quais alguns vivem reclusos em verdadeiros relicários, como o esteta de *Retrato de uma senhora*, fechado em um "mundo escolhido, harmonizado, artificial, no qual tudo é arte, beleza e história".[21] Eles vivem no e para o passado, como se estivessem sob uma redoma de vidro ou numa "casa de cristal".[22] Têm uma simpatia, uma ternura particular pelo passado, têm afinidades secretas com ele, como se houvesse algo a lhes ser especialmente transmitido, o que James chama de "sentido do passado". "Encontrar o que estava perdido, pelo menos nesta escala, era comparável a uma passagem por trás das linhas inimigas para recuperar os mortos; nesse caso, graças a uma penetração sempre mais profunda, isso não era contemporâneo e presente? 'Presente' era um termo que ele usava de acordo com uma acepção que

---

21 Id., *Portrait de femme*, p. 429.

22 É a reclusão intelectual do narrador de *La source sacré*, outro grande celibatário, descrito como "um grande palácio de cristal" (p. 153 e, pejorativamente, por um interlocutor, p. 226). É também o narcisismo no qual se fecham certas mulheres, como sob uma redoma de cristal (cf. "The Beldonald Holbein" ou "A fera na selva").

lhe era própria, e que, tratando-se da maioria dos objetos à sua volta, significava 'certamente ausentes'. Caberia aos velhos fantasmas adotá-lo como um deles."[23] Essa segunda categoria de celibatários não ocupa mais o presente do que a primeira. Pois ocupar o presente, reconhecer a validade do presente significaria trair os mortos e os fantasmas, fazê-los morrer uma segunda vez. Esquecer é profanar. Em "O altar dos mortos", o presente é apenas a ocasião de comemorar o passado, assim como era o momento de esperar o acontecimento futuro em "A fera na selva".

Aquilo que substitui o presente não é mais um futuro heroico, mas uma *erótica da lembrança*, a contemplação erótica do passado. "Apesar da ausência de uma lembrança precisa, o sentido do passado retoma para ele uma intensidade comparável; o outrora parecia, de certa forma, encontrar intensamente o amanhã; todos dois, sob seu olhar atento, enlaçavam-se como num longo abraço e num longo beijo, esmagando e pressionando hoje."[24] Se existe um erotismo da memória, é exatamente porque o objeto perdido é devolvido ao personagem como *objeto virtual*, através das lembranças

23 H. James, *Le sens du passé*, pp. 73-74. Ou ainda p. 72: "Por sua peculiaridade, ele era curiosamente indiferente ao atual e ao virtual; todo seu interesse voltava-se para aquilo que estava gasto e deslocado, para aquilo que havia sido determinado e composto à sua volta, apresentado como um sujeito e como um quadro que tivesse cessado – na medida em que as coisas nunca cessam – de se agitar, e até mesmo de existir."

24 Id., *La coupe d'or*, p. 236. É talvez uma das raras vezes em que o erotismo se apresenta de maneira assim tão explícita em James. É verdade que, em *A taça de ouro*, essa descrição intervém no exato momento em que os amantes estão sozinhos. Mas devemos observar que, em James, os homens só se emocionam com a repetição dos amores passados que, por uma razão ou outra, não se realizaram.

reais que o comemoram; ou melhor, porque os objetos reais o fazem acariciar o objeto virtual do qual eles são uma atualização indireta e parcial.[25] Eles o devolvem como aquilo que não está totalmente perdido, como se cada vez fosse a última vez, uma última vez ainda, antes que seja "tarde demais". Em "O altar dos mortos", é fácil identificar o "objeto virtual" que assombra todos os mortos, sempre devolvido, parcialmente, através deles. É a jovem noiva, morta pouco antes do casamento e cuja ausência deixou um imenso vazio.[26] Todos os seus mortos têm um único objetivo: preencher a imensa frustação dessa primeira despossessão que reina sobre sua vida de eterno celibatário, como um fantasma.

Essa insistência do fantasma que vem contestar a validade das existências e sua escolha de vida é exatamente o tema da terceira novela "A bela esquina", a história de um homem que volta para os Estados Unidos depois de vários anos na Europa e se vê confrontado ao fantasma da sua juventude. Dessa vez, não é nem o passado nem o futuro que substitui o presente, é o próprio presente que se divide sob a força de uma pergunta: "O que é que a vida poderia ter feito de mim, o que ela poderia ter feito de mim? Não paro de me perguntar, estupidamente."[27] É difícil saber o que

---

25 Sobre a relação entre o passado e Eros, entre os objetos reais e o objeto virtual que os acompanha, cf. as páginas essenciais de G. Deleuze em *Diferença e repetição*, trad. bras.: Luiz Orlandi e Roberto Machado. Rio de Janeiro; São Paulo: Paz e Terra, 2018, p. 141.

26 H. James, "L'autel des morts", p. 20: "Ele havia tentado por todos os meios preencher o vazio da sua existência sem conseguir fazer outra coisa a não ser uma casa cuja dona estava eternamente ausente." É o destino que vigia o personagem principal de *As asas da pomba* que prefere, finalmente, a lembrança da falecida americana à sua noiva atual.

27 Id. "Le coin plaisant", p. 123.

vem primeiro, a pergunta ou o fantasma, a pergunta conferindo uma razão de ser para o fantasma, o fantasma conferindo um corpo espectral para a pergunta. É que o fantasma incarna uma possibilidade de vida morta que ainda reivindica a existência. Ele é o fantasma daquilo que ele *teria se tornado,* se tivesse ficado nos Estado Unidos, não mais o futuro, nem o passado, mas o *condicional.*[28] À sua maneira, ele ilustra a hipótese de William James segundo a qual *cada desejo* (e o modo de existência que ele implica) é uma reivindicação, uma pretensão à existência. Ora, toda pretensão à existência persiste na sua exigência por tanto tempo quanto, de um modo ou de outro, ela permaneça insatisfeita.[29] É a razão de ser dos fantasmas em James. Vemos isso, por exemplo, de forma humorística em "*The third person*", onde o fantasma de um contrabandista atormenta duas senhoras até que uma delas descobre que ele deveria cumprir uma última missão, da qual ela então se encarrega.

Qual é a reivindicação do fantasma de "A bela esquina"? O que ele critica no personagem é a legitimidade da sua escolha de existência. O fantasma incarna um modo de existência que *poderia ter sido* escolhido. O que ele critica não é ter sido descartado, mas sim nem mesmo ter sido considerado como uma possibilidade de escolha. O que ele critica é, portanto, que ele tenha *vivido sem escolhe*r. Ou melhor, o personagem

---

28 Ibid., p. 125: "Penso que eu tinha, então, em algum lugar, no fundo de mim, um estranho *alter ego*, da mesma forma que a flor aberta está contida, em potência, no pequeno botão fechado, e segui uma orientação que transferi para o clima que a sufocou de uma vez por todas."

29 W. James, *La volonté de croire*, p. 199: "Percebemos que não apenas uma obrigação não poderia existir de forma independente de uma reivindicação atual elevada por um ser concreto, mas que existe obrigação onde quer que haja reivindicação."

se dá conta de que não escolheu sua vida. Talvez não devesse ter partido? Talvez tivesse sido melhor ficar? Ele era jovem, agiu sem refletir, deixando de lado essa possibilidade de vida morta que, hoje, vem assombrá-lo no local da sua própria não escolha. Num certo sentido, é "A bela esquina" que possui a verdade das duas novelas precedentes (se bem que cada uma possui uma verdade sobre as duas outras), pois nenhum dos três personagens fez a escolha da sua própria vida. Como diz o personagem de "A fera na selva": "Não é uma questão onde eu tenha liberdade de *escolher*, de mudar o curso das coisas [...]. Cada um está sob o domínio da sua própria lei".[30] O do "Altar dos mortos" também não escolhe, já que ele se sente investido de uma missão. Enfim, se o personagem de "A bela esquina" escolheu se exilar, ele não *escolheu*, entretanto, *a sua escolha*. É o confronto com o fantasma que lhe permite, finalmente, escolher sua própria vida. "Ele voltou a si, sim, ele voltou de mais longe do que nenhum homem se aventurou; mas, por um curioso fenômeno, ao mesmo tempo que ele sentia isso, o essencial lhe parecia ser aquilo para o qual ele voltara, como se sua prodigiosa viagem só tivesse sido efetuada com essa intenção."[31]

Essas três novelas são a projeção de uma só e mesma figura que faz com que os personagens passem uns nos outros como projeções cônicas ou anamorfoses. Essa figura que gira sob o olhar do narrador, com perfis distintos, é a *melancolia*. Cada personagem consagra uma das três dimensões do tempo (passado, presente e futuro) no interior de uma quarta dimensão que constitui o fora de cada uma: o "tarde demais", ou o tempo vivido sob o regime da perda. São as três

---

30 H. James, "La bête dans la jungle", pp. 142-143 (tr. mod.).

31 Id., "Le coin plaisant", p. 174.

formas da melancolia como "luto patológico". Eles vivem todos sob o peso da dívida, mas, primeiramente, de uma dívida para com eles mesmos: eles descobrem que deviam a si mesmos viver sua vida e que isso dependia, unicamente, da sua "responsabilidade". E, justamente, o papel da mulher, presente em cada uma das novelas, consiste em trazer de volta, a cada vez, a questão da escolha (ou da não escolha). *A mulher é o antifantasma*, pois ela indica a eles a via do presente, da ocupação do presente. É delas que vem a exterioridade, são elas que os livram da sua mórbida obsessão. *Elas são o próprio presente*; elas permanecem ao lado deles, definham em vez de envelhecer – já que nunca ninguém se aproxima delas; elas veem tudo, sentem tudo, mas não tentam nem os ajudar nem falar com eles. Elas sabem que a única maneira de os alcançar será ter podido aguentar até o final, com a última exatidão, seu papel de ocasião perdida. "Quero que sejam as mulheres que provoquem o desenlace, mostrando minha moralidade: que esse desenlace venha *delas*."[32]

Qual seria então a saída? Amar? O amor lhes permitiria escapar do celibato? Não, e, no entanto, cada um deles encontra uma saída à sua maneira. Eles experimentam uma "morte" que os faz perder tudo. É por essa morte que eles se sentem, *in extremis*, reviver, finalmente libertos do próprio destino. É, primeiramente, o personagem de "A fera na selva" que alcança o grau zero de toda a afeição e de toda a crença: "A terrível verdade era que ele tinha perdido – ao mesmo tempo que todo o resto – a marca distintiva da sua personalidade; como não teriam sido banais as coisas que ele

---

32 Id., *Carnets*, p. 183. Sobre o papel da mulher em "A fera na selva", cf. A. Green, art. cit.

via se aquele que as estava olhando tinha se tornado banal. Agora, ele era apenas uma delas, confundido na poeira e sem a menor marca de diferença."[33] A ponto de sentir-se, enfim, preparado para morrer, quando vai até o túmulo da amiga. "Ele ficou ali, sem poder se mexer, como se dentro dele uma mola, um encanto acabasse de se romper para sempre. Se, naquele momento, ele tivesse podido fazer o que queria, teria se deitado sobre a laje prestes a acolhê-lo, encontrando ali um lugar já preparado para receber seu último sono."[34] É nesse momento que a fera salta sobre ele e devolve-o à vida, por um instante. Mesmo abandono, mesma morte do personagem de "O altar dos mortos", "arrasado pela fraqueza e pelo cansaço de viver", que vai à igreja "para a rendição suprema", disposto, finalmente, a ir ao encontro dos seus mortos. É então que lhe aparece, envolto em uma auréola de glória, o rosto da noiva perdida. Ou ainda, a morte passageira do personagem de "A bela esquina", depois de ter encontrado seu *alter ego*. Quando desperta, nos braços da amiga, ele confessa: "Sim, eu só podia estar morto. Você, literalmente, me chamou de volta à vida."[35] Nos três casos, o personagem passa pela experiência de uma morte que o liberta das suas antigas crenças, da sua ideia fixa ou da sua obsessão. A morte é vivida como uma última despossessão, como o abandono de tudo aquilo que eles foram e de tudo aquilo em que eles acreditavam. Esses estados são aqueles que William James reagrupa sob o termo de *anedonia*, uma espécie de grau zero da sensibilidade, próxima do niilismo passivo, mas de onde pode brotar um "novo nascimento,

33 H. James, "La bête dans la jungle", pp. 169-170.

34 Ibid., p. 173.

35 Id., "Le coin plaisant", p. 177.

uma vida mental mais profunda e mais rica do que a primeira".[36] É através desse abandono ou dessa renúncia final – cansaço, desespero, esgotamento ou velhice, pouco importa – que tudo lhes é, então, devolvido, como uma "segunda vida", na vida. Novamente, eles se sentem vivos, mesmo que seja pelo tempo de uma última revelação de onde surge apenas uma imensa frustação. Mas trata-se, finalmente, da vida *deles*. Do fundo dessa morte, do grau zero de convicção que eles atingiram, subsiste apenas a emoção de estar vivo, sensação da qual suas crenças os tinham separado, da qual se despossuíram eles mesmos. Eles encontram, então, aquilo que nunca haviam perdido. O melancólico é exatamente aquele que passa *da perda daquilo que não teve* para o fato de encontrar *aquilo que nunca havia perdido*, e todo o absurdo das suas crenças e da sua vida lhes salta na cara.

Sobre os celibatários, James declara: "Quero 'delinear' o egoísta que faz sua própria apologia." Em que consiste esse egoísmo? Em que sentido os celibatários são egoístas? Isso não quer dizer que eles só pensem em si mesmos, que seus pensamentos os levem sempre para a questão do seu destino, mesmo que eles se critiquem. O egoísta é, primeiramente, aquele que vive constantemente *na reserva*. Ele não se dá, não se desgasta. Ele imagina a vida como um sistema de poupança. O celibatário tem todas as características do *tesaurizador* de Marx.[37] Ele vive na reserva e contempla suas

36 W. James, *L'expérience religieuse*, pp. 121 sq. James toma emprestado o termo de "anedonia" de T. Ribot.

37 Na *Critique de l'économie politique*, II (*Œuvres – Économie i*, op. cit., pp. 392-393, Marx descreve o "*tesaurizador*" como um "santo e um asceta", "mártir do valor de troca". "Ele está ligado ao valor de troca e é por isso

posses, como o personagem de "O altar dos mortos" que reina sobre "seus mortos". A apologia de si mesmo é apenas a parte de vaidade inerente à empreitada; eles se reservam para ocasiões mais elevadas, mais nobres, para uma ação formidável que valerá mesmo a pena. Eles serão – um dia – os heróis da própria vida. "Ele é capaz de heroísmo; ele o mostrará, se for necessário, mas numa ocasião mais válida do que aquela oferecida pelo caráter insípido dos nossos hábitos."[38]

Encontramos essa disposição nos estetas que pertencem à mesma espécie dos celibatários. Eles também se limitam às reservas. Sacrificam a vida em nome de alguma coisa, digamos, superior: uma certa concepção da arte que os faz sair da vida, ou melhor, uma certa concepção do mundo que os leva a se refugiarem na arte. O primeiro valor do esteta não é o Belo ou o Prazer, é o *vulgar*. É porque os homens ou o mundo são vulgares que devemos sacrificar tudo pela

que ele não troca. A forma fluida e a forma petrificada da riqueza, o elixir da vida e a pedra filosofal, esses espectros se perseguem numa louca alquimia. Na sede de gozo imaginário e sem limites, ele renuncia a todo gozo." Em *O capital*, o *"tesaurizador"* é apresentado como um "capitalista maníaco" (ibid., p. 699). A equação entre a paixão pelo valor de troca e a retirada de toda troca aparece no retrato caricatural de Osmond, *Portrait de femme*, p. 559: "Sob sua aparência de homem unicamente atento aos valores intrínsecos, Osmond escondia uma preocupação exclusiva com o mundo. Longe de ser o senhor, como tinha a pretensão de ser, era o humilde servidor, e o grau de atenção que recebia era para ele a única medida do sucesso. Ele o vigiava de manhã à noite, sem que, na sua estupidez, o mundo desconfiasse disso."

38 H. James, *La coupe d'or*, p. 142. Ou ainda, p. 113: "O príncipe reservava, para algum desejo muito misterioso, mas talvez muito belo, toda a sabedoria, todos os esclarecimentos, todas as opiniões e concepções de conjunto que ele recolhia; ele guardava esse material para estar apto a carregar seus canhões até a boca, no dia em que decidisse abrir fogo."

beleza; estamos nos elevando acima do homem comum que não sabe apreciar o valor da arte, que não tem coragem de renunciar às vaidades desse mundo para admirar as verdadeiras belezas. O esteta é uma criatura do ressentimento: ele precisa, primeiro, da vulgaridade do mundo para afirmar seu sentido de beleza pura. É *porque* o mundo é vulgar e feio que é preciso cultivar a beleza por ela mesma, como vaidade superior. Até mesmo a vida, nos seus apetites, seus instintos, seus desejos, mostra-se espessa e vulgar. O que o esteta de *Retrato de uma senhora* despreza é, antes de tudo, o "princípio vital" de Isabel Archer.[39] Não há nada (ou muito pouco) no mundo em que possamos nos contemplar, a não ser alguns objetos escolhidos, fonte de todos os prazeres (e princípio de todas as coleções). O estetismo é um hedonismo duplicado por um narcisismo mórbido. O esteta é aquele que pode dizer: o mundo e eu somos as duas únicas entidades que merecem ser confrontadas.[40] A escolha dele consiste em não escolher. Porque escolher ainda é do mundo, ainda é secular e impuro. O esteta, há muito tempo, adotou essa atitude superior que os vulgares podem chamar de covardia, porque eles mesmos não têm a coragem dessa abstenção. É a razão pela qual os estetas escolhem a arte pela arte, como escolha da não escolha. Eles preenchem esse tempo esclerosado com uma obra formal (o Belo em si) ou uma vida de contemplação (o Prazer por si). Suas obras são de uma grande beleza formal, mas sem vida, ou então

---

39 Id., *Portrait de femme*, p. 589. Sobre o desprezo da vulgaridade do mundo, cf. *La muse tragique*, p. 64.

40 Cf. o personagem de Gabriel Nash, em *La muse tragique*, p. 157: "– E quais são os seus pequenos negócios? – O espetáculo do mundo [...]. – E o que o senhor faz com ele? – O que que é que se faz com um espetáculo? Olho."

eles levam uma vida sem obra, como obra suprema. Celibatários e estetas se distinguem pelas Ideias, umas no campo ético, outras no campo estético, mas eles compartilham um mesmo modo de existência. Os estetas são os "celibatários da arte",[41] enquanto os celibatários são como os estetas da ética: eles precisam de uma ética superior que os poupe de todo comprometimento com o mundo.

Esse é o sentido da apologia que eles fazem de si mesmos: eles explicam que não têm um destino comum, que são heróis em potencial.[42] Por isso, uma das mulheres que os acompanha pode dizer de um deles: "Ele era importante demais. E eu era por demais insignificante... segundo seus critérios. Ele queria se reservar; estava pensando no seu futuro."[43] O egoísmo é um verdadeiro sistema de poupança das forças da vida. É o "nome coletivo" de uma certa *economia de vida* (como se fala de uma economia da salvação). Eles fazem da sua vida uma reserva abstrata (um capital vazio) mais do que um sistema de trocas e gastos. Essa é a razão pela qual estão sempre se esquivando do presente como tempo efetivo do consumo das forças vivas. Gastar é se arriscar a ser (novamente) despossuído; "a moralidade da história, naturalmente, é que, quanto mais nos damos, menos nos guardamos. Sempre havia alguém para tomar conta de você, sem que eles nunca percebessem que o estavam devorando".[44] Podemos, é claro, invocar esse sentimento de

41 Cf. *O tempo redescoberto*, trad. bras.: Lúcia Miguel Pereira. São Paulo: Globo, 2001, p. 169, onde Proust invoca os "celibatários da arte".

42 Cf., por exemplo, "La bete dans la jungle", p. 138: "um homem corajoso não levaria uma mulher para caçar um tigre."

43 H. James, "Les ailes brisées", p. 166.

44 Id., *Les ailes de la colombe*, p. 77.

todo-poderio, visto que eles reinam sozinhos sobre um mundo irreal do qual são os heróis condicionais ou os salvadores imaginários; mais do que todo-poderosos, porém, é preciso dizer que eles são todo-possuidores; *meu* destino, *minhas* lembranças, *minhas* relíquias. Nesses personagens, tudo se resume ao medo de perder não aquilo que eles tiveram (luto), mas aquilo que não tiveram (melancolia).

Esse é o paralogismo do melancólico: se não tive, é porque perdi; se perdi, posso encontrar; se posso encontrar é porque não está totalmente perdido, toda uma lógica fundada no sentimento de uma despossessão de si mesmo; e é claro que eles não veem que essa lógica continua a despossuí-los deles mesmos, que ela vampiriza a vida deles. Por isso, eles nunca têm certeza de que viveram sua vida. Subsiste sempre a inquietação de ter passado ao largo de seu destino, de ter sido "ludibriado pela vida": minha vida deveria ter sido isso? Ela não deveria ter sido outra coisa? A vantagem do futuro e do passado é que sempre podemos acreditar que eles nos pertencem. Viver para o futuro ou no passado é nunca ser despossuído; pelo contrário, é tesaurizar. Percebemos melhor o sentido dessa poupança se o compararmos com o retrato que James faz do personagem principal, em *The American*: "A extrema vivacidade dos seus olhos castanho-claros mostrava bem que ele não economizava a consciência. Ele não vivia retirado num canto da casa para melhor mobiliar o restante; pelo contrário, ele estava instalado bem no centro e mantinha a casa funcionando. Quando sorria, era como se fizesse o gesto de derrubar sua taça para esvaziá-la completamente: ele nos brindava com sua alegria até a última gota."[45] Talvez esse personagem não tenha a sensibilidade

---

45 Id., *L'américain*, p. 145.

dos celibatários, sensibilidade que eles só exercem sobre si mesmos; mas ele possui uma confiança que lhe permite gastar sem contar; ele ocupa o presente com a totalidade daquilo que ele é. Essas descrições "econômicas" são centrais em James; elas mostram seu profundo vitalismo. Elas permitem avaliar a vitalidade das vidas, de acordo com seu sistema de despesas e poupança.[46]

◊

Desse ponto de vista, as mulheres jovens são uma imagem invertida dos celibatários, seu simétrico inverso. Como eles, elas estão fora do mundo da troca; elas ignoram que podemos fazer trocas, tomar, roubar, espoliar, trair, exatamente ao contrário do celibatário, que sabe disso perfeitamente, e só sabe isso. Celibatários e mulheres jovens estão nos antípodas do campo social. Em um polo, os celibatários e seu destino patético, no outro, as jovens e seu destino trágico. No meio, estão todos os outros, todos aqueles que vivem da troca, negociadores de todo tipo, homens de negócios, devedores, credores, solteironas, pais riquíssimos, jornalistas, artistas, caçadores de dote. Se os celibatários permanecem à margem desse mundo, é porque se retiraram definitivamente da esfera da troca – eles tesaurizam no seu canto, obcecados pelas suas posses; se as jovens são também estrangeiras nesse mundo é porque *elas ainda não entraram nele*. Ainda

---

46 É dessa mesma economia de vida que Thoreau já dizia que ela se confunde com a filosofia. Cf. *Walden ou la vie dans les bois*, op. cit., p. 53: "Todos, até o estudante pobre, estudam e compreendem professar a economia política sozinha, porém, essa economia de vida, sinônimo de filosofia, não é sinceramente professada nas nossas escolas."

estão numa espécie de infância ou de inocência. Sua parte de infância reside exatamente no fato de que a dimensão da troca ainda não entrou na vida delas. Elas não se definem nem pelas suas posses, nem pela sua fortuna da qual têm apenas uma percepção confusa: "Ela não tinha nenhuma atitude em relação à sua fortuna – o que talvez fosse, de um certo ponto de vista, um defeito –, em todo caso, estava muito longe, à margem da sua fortuna, e, para conhecer sua natureza bastava, por assim dizer, atravessar, por algum caminho, uma parte qualquer das suas posses."[47] Não devemos ver aí a consciência aristocrática daqueles que se sentem acima do dinheiro porque podem gastá-lo sem contar, mas sim uma simples ausência de consciência. Vimos que as mulheres jovens não se definem por aquilo que possuem, mas por aquilo que oferecem. A única coisa que lhes pertence é o desejo de oferecer que, para elas, se confunde com a própria vida. Desse ponto de vista, elas são a imagem invertida dos "pobres homens sensíveis".

Enquanto os celibatários são mantidos cativos de uma ideia fixa e esperam, imóveis, que o mundo lhes devolva o que perderam, seu *eu* heroico, seu destino prodigioso e a noiva desaparecida, as jovens confiam no fluxo das impressões que as invadem e as metamorfoseiam o tempo todo. Elas são atravessadas por impressões muito fortes, emoções muito intensas, belezas muito grandes, de modo que alguma coisa nesse excesso deve ser transmitida ou dada.

---

47 H. James, *Les ailes de la colombe*, p. 172 e mais adiante p. 327: "Continuo a dar: ligue-se a mim o quanto quiser e verá. Mas não posso nem ouvir, nem receber ou aceitar; não posso concordar nessas condições. Não posso negociar. É impossível, acredite." Mesma declaração da heroína de *Portrait de femme*, p. 203: "Não sou tola, só não entendo nada de negócios, de dinheiro", e a conversa com a senhora Merle, pp. 371-372.

Isso é particularmente sensível na jovem americana de *As asas da pomba* que "singra a corrente" da experiência "como um navio monstro".[48] Ao invés de se proteger, ela quer "receber em pleno rosto toda a força da vida".[49] Ela ocupa cada vez mais intensamente o presente porque sabe que está irremediavelmente condenada.[50] Ela passa por múltiplas metamorfoses que redistribuem toda a sua jovem personalidade em prol de cada variação da atmosfera, ao mesmo tempo em que ela continua sendo aquilo que é, inteira, sem reserva nem economia. O medo das mulheres jovens não é oferecer; pelo contrário, é não poder guardar nada, não mais dispor de nenhuma reserva: "O que atiçava seu terror era, justamente, a força que poderíamos pensar que pudesse dissipar suas apreensões, era a consciência, bem no fundo do seu ser, de um movimento em que ela acreditava sentir uma paixão inspirada e confiante. Ela a sentia como uma grande quantia depositada num banco que tememos ter que usar. Se tocasse nela, gastaria tudo."[51]

O que elas incarnam é uma confiança ainda intacta, uma confiança que ainda não foi alcançada – destruída ou fortificada – pelas traições. Elas conservaram essa credulidade

48 Id., *Les ailes de la colombe*, p. 124, ou ainda, p. 126: "Ela exagerava, ultrapassava qualquer medida, e só era surpreendente por causa da pequenez dos outros."

49 Ibid., p. 131.

50 Ibid., p. 150 (trad. mod.): "O presente, qualquer que tenha sido, mostrou-se, durante esse breve interlúdio, melhor do que a outra possibilidade [a de morrer]; e ele se oferecia agora, inteiro, sob a imagem, e no lugar em que ela o havia deixado."

51 Id., *Portrait de femme*, p. 476; 228: "No fundo da sua alma, e esse era o mais profundo dos seus sentimentos, dormia a convicção de que, na aurora de um certo dia, ela poderia se dar completamente..."

que constitui, para William James, o caráter primitivo de toda crença.[52] Elas são incapazes de desconfiança, *"o que talvez seja, de um certo ponto de vista, um defeito"*. Talvez lhes falte, de fato, essa inquietação animal necessária à conservação de si?[53] Como explicar que elas tenham conservado essa inocência? Como puderam escapar desse sistema de desconfiança generalizado que constitui o mundo social? Isso se deve em grande parte ao papel de bonomia dos pais que querem, caridosamente, proteger a filha de toda a malignidade do mundo. O pai americano mima a filha e lhe oferece a Europa; ele compra viagens, conhecimentos e maridos. O pai é um talão de cheques inesgotável nas mãos da filha. Vivo ou morto, pouco importa, já que ele só existe sob a forma de um capital benévolo. Ele não pode ser outra coisa, já que nunca atinge a função paterna (boa ou má); ele permanece um filho ou um irmão do qual é preciso cuidar.[54] A única coisa que faz é transmitir seu capital e sua

52 W. James, *Principles of psychology*, XXI, p. 928: "Acreditaríamos em tudo se isso fosse possível." James evoca aqui A. Bain para quem toda crença repousa numa "credulidade primitiva. Começamos acreditando em tudo; tudo que existe é verdadeiro".

53 Em *La verge de Aaron* (Gallimard, 1968; reed., 1985), D. H. Lawrence formula o aviso que está implícito em James. Cf. pp. 275-276: "Não te exponhas nunca. Não tenhas nunca uma confiança absoluta. Pois a confiança absoluta é uma blasfêmia contra a vida. Uma criatura selvagem tem, em algum momento, uma confiança absoluta? Ela toma conta de si. Dormindo ou em vigília, ela está sempre atenta."

54 Sobre a imaturidade do pai em *La coupe d'or*, cf. p. 104. Sobre o papel do pai em *Portrait de femme*, cf. p. 209: "...era um raro privilégio nunca ter conhecido nada de particularmente desagradável [...]. Seu pai sempre afastava dela as tristezas, seu pai, tão bonito e querido, que nutria ele mesmo uma grande aversão pelo menor sofrimento". Cf. igualmente o cinismo infantil do pai em *As asas da pomba* e a crueldade pueril do pai em

imaturidade. A jovem americana deve se compor entre uma figura materna de substituição, sempre velha demais, solteirona ou madrasta desconfiada, desencantada de tudo, e uma figura paterna, eterna criança, imatura, irresponsável e crédula (exceto nos negócios). O mesmo que dizer: nem pai nem mãe. Os dois juntos, ou separadamente, produzem a jovem americana, independente, livre, dotada de uma vontade própria e de um capital inesgotável, espécie nova surgida de lugar algum ou variação espontânea, *self-made*, já que sem pai nem mãe de verdade ela é uma espécie de imaculada conceição.

Estranhas a toda forma de artimanha ou de cálculo, elas são guiadas por uma confiança ingênua, a credulidade da qual fala William James. Mas existe nelas uma falha profunda. Trágico é seu destino conhecido com antecedência, já perceptível na sua graça doentia. O que as mata não é a doença, é a traição. Elas descobrem que aquilo em que acreditaram com toda a sua alma, a que dedicaram toda a sua energia, desapareceu, finalmente, sob seus pés. Elas se identificavam com a sua crença, estavam prestes a dar tudo por ela, a sacrificar por ela a sua liberdade e suas últimas forças vitais: *elas confiavam*. A confiança se caracteriza aqui como um abandono total de si mesma em benefício do ser amado, o gasto de toda a sua conta bancária, como diz Isabel Archer. Melhor dizendo, a confiança se confunde aqui com *a perda de si mesma*; é um ato de despossessão, uma morte ou uma mortificação – aquela que engendra uma vida de celibato, em todos os casos em que se sobrevive.

Washington Square. Sua ausência de verticalidade das relações familiares, nos Estados Unidos, e sua extensão "lateral" e fraternal, cf. *La scène américaine*, pp. 303-304.

Não é uma crença entre outras, é a *vontade de acreditar* que é destruída, potência que se confunde, para os James, com a própria vida. A doença da jovem americana de *As asas da pomba* reflete o quanto sua vida só se mantém pela sua vontade de viver. Mas essa mesma vontade se confunde com a vontade de acreditar que a vida pode lhe reservar emoções que a ajudarão a lutar contra a morte; ela está convencida de que o amor pode não apenas permitir que ela conheça uma vida mais intensa, mas também lhe dar a força de viver mais tempo. Ela só vive porque quer acreditar nisso. *É essa crença que a liga à vida*. Como diz William James, "destrua essa certeza íntima, por mais vaga que seja, e, no mesmo instante, você apagará para eles toda a luz e todo o brilho da existência. E frequentemente, então, eles a considerarão com um olhar sombrio e desesperado".[55] Isso é fatal para a jovem: ela morre porque a crença que a ligava à vida se rompeu. Ela morre traída na sua confiança. A traição "lhe causou tal efeito que ela renunciou a tudo. Renunciou para sempre a se interessar pelo que quer que seja, e é disso que ela morre".[56] Em James, sempre morremos, primeiro, no interior; mas morrer interiormente é *escolher* ir ao encontro da morte exterior, aquela que a doença traz de fora (como Daisy Miller que se deixa levar por uma febre mortal). Nunca se morre de doença em James; mas existe, na doença, uma possibilidade de morrer que a morte interior as leva, finalmente, a aceitar.

Consequentemente, há várias maneiras de morrer e vários graus na morte. Toda crença rompida faz com que os

55 W. James, *La volonté de croire*, p. 85.
56 H. James, *Les ailes de la colombe*, p. 419. A jovem havia declarado que só continuava viva porque queria: "Basta que eu queira viver e poderei" (p. 375).

indivíduos passem por uma "morte" proporcional à intensidade com a qual determinado sistema de crenças os ligava à vida. De acordo com a intensidade dessa ligação, a morte os atinge mais ou menos profundamente. Como no caso da jovem heroína de *Retrato de uma senhora* que, no final do romance, experimenta uma morte que a faz perder todas as ilusões: "Nada, atualmente, lhe parecia ter importância [...]. Deixar de ser, renunciar a tudo, não saber mais nada [...]. Ela conheceu, ao longo desse retorno de Roma, momentos quase tão doces quanto a morte. Ela permanecia no seu canto, tão imóvel, tão passiva, tão totalmente entregue ao sentimento de estar sendo levada, tão sem esperança e arrependimento, que evocava por ela mesma um desses antigos etruscos deitados no seu tumulo de cinzas."[57] A morte que a atinge é *a mesma* da qual morrem as jovens e as crianças frágeis. No caso delas, o golpe recebido está acima das suas forças. A emoção violenta que toma conta delas, esperança demasiado intensa ou decepção demasiado cruel, é testemunha da morte pela qual passam todos os outros para "sobreviver". A heroína de *Retrato de uma senhora* sobrevive a essa mortificação ("Ela não desistiria nunca: aguentaria até o fim") e assiste à morte dolorosa de seu grande amigo cuja presença, a partir de então, irá acompanhá-la como um fantasma. Ela própria será apenas um fantasma, uma sobrevivente "esmagada pelo peso das convenções". Ela passa para o lado dos celibatários; torna-se celibatária na alma. Talvez já fosse a mesma morte que atingira os celibatários;

---

57 Id., *Portrait de femme*, p. 724. Em *L'expérience religieuse* (p. 134), William James descreve o caso de um homem (segundo os biógrafos, trata-se do próprio William James) que se vê "como uma esfinge egípcia ou uma múmia peruana".

eles sobreviveram a uma morte à qual outros sucumbiram.[58] Como diz Henry James: "A ideia da morte me parou e paralisou completamente; porque, se por um lado, ela implica o fim da consciência, por outro, *ela implica o começo do drama, em todos os casos em que a consciência sobrevive.*"[59]

É fácil de ver aquilo que falta às jovens e às crianças de James. Muito unificadas a si mesmas, por conta das suas poucas forças, faltam-lhes os recursos que lhes permitam sobreviver às suas próprias mortes parciais. Como a criança de "*The author of* Beltraffio", a vida delas está por um "fio"; é *todo* o seu ser que lhes é arrebatado no momento do choque, como se todas as potencialidades da sua jovem personalidade estivessem concentradas numa única crença. Essa crença é tudo para eles; mais do que isso, ela age como um Todo, o Todo único sob cuja perspectiva tudo é percebido, concebido, desejado. Elas se identificaram com essa crença, *em vez de identificá-la a uma parte deles mesmos* e passar de crença em crença como se fossem partes do todo contínuo que elas compõem; porque elas também formam um todo, não um todo unificado, mas um todo que se modifica, composto de partes independentes que se comunicam subterraneamente entre si e cujas potencialidades se revelam, à medida que elas experimentam novas dimensões de si mesmas. Mais ainda, essa pluralidade tornou-se necessária pelo fato de que os choques, felizes ou perigosos, podem surgir de qualquer lugar. Como fazer quando uma das faces do poliedro recebe um golpe muito duro ou se torna indesejável? Só podemos sobreviver se nos dividirmos, se fizermos passar em

---

58 Cf. H. James, "La bête dans la jungle", p. 174: "ele sobrevivera, chorara e sucumbira."

59 Id., *Carnets*, p. 170 (grifo do autor).

nós um pouco dessa morte que permite que nos livremos das identificações e das ligações mais mórbidas.

Isso só é válido, porém, se for mantida uma *continuidade* entre as diversas partes. Talvez seja esse o aspecto mais importante. Porque o perigo é que se produza uma cisão profunda tal que as partes não mais se comuniquem, que a circulação entre os diversos *eu* não seja mais possível, precisamente *porque nos identificamos com um deles* e porque esse último sufoca a reivindicação de todos os outros, como é o caso dos celibatários. Toda metamorfose se torna impossível. O *eu* passa a ser apenas um morto-vivo, um vampiro insensível que age como um torniquete sobre o fluxo de consciência (e as outras reivindicações compõem, então, um "eu defunto", atrofiado pelo primeiro). Nesse plano, *pluralidade e continuidade* são as duas dimensões essenciais de todo processo criativo, de um ponto de vista pragmatista. As experiências são multiplicidades contínuas que se desnaturam tão logo as pensamos no interior de um Todo unificado (sufocamos as multiplicidades) ou que introduzimos nelas separações muito profundas (interrompemos os processos). E, se a morte encontra seu lugar no interior do sistema geral das relações, é ora sob o aspecto de uma experiência disjuntiva intransponível, ora, pelo contrário, sob o aspecto de uma destruição que favorece uma continuidade subterrânea mais profunda, condição de toda metamorfose.

Talvez possamos dizer que a morte da jovem americana de *As asas da pomba* não tenha sido em vão, pois alguma coisa da sua visão passa pela consciência do herói que se recrimina por ter se conduzido como um "boçal" e se culpa "por ter feito aquilo que tantos queriam que ele fizesse". E,

provavelmente, as "asas" da pomba designam, simbolica-
mente, a envergadura, a energia moral da jovem, a maneira
pela qual se refletem nos outros sua inocência e sua graça.
Não é a morte da jovem que leva Densher, pela primeira
vez, a impor uma escolha à sua noiva? Ela, que só age por
contrato, pela primeira vez é confrontada com uma escolha
moral: ou ela renuncia ao dinheiro da jovem americana e
aceita casar-se com ele; ou ela aceita o dinheiro e recusa
o casamento. É sua primeira inciativa e também a última.
Talvez a derradeira justificação do romance esteja, então,
no despertar tardio de uma consciência moral no personagem focal? O remorso como moralidade do "Tarde demais"? Como diz, porém, William James, "se esse é todo o
fruto da vitória, se as gerações sofreram e sacrificaram suas
vidas, se os profetas falaram e se os mártires cantaram nas
fogueiras, e se tantas lágrimas sagradas foram derramadas
apenas para engendrar essa raça de criaturas, de uma in-
sipidez única, que arrastam sua vida feliz e inofensiva *in
sæcula sæculorum*: por esse preço, é melhor perder a batalha ou ao menos descer a cortina antes do último ato para
que essa obra, cujos começos foram tão consideráveis, não
corra o risco de terminar de maneira assim tão insípida".[60]
A única moral para *os* James é a do combate efetivo, distinto de qualquer conflito interior. A moral é que não existe
moral interior.

Se existe algo de moral no comportamento da jovem
americana, isso não tem a ver com a sua inocência, mas
primeiramente com sua luta de todos os instantes contra

---

60 W. James, *La volonté de croire*, p. 177. Ver sobre esse ponto a análise de
I. Stengers, "William James: une éthique de la pensée?" in D. Debaise
(Org.), *Vie et expérimentation*. Peirce, James, Dewey, Vrin, 2007.

a possibilidade de se deixar morrer.[61] A moral não é produzida nem pelos julgamentos nem pelas regras gerais, mas através de um combate real e concreto; ou melhor, a única regra geral que uma ética pode formular é uma regra de combate. "Só há um mandamento incondicional: é o que nos incita a dirigir, tremulamente, nossas palavras e nossos atos na direção de um universo que contenha a maior soma de bens."[62] Não se trata de uma regra utilitarista que consistiria num cálculo de maximização das ações felizes, mas de uma regra de "comportamento objetivo", no sentido em que lutamos sempre *a favor de um mundo que permite a experimentação do maior número de potencialidades*. Lutamos por um mundo por vir (em vez de reconduzir um mundo passado). Combater é experimentar. *O combate é a própria experimentação*. Não há, portanto, moral "subjetivista" nos James: ter uma consciência moral ou não ter nenhuma moral dá no mesmo, de um ponto de vista pragmático, enquanto não agimos por um outro mundo. Não é que os julgamentos morais não ajam, que eles não tenham uma performatividade prática, mas eles agem a partir de um outro mundo, o

61 H. James, *Les ailes de la colombe*, p. 201: "Seu sentimento anterior de segurança havia certamente perdido para sempre seu esplendor. Ele ficara para sempre para trás. Mas lhe havia sido oferecido, em troca, a ideia sedutora de uma grande aventura, de uma experiência ou de uma luta imensa e vaga da qual ela poderia participar mais eficazmente do que antes. Era como se ela tivesse tido que arrancar do peito, para se desfazer disso, um enfeite habitual, flor de família ou pequena joia antiga que fazia parte da sua vestimenta diária; para colocar no lugar uma estranha arma defensiva, um fuzil, uma lança, um machado que lhe dava talvez uma aparência muito mais agressiva, mas exigia todo o esforço de uma atitude marcial."

62 W. James, *La volonté de croire*, p. 211.

mundo daqueles para quem julgar é a única "ação". Eles não são nunca "por" um mundo; eles têm sempre necessidade de um mundo preexistente que serve de "matéria" para o seu julgamento negativo. Inversamente, o mandamento incondicional de James só precisa da "energia moral" de que são feitas as ações criadoras, imprevisíveis, realizadas "ao mesmo tempo em que trememos".

PRAGMATISMO

Quem são os heróis dos romances de James? Em James, o herói não é mais aquele que toma decisões corajosas e realiza grandes feitos. A maioria dos seus personagens não age, não consegue agir. Eles são e permanecem sendo heróis em potencial. O momento da decisão e a ação voluntária são sempre adiados, na medida em que implicam o sacrifício do todo-poderio próprio do herói virtual. Quase sempre, eles têm boas razões para não agir, escrúpulos, hesitações, dúvidas, em função de uma percepção cada vez mais complexa das situações. No começo, não agem porque ainda não sabem o bastante; mas, ao final, não podem mais agir porque sabem demais: todas as decisões, todas as ações aparecem como soluções simples demais, abusivamente simplificativas. Primeiro, é muito cedo, até o momento em que é tarde demais, do *would be* ao *has been*. Quanto àqueles que agem, seu destino não é mais invejável; eles agem, é verdade, mas agem em nome de uma certeza que, na maioria das vezes, os ilude, quando não os leva às decisões mais delirantes e às ações mais loucas. Poderíamos até mesmo dizer que seus erros justificam a abstenção dos que não agem. Tocamos, talvez, no problema central dos personagens de James: o da relação entre conhecimento, verdade e ação, que é igualmente um dos problemas essenciais do pragmatismo de William James, pois, de fato, só podemos agir segundo uma ideia se considerarmos que ela é verdadeira. Toda ação, todo "ato", teórico ou prático, depende, não apenas da verdade das nossas ideias, mas, antes de tudo, da *ideia que fazemos da verdade*. É a definição que damos a ela que determina o que podemos pensar, dizer e fazer: ela nos constitui como *sujeito*. Não compreenderemos suficientemente o pragmatismo de James se não virmos que sua nova definição da verdade é, de fato, inseparável de uma *nova concepção do sujeito*.

O que é constitutivo da relação consigo mesmo são as verdades através das quais instauramos essa relação, a perspectiva sob a qual nos percebemos, nos interpretamos e nos determinamos finalmente a agir. Somos sujeitos, ao mesmo tempo que estamos sujeitos, não à ideia geral que nos faz agir naquele momento, mas à ideia geral que fazemos da verdade (na medida em que ela nos determina a agir de acordo com certa ideia particular). É assim que agimos, de acordo com as verdades próprias a um sistema dado, que nos tornamos agente, preceptor ou embaixador da verdade dos outros, da sua vontade de verdade e do sistema de obrigações, de crenças que derivam daí. Como diz William James, "mesmo nas questões mais importantes, na maioria das vezes, temos fé na fé dos outros".[1] Na maioria das vezes, a relação consigo mesmo se constitui na relação com um sistema de verdades preexistentes que agem como se fossem palavras de ordem: agir é obedecer. Se é difícil se libertar dessa sujeição, é exatamente porque ela é constitutiva da relação consigo mesmo. E como podemos nos libertar de nós mesmos? Lembremos da queixa do personagem de James: "Estou morto de cansaço de mim mesmo."[2] Se, no entanto, fosse possível liberar-se de "si mesmo", seria à medida que nossa relação com a verdade se modifica. Não é que deixamos de acreditar em certas ideias, mas não acreditamos mais no conceito de verdade que as tornava verdadeiras para nós. É um momento de crise: acontece alguma coisa que faz com que não possamos mais acreditar como antes nem agir de acordo com o sistema de verdades que até então nos guiava. A nova relação consigo mesmo que

1 W. James, *La volonté de croire*, p. 46.
2 H. James, *Roderick Hudson*, p. 168.

resulta daí faz com que sejamos, a partir de então, levados a *produzir nós mesmos* uma nova concepção da verdade. Não é mais uma verdade preexistente que constitui a relação consigo mesmo, é a relação consigo mesmo que engendra um novo tipo de verdade: o próprio processo da *conversão* a uma "nova vida". É o que falta agora determinar: que nova concepção da verdade se constitui quando, finalmente, nos tornamos o verdadeiro sujeito das nossas ações (e não mais apenas o agente da verdade dos outros).

Como se define uma ação? Como se coordena a relação entre conhecimento e ação? Sabemos que, para William James, a vida psíquica se organiza em três tempos distintos que descrevem a curva de um arco reflexo: percepção, concepção e ação. Tudo se organiza em função do último momento que constitui uma espécie de "pausa" rítmica. Somos seres que finalizam: percebemos e concebemos para agir. Na sua forma genérica, o processo pode ser descrito da seguinte maneira: "A noção de um *primeiro,* sob a forma de uma experiência pura das mais caóticas que se oferece a nós fazendo perguntas, de um *segundo,* caracterizado por categorias fundamentais há muito inscritas na estrutura da nossa consciência e praticamente irreversíveis, que determinam o quadro geral, no interior da qual as respostas devem ser inseridas; em seguida um *terceiro* que dá os detalhe das respostas, sob formas que estão mais de acordo com nossas necessidades atuais [...], [tudo isso] representa a experiência."[3] No interior desse esquema, o momento da concepção é apenas uma simples pausa que coordena a relação percepção/ação. A reflexão é apenas uma fase intermediária, inserida no jogo de um par de perguntas/respostas ou respostas/respostas.

3 W. James, *La signification de la vérité,* III, pp. 61-62 (trad. mod.).

No campo social, isso vale, primeiramente, para o mundo do *consenso*, no qual as respostas se encadeiam umas nas outras de acordo com regras gerais definidas; esses encadeamentos definem um certo tipo de verdades (senso comum). É um mundo povoado de personagens banais que têm o mínimo de consciência necessária para reconduzir ou adaptar seus hábitos à variedade das situações. Se Henry James não se interessa por eles, é porque eles não têm nada de suficientemente notável, nada que os distinga. "Ele não tinha nenhum relevo, qualquer que fosse o ângulo, e assim permanecia após a aplicação de qualquer ácido ou depois da exposição a qualquer calor; a única identidade que ele poderia reivindicar era fazer parte do consenso."[4] Enquanto estivermos nesse nível, não há nenhuma realidade que possa interessar ao romancista ou ao filósofo, a não ser como trama social uniforme. Do banal e de seu consenso não há nada a tirar porque nada é muito distinto. "Por mais distintos que vocês sejam, vocês nem mesmo são exatos, e seria terrível não poder supor que vocês ainda são apenas um número de série, como um jornal matutino, um episódio de folhetim escrito por um autor de sucesso e cujo desfecho ainda está distante."[5] As vidas se sucedem como se fossem roteiros banais, atividades sociais no estilo

4 H. James, *Mémoires d'un jeune garçon*, p. 119.

5 Id., *La scène américaine*, p. 376. Ou ainda *"The Reverberator"*, p. 19: "Ele não era uma pessoa particular, mas um espécime, ou um exemplo, que lembrava certas mercadorias constantemente solicitadas pelo público. Não poderíamos supor que ele tivesse um outro nome diferente daquele do seu tipo: um número, como aquele do jornal do dia, era o que poderíamos prever, no máximo... E assim como cada exemplar do jornal tem a mesma manchete, assim também a etiqueta do visitante de Miss Dosson teria sido 'Jovem americano de negócios'."

sonambúlico ou automático. Respondemos à expectativa dos outros assim como eles respondem à nossa, de acordo com um sistema de certezas preestabelecidas. "Como conjuntos de hábitos somos criaturas estereotipadas, imitadores e cópias de nossos *eu* passados."[6] Nossos personagens sociais familiares respondem por nós, no nosso lugar, a menos que nosso lugar consista exatamente em passar de um personagem para outro, sempre mais competente, sempre mais pertinente, mas não "consciente", no sentido compreendido por Henry James.

James só se interessa, de fato, pelos personagens *"intensamente conscientes"*.[7] Em que circunstâncias eles se tornam intensamente conscientes? Se o consenso é um mundo em que as respostas se encadeiam às respostas, de acordo com um sistema de conhecimentos preestabelecidos, um personagem só se distingue quando encontra um *problema*. Não é sua consciência que coloca o problema; é o problema que faz com que a consciência nasça ou renasça para si mesma. Aqui, devemos seguir as observações de Bergson: a consciência "significa hesitação ou escolha. Ali onde muitas ações igualmente possíveis se desenham sem nenhuma ação real (como em uma deliberação que não chega a seu termo), a consciência é intensa. Ali onde a ação real é a única ação possível (como na atividade do tipo sonambúlica ou mais geralmente automática), a consciência torna-se nula".[8] Quando James invoca personagens "intensamente conscientes", isso significa que

6 W. James, *Aux étudiants, aux enseignants*, p. 64 (trad. mod.).

7 H. James, *La création littéraire*, p. 87 e todo o prefácio de *La Princesse Casamassima*.

8 H. Bergson, *A evolução criadora*, trad. bras.: Bento Prado Neto. São Paulo: Martins Fontes, 2005, p. 157.

eles encontram um problema que faz deles seres ainda mais inativos, porque são mais conscientes do problema. A reflexão não está mais intercalada entre a percepção e a ação, mas ela se desenvolve por si mesma até impedir, à vezes, qualquer ação. Desse ponto de vista, eles são os simétricos inversos dos seres de vontade, aqueles que agem mais facilmente porque não percebem o problema.

O problema dos personagens de James é o da *escolha*. Se acontece um problema, é exatamente porque, até então, eles não tiveram que escolher. Alguém escolheu por eles, decidiu por eles. Eles agiram por outros, e não em seu próprio nome. Alguém lhes confiou missões: eles foram preceptor, jornalista, embaixador, executor testamentário, retratista. Como o personagem de *The tragic muse* que "deixou que os outros escolhessem por ele", eles nunca tiveram que *responder* por suas ações. Era seu sistema de crenças que respondia por eles, que produzia as verdades segundo as quais eles deviam agir. Mas, em dado momento, eles se chocam com um signo ambíguo, contraditório, que não está de acordo com o sentido da sua missão inicial. Como diria William James, é um signo *disjuntivo*. "Um minuto mais cedo, ele ainda se perguntava se Chad não era pagão; agora, ele se surpreendia imaginando que lidava com um gentleman."[9] Em vez de seguir a curva do arco reflexo até o fim, eles se submetem a um movimento de torção perplexa que os mergulha na reflexão. De modo que o problema da escolha varia de acordo com os diferentes níveis determinados pela força de penetração das "tarraxas". O problema permanece o mesmo, mas, de acordo com o nível, a natureza da pergunta muda. O que aparece a cada vez, em cada um dos níveis, é uma nova figura da "consciência".

9 H. James, *Les ambassadeurs*, p. 577.

Primeiramente há aqueles que agem com a consciência superior de terem uma missão. Eles sentem que foram chamados, não para obedecer, mas para "salvar". Em certo sentido, eles não têm escolha, já que é a própria situação que lhes dita o comportamento a seguir. É o caso do jovem crítico de *"The Author of Beltraffio"*, que ouve elevar-se uma súplica da alma da criança doente, ou do personagem central de *Os embaixadores*, que se compromete a "salvar" a mulher que vive em Paris. Ou ainda a preceptora de "A volta do parafuso", que se incumbe da missão de salvar as crianças da maldição. Se o personagem não tem mais a impressão de obedecer, é porque ele passa de uma moral da obrigação para uma moral da inspiração. Sua liberdade é uma liberdade de "cristão", no sentido de Lutero. O que torna essa passagem possível é, como em Lutero, o encontro decisivo com uma imagem crística que desperta sua *piedade*: uma criança doente ou maltratada, uma jovem agonizante ou incompreendida, um indivíduo que sofre e que é preciso "salvar", garantindo assim sua própria salvação, de acordo com um duplo movimento de identificação e de projeção. Sua escolha lhes é ditada pela própria imagem. Eles são guiados por uma certeza "objetiva", na medida em que ela provém inteiramente do conteúdo dessa imagem. É ela que lhes diz, pessoalmente: não me abandone, não me abandone. Essa missão é acompanhada de uma nova consciência, iluminada pela claridade dessa certeza "objetiva". Eles são intensamente conscientes – às vezes até a loucura – de uma missão na qual a vontade se transmuta em caridade: *eles são salvadores*. Vem daí seu excesso de zelo: não apenas fazer com que um escritor se torne conhecido, mas salvar seu filho doente (*"The author of Beltraffio"*), não apenas educar uma criança, mas salvá-la de sua estranha família ("O discípulo"), não apenas fazer um retrato, mas denunciar uma impostura para salvar uma mulher que sofre em silêncio ("O mentiroso"). Essa nova missão os libera da questão da escolha: eles não têm que escolher, eles são "escolhidos".

Vêm a seguir aqueles que escolhem não escolher e que consideram a *abstenção* como uma forma superior de escolha. É o caso do personagem central de *As asas da pomba*. "O simples bom senso lhe hávia revelado que, no caso de dúvida, era mais prudente não agir; e foi talvez essa própria simplicidade que mais o ajudou. No seu caso, havia menos dúvida do que em qualquer outro acontecimento da sua vida; e essa associação de uma coisa à outra teve para ele o efeito de uma escolha."[10] Durante toda a narrativa, ele permaneceu o mesmo, no sentido em que ele nunca agiu, nunca decidiu nem realizou o que quer que fosse, mas fica satisfeito em ser perfeitamente lúcido em relação a seu caso e não se comprometer com uma ação vulgar.[11] É da abstenção que ele tira sua satisfação, como motivo superior de comportamento. Encontramos a mesma disposição crítica no esteta ou no celibatário. Se ele se abstém é para se reservar para ocasiões mais importantes ou para um ideal mais elevado. Aquilo que o anima é uma certeza, não mais "objetiva", mas "subjetiva", no sentido em que ela não mais procede da representação que ele faz de um outro, mas da ideia que ele faz de si mesmo. Não é ele que não está à altura daquilo que lhe pedem; é aquilo que lhe pedem que não está à altura daquilo que ele pode fazer. Ele não mais se vê como herói moral,

---

10 H. James, *Les ailes de la colombe*, p. 438.

11 Ibid., p. 335: "A prova de que ele reagia ainda convenientemente contra tanta passividade era, sem grande generosidade, que ele sabia, ao menos, exatamente quem ele era..."

como "salvador", mas como herói crítico, como "observador". Não há mais identificação e projeção, mas reflexão e contemplação. O que o conforta na sua abstenção é sua própria grandeza possível, comparada à mediocridade das ocasiões reais que o mundo quer lhe impor. O presente tem um caráter imperativo ao qual só pode responder a escolha soberana da procrastinação. Esses personagens nunca escolhem mal, já que escolher consiste em se abster de escolher. Sua liberdade consiste na preservação do seu todo-poderio contra tudo aquilo que viesse limitá-lo, dividi-lo ou exigisse seu sacrifício. Inativos porque todo-poderosos, de acordo com a imagem invertida que eles se fazem de si mesmos. Fecham-se em si mesmos como se sua secreta grandeza não fosse desse mundo, ou muito pouco; eles se protegem da sua vulgaridade e das suas alternativas simplificadoras. Porque, em James, a distância é curta entre a simplificação e a vulgarização e entre a vulgarização e a vulgaridade, ou seja, a própria lógica do esteta.

Em seguida, vêm aqueles que não conseguem escolher, aqueles cuja consciência, como diz Bergson, não é mais escolha, mas *hesitação*. Eles têm uma consciência "intensa" dessa própria hesitação. É o caso do personagem de *The tragic muse*, ou o dos *Embaixadores*. Talvez Strether seja uma espécie de síntese dos outros personagens; ele percorre todos os níveis do problema e percebe a verdade própria de cada nível, à medida que muda de ponto de vista. Desde a sua chegada em Paris, ele se dá conta de que não pode mais perpetuar o sistema que até então respondia por ele e para ele. As obrigações, o consenso bostoniano, conjugal e familiar não agem mais sobre ele com a mesma força. Ele então "se conscientiza de uma liberdade pessoal como nunca havia saboreado há anos" e se dobra "ao peso de uma dupla e estranha consciência".[12] Esse duplo âmago perspectivo duplica todas as suas percepções; é isso que faz com que o filho ora lhe pareça um gentleman, ora um pagão, e que ele fique dividido entre duas mulheres (a mulher de Boston e a de Paris) e que hesite entre dois comportamentos (obedecer a uma delas e salvar a outra). Cada situação se apresenta sob a forma disjuntiva de uma alternativa impossível de ser decidida. Não há mais nenhuma certeza "objetiva" ou "subjetiva".

Essas alternativas lhe "atarraxam" a alma em profundidade. Mas o que ele entrevê, justamente, nessas profundezas, é uma dimensão do problema que os outros não viram: mais profundo do que a obrigação, mais profundo do que a inspiração ou mais alto do que a abstenção está o problema da liberdade.[13] Ele se dá conta de que não escolheu sua vida, nunca fez a escolha de ser livre. Pois, antes de definir qualquer escolha, ele *teria podido* fazer a escolha de escolher livremente a sua vida. Por trás de cada alternativa, é essa mesma não escolha que se repetiu. Objetivas na aparência, essas alternativas eram apenas, na realidade, a *anamorfose de um conflito subjetivo*, nada além disso, o conflito entre seu eu "bostoniano" e um eu escondido, reprimido, uma outra face do poliedro. Ele descobre – tarde demais, porém – que a escolha não se dá entre os termos de uma alternativa objetiva preexistente. Não se tratava de escolher entre um ou outro termo, mas de

12 Id., *Les ambassadeurs*, pp. 473-474. No seu primeiro esboço dos *Embaixadores*, James imagina que a mãe teimosa de Boston é a "réplica do seu antigo eu" (*Carnets*, p. 257).

13 James havia planejado escrever algo sobre esse tema que vai, parcialmente, no mesmo sentido de *Os embaixadores*. Cf. *Carnets*, p. 139, onde James descreve um personagem sob a influência de um outro. "Em seguida, quando a personalidade dominante morreu ele se verá às voltas com o estranho problema da liberdade."

escolher, primeiramente, agir como homem livre, escolher sua vida. Esse é o sentido da grande declaração de Strether ao jovem artista americano: "Viva com todas as suas forças; é um erro não fazer isso. Pouco importa o que você faça em particular, contanto que viva a sua vida [...]. O problema... quero dizer: esse problema que é a vida... não podia, sem dúvida alguma, se apresentar para mim de outra maneira [...]. Isso não nos impede de ter a ilusão da liberdade [...]. Na hora certa, fui muito estúpido ou muito inteligente, não sei, para tê-la. Faça o que lhe agradar, contanto que você não cometa o mesmo erro que eu. Porque foi um erro... Viva!"[14] Esse erro é aquele do qual têm consciência *os personagens duplos*, em James, aqueles que, de um lado, viveram sua vida, mas que, do outro, estão sempre se perguntando se escolheram bem, se não deveriam ter escolhido uma outra vida. "O que é que a vida poderia ter feito de mim, o que ela poderia ter feito de mim? Não paro de me perguntar estupidamente."[15]

Nos três casos, o problema é o da escolha. É o eixo central em torno do qual gravitam todos os personagens e todas as

14 H. James, *Les ambassadeurs*, pp. 615-616 (trad. mod.). James afirma, em várias ocasiões, que essa declaração havia sido o "germe" dos *Embaixadores*. Cf., por exemplo, *La création littéraire*, p. 330 (ver também as observações de P. Sellier no seu prefácio de *Les Ambassadeurs*, p. xxv). Cf. o comentário de James em um dos seus primeiros esboços de *Os embaixadores*, *Carnets*, p. 432: "Nesse momento da sua existência, ele não pode começar a viver – porque, num sobressalto de reação contra seu passado, ele sente que *não* viveu; entretanto, agita-se nele uma necessidade muda e irresistível de desejo, de revolta, de sabe Deus o quê, que o leva a recolher de passagem um pequeno momento extra sensual, uma alegria por intermédio de outra pessoa, incluída na *liberdade de um outro* que, graças a uma volta extraordinária da roda da fortuna, ele é o único encarregado de pesar na balança..."

15 Id., "Le coin plaisant", p. 123.

narrativas, seja essa questão abordada diretamente ou não. Vimos que os *primeiros* não se colocam essa questão: eles passam de uma missão para outra, de um mundo de obrigações para um mundo de devoção. Em seguida, vêm aqueles que dão uma resposta "crítica" ao problema, escolhendo abster-se de qualquer escolha e que consideram a vida como objeto de reflexão ou de contemplação; finalmente, vêm aqueles que não podem escolher, sempre premidos entre duas possibilidades. Sua energia nunca se converte em ação, ela os mergulha num estado de nervos tal que se confunde com uma intensificação do problema.[16] Qual é o ponto em comum de todos esses personagens? É uma certa concepção da verdade e da relação entre conhecimento e ação: eles só agem quando estão seguros, absolutamente seguros. Primeiro, eles têm que se assegurar da verdade da ideia, antes de agir; ou então, eles agem porque estão seguros, absolutamente seguros de saber. Eles adquiriram uma terrível certeza da qual um outro acaba sendo sempre a vítima. Em todos os casos, eles não agem *antes de saber*.[17] Eles não confiam. Todas as suas ações estão subordinadas a um conhecimento preexistente. Senão, como poderiam realizar a menor ação?

16 Cf. o caso do personagem de *Les ailes de la colombe*, que, no momento de escolher, se sente num estado de nervos próximo da loucura. Sua indecisão lhe dá a impressão de estar andando "sobre uma crista, entre dois precipícios profundos, onde o importante – se aguentássemos ficar ali – se reduzia a não perder a cabeça" (p. 334).

17 Cf. em William James, o caso daqueles cujo critério de ação é inseparável de uma "certeza objetiva", em *La volonté de croire*, pp. 61-63: "Se, como empiristas, pensamos que nenhum sino interior vem nos assinalar a presença da verdade, seria uma estranha bobagem pregar solenemente, como um dever, esperar o som do sino".

É verdade que, de um ponto de vista pragmático, conhecer um objeto consiste em saber como se comportar em relação a ele, em determinar uma regra de ação ou uma linha de conduta em relação a esse objeto.[18] Essa é a própria definição do hábito ou do conhecimento familiar. Nesse sentido, uma ideia tem sempre dois aspectos: sob uma relação, ela é uma ideia do objeto (na medida em que o conhece), mas, sob outra relação, ela é *uma ideia que o sujeito faz de si mesmo* (daquilo que ele pode ou deve fazer na presença do objeto). A ideia não determina apenas a natureza do objeto, ela determina o indivíduo como sujeito de uma certa linha de conduta (competência, pertinência e performance). Ela não tem apenas um conteúdo teórico ou representativo, ela determina, paralelamente, um *modo de existência,* no sentido em que a potência de agir de um indivíduo é constantemente aumentada ou diminuída, de acordo com a ideia que ele tem daquilo que pode fazer na presença de determinado objeto. Toda ideia de objeto, consequentemente, é inseparável de uma certa ideia do eu. O que é, de fato, o *eu*, senão a ideia que um indivíduo tem de si mesmo, a ideia daquilo que ele pode ou não pode, daquilo que ele deve ou não deve fazer? Ora, essa ideia, ele a tira, por assim dizer, do seu conhecimento do objeto, o objeto e o *eu* que se refletem um no outro, numa certeza ora objetiva, ora subjetiva, de acordo com a perspectiva que a experiência o leva a privilegiar.

É essa estranha projeção que constitui o determinismo do hábito: tudo se passa como se o próprio objeto ditasse a maneira pela qual devemos agir sobre ele, como se o indivíduo se despossuísse do poder de determinar por ele mesmo

---

18 Ibid., p. 109: "Conhecemos uma coisa a partir do momento em que aprendemos como nos comportar em relação a ela."

aquilo que ele pode, justamente devido ao seu conhecimento do objeto. É o que se passa em *"The author of Beltraffio"*: o comportamento do jovem crítico lhe é, por assim dizer, ditado pelas súplicas mudas da criança (certeza objetiva); é também o que se passa com os estetas: a vulgaridade do mundo lhes dita as razões de um comportamento superior (certeza subjetiva). Em todos os casos, é o conhecimento prévio do objeto que determina sua linha de conduta, que lhes permite determinar com antecedência aquilo de que eles são capazes. E *essa ideia é necessariamente verdadeira* visto que, de qualquer forma, sua potência de agir nunca vai além da ideia que eles têm. Não apenas ela é verdadeira, como também conforta sua concepção dogmática da verdade, segundo a qual uma ideia é verdadeira nela mesma, verdadeira a priori, verdadeira no seu princípio.

Ora, o que descobre Strether? Qual é o sentido da sua declaração ao jovem artista? Ele se dá conta de que há circunstâncias nas quais não podemos garantir a verdade de uma ideia *antes* de agir, porque só o fato de agir a torna verdadeira, a "verifica". O que ele descobre – tarde demais, porém – é uma concepção pragmática da verdade. Não é porque uma ideia *é* verdadeira que acreditamos nela, é porque acreditamos nela que ela *se torna* verdadeira: não é mais a verdade de uma ideia que determina a natureza das nossas ações; são nossas ações que determinarão a parte de verdade de uma ideia; há, de fato, circunstâncias nas quais apenas nossas ações podem "verificar" uma ideia, torná-la verdadeira. Que circunstâncias são essas? Diz William James que são todas as circunstâncias nas quais *nossa vida* está em jogo.[19]

19 Ibid., p. 87: "Em toda a extensão da atividade do homem e da sua produtividade, sua ação vital está inteiramente subordinada a um 'talvez'.

Quem pode saber antecipadamente como conduzir sua vida? Como determinar com antecedência de que somos capazes? A vida não é mais uma questão de certeza, mas de experimentação.[20] Não adianta procurar uma ideia na qual acreditar com certeza, pois a certeza só pode vir da própria experimentação. Só a experimentação, só a ação, são *objetivas*, na medida em que elas se produzem aqui e agora; só a experimentação "verifica" a ideia e determina sua parte de verdade. É a própria liquidação do conceito de verdade *como princípio*. A verdade passou completamente para o lado das consequências. A questão não é mais saber se estamos certos ou errados. Essa questão nem tem nenhum sentido, visto que cada vida dá razão às ideias que a determinam. Como diz William James, qualquer que seja a ideia pela qual você conduza sua vida, você estará certo, porque sua vida não terá outro sentido, a não ser verificar a ideia que você tem dela. Todos estão certos, à medida que cada um dá razão aos princípios pelos quais age. O que importa, então, ter razão ou ser o dono da verdade sobre seu caso se, de qualquer forma, esse não é o problema? O problema é quando outros signos, outras experiências vêm contestar seu sistema de crenças, sua filosofia da vida, ou seja, a ideia que você faz do mundo e de você mesmo. É exatamente esse o tema das narrativas de James: descobrir que existem outros signos, não mais para saber, mas para experimentar. Então,

---

Não há vitória, não há ato de coragem que não tenha na sua base um 'talvez' [...]. Vivemos o tempo todo arriscando nossa pessoa. E, muitas vezes, nossa fé antecipada em um resultado é *a única coisa que torna o resultado verdadeiro*."

20 Cf. ibid., p. 191: "Proponho-me a lhe mostrar a impossibilidade de constituir, antecipadamente, o dogma de uma ética."

não é mais a ideia verdadeira que está no princípio da ação, mas uma emoção, um desejo que se incarnam nas escolhas.[21]

O que Strether compreende é que o primeiro ato de independência consiste em acreditar que somos livres, *ou seja*, em agir, efetivamente, como se fôssemos. É esse o próprio sentido da concepção do livre-arbítrio em William James: não sabemos se somos livres, mas podemos *escolher* nos comportar como se fôssemos. Como diz melancolicamente Strether, podemos conservar "a ilusão da liberdade". Ou seja, antes de toda escolha, podemos escolher fazer livremente uma escolha. A escolha não é a expressão da nossa liberdade; é a liberdade, primeiro, o objeto de nossa escolha.[22] Não sabemos se somos livres, mas podemos acreditar nisso. A crença não se limita mais em acreditar na existência de um fato, ela *faz com que esse fato exista*. Acreditar é fazer como se, mas *fazer, efetivamente*. É um ato de autoposição e de autovalidação, isto é, *um ato de confiança*; é até mesmo o primeiro deles. Na medida em que, de fato, a ideia de liberdade introduz para nós o que é possível no mundo, ela é a primeira das ideias que, de direito, faz com que acreditemos nas nossas próprias forças e nos dá confiança em nós mesmos. Confiar é deixar de considerar a verdade como um princípio de ação.

Consequentemente, é preciso distinguir não três, mas quatro níveis da questão, que são igualmente perspectivas

---

21 Ibid., p. 47: "Nossa natureza passional possui não apenas a faculdade legítima, mas também o dever de exercer uma escolha entre as proposições que lhe são submetidas, todas as vezes em que se trata de uma verdadeira alternativa cuja solução não depende unicamente do entendimento..." e, P. 59: "Quanto às verdades que dependem de nossa ação pessoal, a fé que é fundada no desejo é, certamente, legítima e talvez indispensável."

22 Ibid., p. 160: "[...] nosso primeiro ato de liberdade, se somos livres, é, por definição, a afirmação dessa liberdade."

sobre o mesmo problema: um primeiro nível que se enuncia sob a forma: que partido devo tomar? Que *posição* devo adotar? – que corresponde ao problema da consciência moral; um segundo nível que se enuncia sob a forma: que atitude devo adotar? Que *postura* devo ter diante da vida? – que corresponde ao problema da consciência esteta ou crítica; um terceiro nível, que toma a forma de uma hesitação tal que cada possibilidade coloca o personagem numa *falsa posição*; mas há um quarto e último nível onde, dessa vez, o problema desaparece. Não há mais nem posição, nem postura, nem falsa posição, mas *autoposição*, afirmação efetiva da sua potência de agir, que define a consciência ética. Podemos ver como a perspectiva varia, *não em função da oposição verdadeiro/falso*, mas da distinção simples/complexa. No primeiro caso, o problema se resolve simplesmente (somos escolhidos); no segundo caso, ele se resolve de maneira mais complexa (escolhemos não escolher); no terceiro caso, ele se torna quase insolúvel (hesitamos), mas, no último caso, ele se torna novamente simples (agimos), tão simples que não sabemos mais, como diz Strether, se fomos muito estúpidos ou muito inteligentes para não ver a solução. De uma simplicidade para a outra, o problema da escolha dá uma volta completa sobre si mesmo, embora o ponto de chegada não coincida, evidentemente, com o ponto de partida.[23] Mas a distinção simples/complexo não remeteria ela mesma às diversas "posições" tomadas pelo *corpo*, em cada circunstância? Posição, postura, falsa posição, autoposição, esses termos não designariam, antes de

23 Da mesma maneira, em *Volonté de croire*, William James faz com que se suceda uma série de figuras filosóficas, o cético, o pessimista, o otimista, o materialista, o epicurista, o teísta, como se fossem projeções relativas à "questão moral" da escolha.

tudo, atitudes do corpo cuja fisionomia própria determina cada perspectiva? O problema da escolha aparece como o *ressonador* da obscura relação que as consciências têm com seus corpos, da percepção inquieta que elas têm de seus instintos e desejos. É a presença vibrante do corpo que ressoa no problema – na medida em que é sempre questão da potência de agir –, o que explica por que esse problema os deixa tão nervosos. Mas isso não explica o que falseou, progressivamente, a perspectiva de cada um dos níveis.

◊

Se existe um personagem que quer conduzir sua vida de acordo com os princípios fixados por William James é Isabel Archer, a heroína de *Retrato de uma senhora*, protótipo da jovem americana independente. Ela se vê como uma mulher livre para fazer suas escolhas. Pouco importa o que ela faz em particular, contanto que conserve a liberdade de escolher. Talvez essa liberdade seja ainda bem abstrata, já que ela tem a seu favor apenas uma "pequena experiência", uma "confiança ao mesmo tempo inocente e dogmática" na vida.[24] Ela quer fazer suas experiências em função da sua liberdade de escolha. "– Sim, de fato, me acho bastante independente. Mas isso não me impede de querer saber que coisas não devem ser feitas. – Para fazê-las? – perguntou a tia. – Para escolher, – respondeu Isabel."[25]

24 H. James, *Portrait de femme*, p. 227 (trad. mod.) e toda a passagem.

25 Ibid., p. 242. Encontramos as mesmas características em Daisy Miller e na jovem americana de *Les ailes de la colombe*. Cf., pp. 200-201: "logo ela afirmaria sua escolha, sua vontade; essa tomada de posse de tudo aquilo que a cercava constituía, para começar, uma bela afirmação."

É em nome dessa liberdade que ela recusa se deixar envolver pela escolha dos outros. Durante o começo da narrativa surgem personagens que escolhem ou querem escolher por ela (como o herdeiro agonizante que lhe lega uma fortuna, ou a amiga jornalista que arranja um encontro com o pretendente americano). De todas as partes, ela é instada a escolher entre o lorde depressivo e o homem de negócios maníaco. Alguns comentaristas explicam suas sucessivas recusas pelo medo da sexualidade e a descrevem como uma puritana (embora James diga expressamente o contrário);[26] mas se ela rejeita as propostas de casamento é porque, primeiramente, elas implicam escolhas que não são as suas. Osmond é o único que a tira dessa alternativa, é aquele que parece viver para ele mesmo, enquanto os outros "precisam" dela para se sentir reviver (o lorde) ou se sentir mais forte (o homem de negócios). Como não ver no casal formado pela senhora Merle e Osmond, de gostos requintados, elegantes, aparentemente indiferentes em relação ao dinheiro e às convenções sociais, a saída que lhes permite escapar da alternativa depressão/mania? Ao menos, temos que reconhecer neles esse mérito: são os primeiros que não forçam a jovem a escolher. Eles não forçam a escolha, mas fazem pior: eles a manipulam. E, finalmente, ela cai na armadilha, como os outros.

Entretanto, tudo havia começado bem, de um ponto de vista pragmatista. Ela queria ser uma mulher livre e independente: ela queria escolher sua vida, ter "suas" experiências. Não seria ela a encarnação viva da concepção da liberdade, segundo William James? Mas não é justamente esse ideal de independência e de liberdade que a precipita na armadilha armada pelo casal? Não é o sinal de que ela vive num mundo

26 Ibid., p. 596: "Isabel, não era filha de puritanos."

à parte, protegida da dura realidade? Em todo caso, é isso que critica nela sua amiga jornalista. "O perigo, para você, é viver demais no mundo dos seus sonhos. Você não está suficientemente em contato com a realidade, com o mundo do trabalho, da dor, do sofrimento, diria até mesmo da feiura, que nos cerca. Você é delicada demais: tem muitas ilusões decorosas [...]. Qualquer que seja a vida que levamos temos que colocar nela nossa alma, se quisermos ter o menor sucesso, e se nos aplicarmos nesse sentido, a vida deixa de ser um romance, garanto, e se torna uma triste realidade."[27] A palavra de ordem da jornalista se opõe ponto por ponto à de Strether: não viva sua vida, renuncie à "ilusão da liberdade". Quanto mais rápido você compreender isso, melhor. Você será ainda mais dona do seu destino, submetendo-se à "triste realidade". Raros são aqueles que não criticam a ingenuidade das jovens, sua pretensão de um sonho de liberdade (inclusive alguns comentaristas). Da mesma forma que vemos em Daisy Miller o protótipo da jovem mimada, protegida, segura de si, que ainda não se defrontou com as duras realidades da vida. Sonho subjetivo ou realidade objetiva, uma tal repartição da experiência que cada um dos termos parece negar (ou contestar) o outro, sem nenhuma escapatória.

Todo o problema está em que subdividimos antecipadamente a experiência em função desses dualismos. Criamos um "universo-bloco", uma concepção a priori do Todo da qual, por definição, é impossível sair a não ser para lhe opor um Todo contrário: um todo ou o outro todo, otimismo ou pessimismo, determinismo ou livre-arbítrio, de acordo com uma espécie de lógica hiperbólica.[28] Todo o possível,

27 Id., *Portrait de femme*, p. 385.
28 Cf. W. James, Le pragmatisme, VIII.

enquanto ele permanece sempre possível (ilusões decorosas), todo o real, enquanto não existe outra coisa a não ser o real (triste realidade). Imaginamos a experiência como um Todo unificado sob um conceito único, aquilo que William James chama de o "Um-Todo": *a* liberdade, *a* necessidade, *o* mundo etc. O Um-Todo é, para os irmãos James, *a forma genérica de todos os dogmatismos*. Não é essa a lógica de Isabel Archer? Seu erro não é querer ser livre ou ignorar a dura realidade do mundo, é ter uma concepção dogmática, absolutista da liberdade. Não é o esteta que a aprisiona no seu antro e lhe rouba a liberdade; é ela, primeiramente, que se fecha numa liberdade abstrata e, depois, na "terrível lógica" da sua decisão e que decide, finalmente, assumir sozinha as consequências da sua "livre" escolha. É como os três tempos de um silogismo: primeiro, o momento da afirmação da liberdade (maior), em seguida, o momento da decisão (menor), finalmente, o momento da assunção das consequências (conclusão). A ideia de liberdade toma a forma de um determinismo moral e acaba em mortificação culpada. Primeiro, totalmente livre, depois, totalmente decidida, enfim, totalmente quebrada, por culpa de ter sabido renunciar à sua concepção "absolutista" da liberdade. A liberdade não dá certo quando a reduzimos a uma questão de princípio, ao invés de examinar as consequências às quais ela conduz. Aliás, é isso que faz a eterna má reputação do pragmático: ele é acusado de ser um homem sem princípios, mercenário ou renegado quando, na realidade, ele é o homem das consequências, aquele que examina os princípios até suas últimas consequências, quando eles se tornam concretos e ativos.

Para ficar livre, teria sido preciso que a ideia de liberdade não fosse erigida como princípio incondicional ou ainda que a jovem aceitasse que seu princípio fosse contestado, em nome de uma autêntica liberdade, verificável nas suas consequências. Para isso, porém, ela deveria, primeiramente, renunciar à sua concepção dogmática da verdade. A qualquer momento, ela pode tomar uma nova direção, renunciar a seus princípios ou fazê-los variar, sair dessa lógica voltada para o Um-Todo. Aliás, é isso que um dos pretendentes tenta fazê-la compreender, no final do livro, através de um discurso de defesa que diríamos ter saído de um livro de William James: "É preciso salvar o que puder da sua vida, *não a perder toda, porque você já perdeu uma parte* [...]. Podemos fazer absolutamente o que quisermos; a quem devemos o que quer que seja neste mundo? O que é que pode nos deter, quem teria a sombra de um direito para intervir numa questão que só a nós diz respeito? E dizer isso, significa resolvê-la?"[29] Mas ele não tem certeza de que ela o ouve. Esse é o problema dos personagens de James: o todo-poderio de uma ideia que não pode, que não deve ser contestada, ainda mais porque eles se identificaram com ela: a espera, a lembrança, o sentido da vida e até mesmo a liberdade como destinos retilíneos do eu. Essa ideia é todo o eu; mas o eu não é nada mais do que a sujeição a essa ideia da qual ele é o herói. Ela se torna a *condição* sob a qual tudo é percebido, concebido, desejado. Não há uma só percepção, uma reflexão, uma só decisão que ela não condicione. De Melville aos irmãos James, encontramos a mesma denúncia da monomania como instância "transcendental". A ideia fixa não é uma ideia entre outras, visto que ela sujeita aquele que a pensa. Ele a fixa assim como ela o fixa. É ela que ordena e comanda toda a perspectiva. Não há mais nem transformação nem devir possíveis a não ser no próprio interior dos

---

29 H. James, *Portrait de femme*, p. 753 (grifo do autor).

limites fixados a priori pela ideia que fazemos dela, o exato contrário da experimentação pragmática.

É por isso que aqueles que conseguem romper com as suas obrigações têm o sentimento de aceder a uma "segunda vida", a uma vida "regenerada". Eles estão salvos. Entre aqueles que acabamos de descrever, quem não pode dizer: sou um regenerado, encontrei o caminho da salvação? É o caso daqueles que descobrem ter uma missão salvadora: ao salvar os outros eles garantem, ao mesmo tempo, a própria salvação. É também o caso dos estetas que, por sua atitude superior, se livram das satisfações vulgares e se tornam por isso regenerados.[30] Até mesmo o homem hesitante tem seu "momento extrassensual" e descobre o sentido da vida ao entrever aquilo que sua vida poderia ter sido. A "segunda vida" designa o processo de *conversão* que os conduz a uma certeza superior e faz deles seres "intensamente conscientes". A partir de então, eles *sabem*. Vemos, porém, que muitas ambiguidades estão ligadas a essa conversão e à questão da salvação. A América esteve sempre indo ao encontro dessa questão da "segunda vida", sob as formas mais diversas, como mostram as descrições de William James em *A experiência religiosa*.[31] Há uma espécie de

30 Cf. a declaração do esteta de *La muse tragique*, p. 150: "Os regenerados, como eu os chamo, são aqueles passageiros que pulam do navio para buscar outros prazeres [que não os prazeres vulgares]. Já dei meu pulo há muito tempo."

31 Por exemplo, a distinção entre as almas "nascidas uma vez" [*once born type*] e as almas "nascidas duas vezes" [*twice born type*]. Essa regenerescência "não é um simples retorno à vida natural, é uma redenção, um novo nascimento, uma vida mental mais profunda e mais rica do que a primeira" (*L'expérience religieuse*, p. 131).

esquema geral da segunda vida no qual muitas concepções rivais são enunciadas quase nos mesmos termos, como se fossem boas-novas. Há a segunda vida da fé, como ela se enuncia no protestantismo, a segunda Aliança, que passa da lei transcendente judaica à fé interior cristã, a revelação de Deus como fé interior (potência transmitida) e a revelação de si como força de trabalho e de amor (potência adquirida). Mas é também a emigração, como prova e conversão espiritual: deixamos o velho mundo autoritário feudal por um mundo novo, livre e democrático. É a promessa de um homem novo, a edificação de uma nova humanidade que tem fé nessa promessa e coloca sua confiança a serviço da realização desse futuro: confiança em si e livre empreendimento.

É também o homem novo, o democrata, o americano médio de Jefferson, Thoreau ou Emerson, quando a confiança toma o lugar da fé e torna-se sinônimo de independência (*self-reliance*). Existe toda uma fabulação (retomada mais tarde pelo cinema) que continua a se reproduzir e a aprofundar essa economia da salvação que se tornou "laica": primeiro, uma obediência exterior onde tudo se desenrola como previsto, e, depois, uma crise na qual tudo desmorona, projetos, casamentos, carreira, ambições, mas da qual saem, finalmente, a verdadeira confiança e a descoberta de um capital de forças, reservas para um futuro aberto, a partir daí. Um, Dois, Três, ou o sonho americano, o arco reflexo que se torna economia de vida e religiosidade interior. Os americanos transformaram a economia da salvação em "economia de vida", segundo a fórmula de Thoreau. Ou melhor, eles submeteram a vida a essa economia da salvação, uma vida que deve se salvar ela própria numa subjetividade fundada na confiança como força vital e destino final.

Nos irmãos James, vimos que esses processos de conversão eram variados. É que eles seguem as variações intensivas das emoções pelas quais passam os indivíduos. Em alguns casos, o processo corresponde a uma elevação refletida, um *salto no mesmo lugar*, bem próximo do movimento que descreve, num outro plano, o conhecimento "saltatório": um salto que transfigura as obrigações em missão caritativa ou um salto pela reflexão que converte a inação em todo-poderio. Vimos, porém, em outros casos, que é preciso passar primeiro por uma *queda*, antes de "renascer", uma morte interior concebida e vivida como um processo de despossessão, o grau zero de toda afecção do niilismo passivo. "Ela permanecia no seu canto, tão imóvel, tão passiva, tão totalmente entregue ao sentimento de estar sendo levada, tão sem esperança e arrependimento, que evocava por ela mesma um desses antigos etruscos deitados no seu túmulo de cinzas."[32] *Para além da esperança e do arrependimento*, para além da espera e da comemoração, para além de todo o sentido do futuro e do passado assim como são refletidos pelo *eu* ou o *eu* se reflete neles, um puro presente como fluxo de vida desapaixonada. Eu = 0. É o momento em que perdemos tudo e não reivindicamos mais nada: é também o fim de toda concepção dogmática da verdade.

Alguns descobrem, então, que alguma coisa não os abandonou – embora eles tenham abandonado tudo –, uma vontade de viver ou, como diz um deles, uma "manifestação profunda de desejo".[33] E logo redescobrem essa vida como sendo "sua" vida, como uma potência que, finalmente, pertence a eles, ou melhor, à qual eles pertencem, como se

32 Id., *Portrait de femme*, p. 724.
33 Id., "Les années médianes", p. 211.

estivessem presos num movimento que os ultrapassa e do qual se tornam os indutores; essa é uma nova certeza que se fundamenta, a partir de então, sobre a imprevisibilidade, a própria indeterminação da sua potência de agir. Nova certeza porque *não mais se trata de uma crença* à qual eles estão ligados. Nenhuma crença, nenhuma verdade pode despossuí-los de si mesmos. Ninguém mais pode obrigá-los, ninguém mais pode salvá-los; eles não salvarão ninguém; a piedade acabou. É o caso de dizer: independência dos termos e exterioridade das relações, consideradas dessa vez como a fórmula ética do pragmatismo. Não é que eles tenham deixado de obedecer; pelo contrário, eles obedecem, a partir de então, às suas próprias potências, em vez de ficarem indefinidamente senhores do possível. Aliás, esse é o ponto pelo qual esses personagens se distinguem, radicalmente, dos outros regenerados: *eles não vivem mais sob a perspectiva de um outro*, aquele que devem salvar ou aquele que os salvará (primeiro caso), aqueles pelos quais eles fazem pose (segundo caso)[34] ou aqueles que os fazem hesitar (terceiro caso). Isso também quer dizer que ninguém responde mais pelas suas ações no lugar deles. Eles saem do sistema de obrigações e dívidas da moralidade dos costumes. Não é isso que acontece com a pequena Maisie? Em "um espasmo mais profundo do que o do sentido moral", ela consegue escapar das alternativas entre o pai e a mãe, entre o padrasto e a madrasta. Nem uns nem

---

34 Sobre a falsa independência dos estetas que vivem com a constante preocupação daquilo que pensam da atitude deles, cf. *Portrait de femme*, p. 559: "Sob as aparências de homem unicamente atento aos valores intrínsecos, Osmond escondia uma preocupação exclusiva com o mundo"; e *La muse tragique*, onde o esteta declara, p. 149: "Creio, verdadeiramente, que sou totalmente independente", mas ouve essa resposta do velho amigo, p. 158: "Você pensa sempre demais nas 'pessoas'."

outros, só ela e a governanta. O ponto comum entre aqueles que, em James, têm acesso a uma certa liberdade é que eles devem, primeiro, *renunciar*. "Se um homem renunciar a essas coisas que estão submetidas a um destino que lhe escapa e deixar de considerá-las como partes de si mesmo, quase não teremos mais poder sobre ele."[35]

Tudo passa a vir, então, de um novo "centro". Levado por um novo tipo de certeza, o indivíduo pode, a partir daí, confiar em zonas ou em potências que lhe eram desconhecidas.[36] Ele rompeu com o passado que o mantinha prisioneiro; ou melhor, ele descobre nesse passado alguma coisa que contesta toda ligação com o passado, uma outra memória. *É a memória daquilo que ele precisou esquecer para comemorar ou esperar*. No fundo desse passado, está uma memória que se confunde com o eterno presente das suas forças de vida, a emoção que faz com que ele sinta a experiência das suas próprias potências. É esse presente vivo que certos personagens têm tanta dificuldade de encontrar, mas que lhes permite tomar para si a ação heroica de romper. Tudo se passa como se, do fundo dessa memória, ouvíssemos a palavra de ordem de Strether ("Viva!"), como se essa memória confiasse neles para o futuro, como se alguma coisa de profundamente viva quisesse se transmitir, mas tivesse sido até então conscienciosamente impedida: não mais uma dívida, *mas um legado*.

35 W. James, *Précis de psychologie*, 6, p. 143. Na mesma passagem, William James invoca o caso de "um homem que perdera tudo na guerra de Secessão e, então, saiu à rua e se jogou na poeira do chão rolando e dizendo que nunca tinha se sentido assim tão livre e feliz na vida".

36 Como diz William James: "As grandes necessidades vitais e as crises nos mostram o quanto nossos recursos vitais são superiores aquilo que havíamos suposto", in *Letters of William James II*, pp. 253-254. Para Lutoslawski, 6 de junho de 1906.

Não mais se trata da "continuidade da lembrança humana", assim como quer perpetuá-la o herói de "O altar dos mortos", submetendo o presente à comemoração do passado. Trata-se, pelo contrário, de restabelecer o presente nos seus direitos, de liberá-lo das suas obrigações para com o passado, de modo a garantir uma continuidade totalmente diferente.

O presente torna-se, então, uma "zona plástica" de transmissão, diz William James, "a correia dinâmica e vibrante do incerto, a linha na qual o passado e o futuro se encontram";[37] o passado termina assim que ele transmite ao presente todas as suas potências para o futuro. Não somos mais herdeiros de uma dívida, mas *legatários das nossas próprias potências de vida*. As mortes interiores não introduzem nenhuma descontinuidade; pelo contrário, elas restabelecem uma continuidade que *abre o presente* para o futuro. É nesse sentido que existe uma confiança mais profunda do que qualquer sistema de crenças: confiamos numa potência de agir que ultrapassa o conhecimento que temos e os hábitos que dele tiramos.[38] Enquanto as crenças se apoiam num eu do passa-

37 W. James, *La volonté de croire*, pp. 253-254. Encontramos aqui, em outro plano, a continuidade do fluxo da consciência assim como está descrito em *Principles of psychologie*, IX, p. 322: "Cada pulsação da consciência cognitiva, cada pensamento morre e é substituído por outro... Desse modo, cada pensamento nasce 'proprietário' e morre 'possuído', transmitindo tudo aquilo que ele pôde efetuar por si mesmo a seu proprietário seguinte."

38 Ibid., p. 118: "Suponham, por exemplo, que eu subo uma montanha e que, em dado momento, estou numa situação em que minha última esperança de salvação é um salto perigoso. Por falta de experiência anterior, minhas aptidões para executar esse perigoso movimento não são evidentes; mas a esperança e a confiança em mim mesmo me dão a certeza de que não vou falhar e vou comunicar a meus músculos o vigor necessário para realizar aquilo que, por falta dessas emoções subjetivas, teria sido provavelmente impossível."

do que elas reconduzem e adaptam a cada nova situação, a confiança conta com um eu futuro que é criado à medida que vamos experimentando as potencialidades. "O pragmatismo ou pluralismo que defendo deve se rebater sobre uma certa intrepidez última, uma certa disposição para viver sem certezas nem garantias."[39] A confiança se exerce num mundo carregado de imprevisibilidade, nas zonas "fronteiras" da experiência, onde ainda não sabemos de que somos capazes. "O essencial é admitir que o resultado só poderia ser decidido aqui e agora. É isso que dá sua realidade palpitante à nossa vida moral."[40] Só podemos partir do presente, *deste* pedaço de presente que só pertence a nós, e não de princípios gerais que fixam a priori os limites daquilo que podemos fazer com ele. É preciso *ocupar o presente*, confiar nele e partir das potencialidades que ele contém; é a condição primeira da ética. O presente, tomado em si mesmo, não participa de nenhum Todo. Ou melhor, ele compõe um todo nele e por ele mesmo; talvez ele seja o resultado de experiências passadas e já se oriente para possibilidades futuras, mas possui uma indeterminação própria, é a fonte constante de eventuais bifurcações, contanto que saibamos localizá-las e nos emocionemos o bastante para segui-las.

Ter acesso a uma "segunda vida" se confunde, então, com a emoção que a vida produz sobre nós (em vez de passar indiretamente pelo eu), a maneira pela qual suas potências ressoam através da consciência. Não mais precisamos ser reunificados por um eu, já que a unidade consiste na própria atividade de ligação. Não há mais um todo preexistente; ou melhor, o todo passou pelo meio, como um todo que está

39 W. James, *La signification de la vérité*, p. 153 (tr. mod.).
40 Id., *La volonté de croire*, p. 189.

sendo feito. Vimos como o processo podia ser interrompido, quando os pedaços de experiência não podem mais ser ligados entre eles, quando mais nada se comunica de uma experiência à outra, como no caso de desdobramentos. O fluxo da consciência se divide, seus fluxos se separam, se enfraquecem e se ignoram reciprocamente, de tal maneira que o indivíduo é apenas a metade de si mesmo. Ou melhor, ele vive acavalado sobre duas metades, perguntando-se qual das duas é seu verdadeiro eu. Justamente, porém, o eu é tão somente a ligação de experiências variadas: uma trama ao mesmo tempo contínua e múltipla, a própria definição do "fluxo da consciência", em James, enquanto faz de nós seres ao mesmo tempo divididos, contínuos e múltiplos.

Podemos dizer que se trata de uma completa reversão de perspectiva. Mas é só uma maneira de falar, pois, na realidade, *é o eu que havia revertido a perspectiva*, que havia submetido essa potência de vida às suas formas refletidas, fazendo com que surjam os falsos problemas, como se fossem anamorfoses ou perspectivas depravadas das suas próprias potências (fui eu mesmo que vivi minha vida? Sou mesmo aquele que deveria ter sido?). Foi o eu quem reverteu as potências de vida em ideia de todo-poderio. Foi ele quem interrompeu a comunicação das forças para refleti-la nas suas formas, em função de certezas ou de incertezas *subjetivas*. A certeza, nesse nível, designa menos o grau de verdade de uma ideia do que *a intensidade da ligação a essa ideia*. Ora, a que ideia estamos mais ligados do que à ideia do eu? Não era isso que refletia o problema da escolha? Dizíamos que o problema da escolha estava sempre mal colocado porque a perspectiva estava falseada. Mas o que é que falseia a perspectiva senão o próprio eu? Enquanto é o eu quem escolhe, *ele escolhe sempre ele mesmo*; ora ele se glorifica numa imagem de salvador (missão de caridade), ora ele se abstém de qualquer ação, em função de um destino superior (missão crítica), ora ele hesita, porque não quer contrariar ninguém (um dos temas mais fortes do comportamento em James). Em todos os casos, ele submete o fluxo do pensamento às suas formas e às suas interpretações preexistentes. Ele é o agente da verdade elevado ao nível de princípio. O eu está sempre a serviço de princípios. Por isso os personagens não veem, não compreendem o que lhes acontece. A lucidez do seu eu, a clareza da sua atividade temática, os impede de se tornarem sensíveis àquilo que se passa nas "franjas" onde são testadas as potências do indivíduo e onde são tomadas as verdadeiras decisões.[41]

Também é verdade que, em Henry James, a "segunda vida" sempre chega tarde demais. Deveria ter havido uma segunda vida, mas ela só chega, quase sempre, para indicar que os personagens passaram ao largo. A segunda vida é aquela que eles *deveriam ter* vivido. "'Aquilo que poderia ter sido', as palavras mais tristes da língua", diz William James. Talvez isso explique a melancolia que acompanha todos os seus personagens. A vida é algo que não pode dar certo, não pode nunca ocupar o centro, sempre descentrada, deslocada, projetada para fora de si por ilusões de todos os tipos (parábolas, elipses e, principalmente, hipérboles). É o que constata o escritor melancólico de *"The middle years"*. Ele chegou a uma idade em que nunca mais "será melhor do que

41 Ibid., p. 89: "Assim como, ao sair da terra, a água atravessa as fendas das cavernas para jorrar numa fonte na superfície, assim também nossos atos e nossas decisões têm suas raízes nas sombrias profundezas da nossa personalidade."

ele mesmo". E, como antes, o personagem sente morrer nele seus anos passados. Ele pensa naquilo que poderia ter feito, mas que, afinal, não fez. "Seus olhos se encheram de lágrimas. Algo de precioso acabara de morrer. Era o sentimento mais lancinante que ele já sentira nos últimos anos, o sentimento do tempo que foge, das ocasiões que diminuem; e, agora, ele sentia não apenas que estava perdendo sua última oportunidade, mas que, na verdade, ela já se fora. Ele havia feito tudo aquilo que não faria nunca mais e, no entanto, não havia realizado aquilo a que se propusera." Mas, no momento em que essa morte o invade, ele logo sente nascer nele a possiblidade de uma segunda vida: "Ele estava perdido, ele estava perdido – ele estava perdido se não pudesse ser salvo. Não temia o sofrimento, a morte, nem mesmo estava apaixonado pela vida, mas sentira uma profunda manifestação de desejo".[42] Só que o escritor não tem mais forças. Como os outros personagens, ele pressente a possibilidade de uma segunda vida apenas para ver que ela está lhe escapando.

Entretanto, há uma última conversão possível. É um jovem admirador que o converte. "O que as pessoas poderiam ter feito é, em grande parte, o que elas fizeram." O desespero do escritor se transmuta, progressivamente, em um novo sentimento. A parte que ele não pôde realizar é a parte – também incompleta – que revive nas suas narrativas e através dos seus leitores. Ele transmitiu aquilo que poderia ter feito através do que ele fez, como se seus livros carregassem neles o seu duplo virtual ou sonhado. É isso que James exprime num diálogo esplêndido: "'Uma segunda oportunidade... *é ilusório*. Só deve haver uma. Trabalhamos nas trevas... fazemos o que podemos... damos o que temos [...]. – Se você

---

42 H. James, "Les années médianes", pp. 200; 211.

duvidou, se você se desesperou, você sempre 'realizou', argumentou, sutilmente, o visitante. – Realizamos uma coisa ou outra, concordou Dencombe. – Uma coisa ou outra, só isso. É aquilo que é possível fazer. É *você*! [...]. – Verdade! É a frustação que não conta. – A frustação é apenas a vida, diz o doutor Hugh. – Sim, é aquilo que passa'. Mal se podia ouvir a voz do pobre Dencombe, mas essas palavras marcaram o fim virtual de sua primeira e única oportunidade".[43] A redenção do escritor, sua segunda vida, não é certamente a sobrevivência da obra, é se dar conta de que só há uma vida, que sempre houve apenas uma vida, nunca houve outra. A "segunda vida", a ilusão da "segunda vida", é apenas o *amor fati* da primeira e única vida. Isso é o renascimento, o acesso à *continuidade* de uma vida. Há uma regeneração, mas ela consiste na justificativa daquela vida por aquela outra vida, aquela que está sendo vivida agora e que se reúne em si mesma, nesse consentimento. Tudo valeu a pena, a frustação, o tédio, a infelicidade, se era para chegar a *isso*, agora. Como diz William James, justiça seja feita à cada reivindicação, mesmo àquelas que foram sacrificadas. Ainda assim, *é sobre as consequências que tudo repousa*. Chegamos a uma nova potência do mental, "uma vida da mente, mais rica e mais profunda do que a primeira".[44] Não mais o mental como tempo condicional, potência da imaginação ou tempo da fantasia – todas essas fantasias que nos ligam à vida, ao mesmo tempo que ligam a vida às suas frustações –, mas o mental como desapego, indiferença para com a própria vida ("ele nem estava apaixonado pela vida... a frustação é apenas a vida"). O mental faz com que a vida coincida com a

43 Ibid., p. 224 (trad. mod.).

44 W. James, *L'Expérience religieuse*, p. 131.

ordem implacável do tempo e a lei fatal que ele revela. Cada "novo" presente coexiste com a afirmação de tudo aquilo que levou até ele. Não é mais culpa de ninguém, nem dos pais, nem dos amores, nem do destino. Desse ponto de vista, o personagem de *"The middle years"* é uma espécie de resposta aos outros personagens de James, aqueles que esperam por uma outra vida ou a lamentam, acusando o destino, os pais ou os(as) noivos(as), uma vida livre das frustrações. Como fazer para compreender que essa aceitação não é uma resignação, nem do escritor, nem dos heróis de *Os embaixadores*, nem da jovem americana de *As asas da pomba*?[45] De uns aos outros, é a mesma linha de *amor fati*.

◊

45 H. James, *Les ailes de la colombe*, p. 196: "Cada situação é inevitável. A minha me diz respeito, antes de tudo. O resto é inútil e encantador. Ninguém pode me ajudar de verdade."

BIBLIOGRAFIA

Obras de WILLIAM JAMES citadas

– *Principles of Psychology* (1890), Harvard University Press, 1981. [*Princípios de psicologia*]
– *Précis de Psychologie* (1892), trad. N. Ferron, Les Empêcheurs de penser en rond, 2000.
– *La Volonté de croire* (1897), trad. L. Moulin, Les Empêcheurs de penser en rond, 2005. [*A vontade de crer*]
– *Aux étudiants, aux enseignants* (1899), trad. L.-S. Pidoux, Payot, "Petite Bibliothèque Payot", 2000.
– *L'Expérience religieuse* (1902), trad. F. Abauzit, Alcan, 1906. [*As variedades da experiência religiosa*]
– *Le Pragmatisme* (1907), trad. E. Le Brun, Flammarion, 1911. [*O pragmatismo*]
– *La Signification de la vérité* (1909), trad. DPHI, Lausanne, Antipodes, 1998.
– *Philosophie de l'expérience* (1909), trad. S. Galetic, Les Empêcheurs de penser en rond, 2007.
– *Introduction à la philosophie* (1911), trad. S. Galetic, Les Empêcheurs de penser en rond, 2006.
– *Essais d'empirisme radical* (1912), trad. G. Garreta et M. Girel, Agone, 2005.
– *William James. Extraits de sa correspondance* (1920), trad. F. Delattre et M. Le Breton, Payot, 1924.
– *Études et réflexions d'un psychiste*, trad. E. Durandeaud, Payot, 1924 ; reed. 2000.
– *Essays in Religion and Morality*, Harvard University Press, 1982.
– *Letters of William James*, Longmans, Green and Co, 1920 (2 vol.).

OBRAS DE HENRY JAMES

Títulos em francês, citados pelo autor (por ordem cronológica):[1*]

- *Le Regard aux aguets* (1871), trad. C. Malroux, in *Œuvres romanesques*, Stock, 1977.
- *Roderick Hudson* (1875), trad. M. Tadié, Le Livre de Poche, "Biblio", 1985.
- *L'Américain* (1877), trad. M. Tadié, Stock, "Bibliothèque cosmopolite", 1997.
- *Washington Square* (1880), trad. C. Bonnafont, Liana Levi, 1993. [*A Herdeira*]
- *Portrait de femme* (1881), trad. P. Neel, in *Œuvres romanesques*, Stock, 1977. [*Retrato de uma senhora*]
- *Les Bostoniennes* (1886), trad. J. Collin-Lemercier, Gallimard, "Folio", 1990.
- *La Princesse Casamassima* (1886), trad. R. Daillie, Denoël, 1973.
- *"Reverberator"* (1888), trad. F. Rosso, 10/18, 1991.
- *La Muse tragique* (1890), trad. M.-O. Probst-Gledhill, Belfond, 1992.
- *Les Dépouilles de Poynton* (1897), trad. S. David, Presses Pocket, 1986. [*Os espólios de Poynton*]
- *Ce que savait Maisie* (1897), trad. M. Yourcenar, 10/18, 1980. [*Sob os olhos de Maisie*]
- *L'Âge difficile* (1899), trad. M. Sager, Le Livre de poche, 1976.
- *La Source sacrée* (1901), trad. J. Pavans, Éditions de la Différence, 1984.
- *Les Ailes de la colombe* (1902), trad. M. Tadié, Laffont, "Bouquins", 1983. [*As asas da pomba*]

1* Por vezes há mais de uma tradução ou uma mesma obra foi publicada em mais de uma antologia. Os trechos citados foram traduzidos diretamente do francês, e não retirados das publicações existentes. Listamos aqui, ao lado dos títulos em francês, aqueles existentes em português. Contamos, principalmente, com dados de pesquisa realizada por Denise Bottmann, tradutora e pesquisadora da tradução no Brasil. [N.T.]

– *Les Journaux* (1903), trad. J. Pavans, Grasset, "Les Cahiers Rouges", 1997.
– *Les Ambassadeurs* (1903), trad. G. Belmont, Laffont, "Bouquins", 1983. [*Os embaixadores*]
– *La Coupe d'or* (1904), trad. M. Glotz, Le Livre de Poche, "Biblio", 2000. [*A taça de ouro*]
– *Le Tollé* (1911), trad. J. Pavans, Aubier, 1996.
– *Le Sens du passé* (1917), trad. J. Lee, Éditions de la Différence, 1991.
– *La Tour d'ivoire* (1917), trad. J. Pavans, Payot, 1998.

NOVELAS CITADAS (POR ORDEM ALFABÉTICA)

– "Les ailes brisées" : *L'Espèce particulière et autres nouvelles*, trad. J. Pavans, Flammarion, "GF", 1999.
– "L'autel des morts" : *L'Autel des morts* suivi de *Dans la cage*, trad. D. de Margerie et F.-X. Jaujard, Stock, 1974; reed. 1987. [*O altar dos mortos / Na gaiola*]
– "L'auteur de *Beltraffio*" : *Les Deux visages*, trad. D. de Margerie et F. X. Jaujard, Flammarion, « GF », 1985.
– "Les années médianes" : *La Maison natale*, trad. L. Servicen, Denoël, 1972.
– "L'avertissement moderne" : *L'Espèce particulière et autres nouvelles*, op. cit.
– "Le banc de la désolation" : *Le Dernier des Valerii*, trad. L. Servicen, Albin Michel, 1984. [*O banco da desolação / O último dos Valerii*]
– "La bête dans la jungle" : *L'Élève*, trad. P. Leyris, M. Canavaggia, M. Chadourne, 10/18, 1983. [*A fera na selva / O discípulo*]
– "Brooksmith" : *La Maison natale*, op. cit.
– "Le château de Fordham" : *Les Deux visages*, op. cit.

– "Le coin plaisant" : *Histoires de fantômes*, trad. L. Servicen, Aubier-Flammarion, 1970. [*A bela esquina*]

– "Daisy Miller : étude" : *Nouvelles complètes II*, 1877-1888, dir.E. Labbé, Gallimard, "Bibliothèque de la Pléiade", 2003; *Nouvelles 2*, trad. J. Pavans, Éditions de la Différence, 1992. [*Daisy Miller*]

– "Dans la cage" : *L'Autel des morts* suivi de *Dans la cage*, op. cit.

– "Le départ" : *La Revanche*, trad. D. de Margerie et H. de Oliveira, Balland, 1985.

– "Le dernier des Valerii" : *Le Dernier des Valerii*, op. cit.

– "L'élève" : *L'Élève*, op. cit.

– "Eugene Pickering" : *Nouvelles complètes I*, 1864-1876, dir. A. Duperray, Gallimard, "Bibliothèque de la Pléiade", 2003; *Nouvelles 1*, trad. J. Pavans, Éditions de la Différence, 1990. [*Eugene Pickering*]

– "Le fantôme locataire » ou « Le loyer du fantôme » : *Nouvelles complètes I*, op. cit.; *Nouvelles 2*, op. cit.

– "Greville Fane" : *La Leçon du maître et autres nouvelles*, trad. M. Gauthier, J. Lee et B. Peeters, Seuil, "Points", 1985. [*Greville Fane / A lição do mestre*]

– "Le Holbein de Lady Mc Donald" : *La Revanche*, op. cit.

– "L'image dans le tapis": *L'Élève*, op. cit. [*O desenho do tapete*]

– "L'intrigue dans l'affaire" : *L'Espèce particulière et autres nouvelles*, op. cit.

– "Journal d'un homme de cinquante ans" : *Nouvelles complètes II*, op. cit.; *Nouvelles 2*, op. cit.

– "Julia Bride" : *L'Art de la fiction*, dir. M. Zéraffa, Klincksieck, 1978.

– "La leçon du maître" : *La Leçon du maître et autres nouvelles*, op. cit.

– "Un lieu de rêve" : *La Troisième personne*, trad. E. Clavaud, Perpignan, Mare Nostrum, 1992.

- "Lord Beaupré" : *Lord Beaupré*, trad. M.-F. Cachin, Michel Houdiard, 2000.
- "Louisa Pallant" : *Nouvelles complètes II*, op. cit.; *Nouvelles 2*, op. cit.
- "La maison natale" : *La Maison natale*, op. cit.
- "Les mariages" : *La Revanche,* op. cit.
- "Le menteur" : *Le Menteur et autres nouvelles*, trad. H. de Oliveira, 10/18, 1992. [*O mentiroso*]
- "Mora Montravers": Mora Montravers, trad. J. Pavans, Michel Houdiard, 2002.
- "La mort du lion" : Maud-Evelyn, La Mort du lion, trad. L. Servicen, Aubier-Flammarion, 1969. [*A morte do leão*]
- "La note du temps" : Le Dernier des Valerii, op. cit.
- "Owen Wingrave" : Owen Wingrave, trad. J. Finné, Rivages, 1991.
- "Un pèlerin passionné" : Nouvelles complètes I, op. cit.; Nouvelles 1, op. cit. [*Um peregrino apaixonado*, Planeta, 2005]
- "La revanche" : La Revanche, op. cit.
- "Le tour d'écrou" : Le Tour d'écrou, trad. M. Le Corbeiller, Le Livre de Poche, "Biblio", 1987. [*A volta do parafuso / Os inocentes*]
- "Une tournée de visites" : Les Deux visages, op. cit.
- "La troisième personne" : La Troisième personne, it.
- "La vengeance d'Osborne" : Nouvelles complètes I, op. cit.
- "La vie privée" : Owen Wingrave, op. cit. [*A vida privada*]

OUTROS

- *La Scène américaine*, trad. J. Pavans, Éditions de la Différence, 1993.
- *Lettres à sa famille*, trad. D. de Margerie et A. Rolland, Gallimard, 1995.

- *Gustave Flaubert*, trad. M. Zéraffa, L'Herne, 1998. [*Gustave Flaubert*]
- *Carnet de famille*, trad. C. Raguet-Bouvart, Rivages, 1996.
- *Mémoires d'un jeune garçon*, trad. C. Bouvart, Rivages, 1989.
- *Carnets*, trad. L. Servicen, Denoël, 1954, reed. 1984.
- Henry James/Robert Louis Stevenson, *Une amitié littéraire*, trad. M. Durif, Verdier, 1987. [*A aventura do estilo: Ensaios e correspondência de Henry James e Robert Louis Stevenson*, Rocco, 2017]
- *Du Roman considéré comme un des beaux-arts* (1878), trad. C. de-Biasi, Christian Bourgois Éditeur, 1987.
- *La Création littéraire*, trad. M.-F. Cachin, Denoël/Gonthier, 1980.
- *Henry James: A life in Letters*, ed. P. Horne, Londres, Penguin-Books, 1999.

Dados Internacionais de Catalogação na Publicação (CIP) de acordo com ISBD

L315a   Lapoujade, David

          Ficções do Pragmatismo / David Lapoujade: traduzido
          por Hortencia Lencastre ; - São Paulo : n-1 edições, 2022.

          384 p. ; 14cm x 21cm.

          Inclui índice.

          ISBN: 978-65-86941-85-2

          1. Filosofia. I. Lencastre, Hortencia. II. Título

2022-407   CDD 100
                                                      CDU 1

Elaborado por Vagner Rodolfo da Silva - CRB-8/9410

Índice para catálogo sistemático:
1. Filosofia 100
2. Filosofia 1

n-1

O livro como imagem do mundo é de toda
maneira uma ideia insípida. Na verdade
não basta dizer Viva o múltiplo, grito de
resto difícil de emitir. Nenhuma habilidade
tipográfica, lexical ou mesmo sintática
será suficiente para fazê-lo ouvir. É preciso
fazer o múltiplo, não acrescentando
sempre uma dimensão superior, mas,
ao contrário, da maneira mais simples,
com força de sobriedade, no nível das
dimensões de que se dispõe, sempre n-1
(é somente assim que o uno faz parte do
múltiplo, estando sempre subtraído dele).
Subtrair o único da multiplicidade a ser
constituída; escrever a n-1.

Gilles Deleuze e Félix Guattari

n-1edicoes.org